哥伦比亚大学"毅荻书斋"存藏

张学良口述历史

(访谈实录)

5

张学良 / 口述
张之丙　张之宇 / 访谈
《张学良口述历史》编辑委员会 / 整理

当代中国出版社
Contemporary China Publishing House

本 卷 目 录

第三十五次访谈　名号由来　带兵之道　杨常事件 …………… 1321
 1. 我父亲非常宽宏大量 ……………………………………… 1321
 2. 我们家有七十多个厨子 …………………………………… 1322
 3. 毅庵是我自己起的 ………………………………………… 1324
 4. 我父亲对文人很尊敬 ……………………………………… 1326
 5. 带兵如身之手臂 …………………………………………… 1328
 6. 徐永昌、庞炳勋都令我很感动 …………………………… 1329
 7. 冯庸的脾气很坏 …………………………………………… 1332
 8. 谈旧部 ……………………………………………………… 1333
 9. 宋哲元手下几个大将都很厉害 …………………………… 1337
 10. 我打得最厉害的是张发奎 ……………………………… 1339
 11. 贝太太的性情像男人 …………………………………… 1342
 12. 我家里财产好多了 ……………………………………… 1345
 13. 张宗昌是个怪人 ………………………………………… 1348
 14. 我当时的决定是把常荫槐枪毙了 ……………………… 1352

第三十六次访谈　看照片　住北京饭店　买王府 ……………… 1357
 1. 看在台湾拍摄的照片 ……………………………………… 1357
 2. 六国饭店和北京饭店是外国人开的 ……………………… 1369
 3. 顺承王府是我父亲买的 …………………………………… 1371
 4. 大家都要买王府 …………………………………………… 1372

第三十七次访谈　端纳骂蒋介石　蒋介石日记　反对理学 …… 1375
 1. 端纳常骂蒋先生 …………………………………………… 1375
 2. 蒋先生的日记我在西安看到过 …………………………… 1379
 3. 我非常反对理学 …………………………………………… 1382

第三十八次访谈　男人女人　冒险戒毒　出国旅行 …… 1385
1. 溥杰的家人总怕我对他不好 …… 1385
2. 女人残忍起来比男人还厉害 …… 1387
3. 因为郭松龄的事情我爸打过我 …… 1389
4. 宋霭龄有计谋 …… 1390
5. 戒鸦片烟很难受 …… 1392
6. 墨索里尼的女儿喜欢我 …… 1397
7. 张宗昌是不甘寂寞啊 …… 1399
8. 封建的观念把女人不当人 …… 1404
9. 我出去旅行是李登辉安排的 …… 1406
10. 我一直就这么坏 …… 1407

第三十九次访谈　艳晚事件　东北铁路　历史典故 …… 1411
1. 我把党部的人都给抓了 …… 1411
2. 蒋先生讨厌透我了 …… 1414
3. 东北主要靠两条铁路起来的 …… 1416
4. 我也有很大的谍报网 …… 1419
5. 蒋经国当过共产党 …… 1421
6. 纪晓岚对我影响很大 …… 1422
7. 周恩来之死和江青有关系 …… 1424
8. 我又要给你说故事了 …… 1426
9. 我不同交际花交往 …… 1432
10. 《金瓶梅》写得好 …… 1435

第四十次访谈　做人之道　笑骂由人　《大公报》风波 …… 1439
1. 人一定要知道自己是谁 …… 1439
2. 心照不宣就是了 …… 1442
3. 骂我就骂我吧 …… 1444
4. 怪事是会有的 …… 1446
5. 在台湾找佣人很困难 …… 1448
6. 我不能乱写呀 …… 1451
7. 陆小曼很风雅 …… 1456
8. 我不知道蒋先生有什么命令 …… 1458
9. 佛教讲的是社会学 …… 1462

第四十一次访谈　收藏　屠杀　戏剧 ………… 1465
　　1. 收藏与鉴赏 ………… 1465
　　2. 很有鉴赏力 ………… 1468
　　3. 蒋先生杀了陈仪我伤心 ………… 1474
　　4. 蒋先生、汪先生、胡先生这三位 ………… 1476
　　5. 我老师对我很好 ………… 1479
　　6. 陈仪和杨虎城不应该死 ………… 1480
　　7. 宋家和孔家 ………… 1482
　　8. 在奉天讲武堂 ………… 1484
　　9. 相声和戏剧 ………… 1486
　　10. 赵一荻年轻的时候很会跳［舞］ ………… 1497
　　11. 王亚樵和戴笠 ………… 1501
　　12. 我父亲把东北统一了 ………… 1505

第四十二次访谈　西安事变　基督教 ………… 1507
　　1. 有这么个人，不是这么回事 ………… 1507
　　2. 端纳不是这种人 ………… 1509
　　3. 阎宝航与冯玉祥 ………… 1512
　　4. 徐树铮和冯玉祥 ………… 1514
　　5. 西北马家和邵元冲 ………… 1516
　　6. 政治的事情哪有对错 ………… 1517
　　7. 时代的变迁太快了 ………… 1519
　　8. 杨虎城的死我很难过 ………… 1520
　　9. 要盖棺论定 ………… 1523
　　10. 中国近代有名的人都跟教会有关 ………… 1525
　　11. 我们到礼拜堂去 ………… 1529

第四十三次访谈　外国友人　西安送蒋 ………… 1535
　　1. 奉化招待所烧着了 ………… 1535
　　2. 我把几个闹得凶的［人］关起来 ………… 1539
　　3. 很近的朋友 ………… 1540
　　4. 于学忠这人真的很忠心 ………… 1544
　　5. 说我父亲的事很多乱写 ………… 1545
　　6. 历史没有重演的 ………… 1547

7. 我从不说我是张汉卿 ……………………………………… 1550
　　8. 对公事我从不掺私人恩怨 …………………………………… 1551
　　9. 我的决心第一个是要国家统一 ……………………………… 1552
　　10. 台湾不独立会变得更好 ……………………………………… 1556
　　11. 张大千的假画 ………………………………………………… 1560

第四十四次访谈　王永庆资助　奉系将领 …………………… 1565
　　1. 张先生过年好 ………………………………………………… 1565
　　2. 黄郛和张继正 ………………………………………………… 1568
　　3. 不知道朱海北能写文章 ……………………………………… 1572
　　4. 我们自己做的历史研究 ……………………………………… 1575
　　5. 真正做事不能考虑太多 ……………………………………… 1576
　　6. 一定要有个信仰 ……………………………………………… 1580
　　7. 张宗昌没有这么大的力量 …………………………………… 1582
　　8. 都是蒋先生的政务处长 ……………………………………… 1587

第四十五次访谈　东北旧部　奉天官银号 …………………… 1589
　　1. 王永庆这个人我相当佩服 …………………………………… 1589
　　2. 我从不说假话 ………………………………………………… 1593
　　3. 他们说是我的忏悔录 ………………………………………… 1595
　　4. 我们那里做土匪的人 ………………………………………… 1598
　　5. 拉铁摩尔与东北大学 ………………………………………… 1600
　　6. 奉天官银号 …………………………………………………… 1603

第四十六次访谈　哥伦比亚大学珍藏文物 …………………… 1607
　　1. 熊式辉、顾维钧、陈光甫的珍藏 …………………………… 1607
　　2. 孔祥熙的口述历史 …………………………………………… 1611
　　3. 张学良的珍藏 ………………………………………………… 1614

第四十七次访谈　父亲张作霖　孩时往事 …………………… 1617
　　1. 父亲、母亲和爷爷 …………………………………………… 1617
　　2. 我父亲其实不是土匪 ………………………………………… 1620
　　3. 骑马 …………………………………………………………… 1621
　　4. 孩时往事 ……………………………………………………… 1623

第四十八次访谈　北洋时代　吉林剿匪　直奉战争
　　　　　　　　　爸爸孝顺 …………………………………… 1625

1. 卖画 …… 1625
2. 当徐世昌的卫士武官 …… 1626
3. 北京最大的场面是三巡阅使会聚 …… 1628
4. 吉林剿匪和第一次直奉战争 …… 1630
5. 我爸爸对我奶奶很孝顺 …… 1636

第四十九次访谈 "九一八"事变　与汪精卫冲突　西安事变 …… 1637

1. 从来不损人利己 …… 1637
2. "九一八"事变我判断错误 …… 1639
3. 汪精卫无耻，蒋先生耍滑头 …… 1641
4. 要抗日还是得蒋先生领导 …… 1644
5. 大陆人民不要国民党啦 …… 1647
6. 郭松龄宁折不弯 …… 1650

第三十五次访谈
名号由来　带兵之道　杨常事件

访谈者：张之丙（简称"访一"）
　　　　　张之宇（简称"访二"）
被访者：张学良
同座者：赵一荻
访问日期：1992 年 7 月 21 日

1. 我父亲非常宽宏大量

访　一：您今儿个给我们讲讲老帅这个人是怎么起来的。

张学良：我父亲这个人呐，我很佩服他，他也有统驭人的这个能力。这是天生来的，那些个人可以说都是草莽英雄啊，都服从他，那不容易啊，并不是谁把谁打死啊，那没有，他们都非常服从他。

访　一：而且还有，有的书上说呀，老帅第一个认识的是张海鹏。

张学良：他不是，那更错了。张海鹏是冯麟阁的部下。他是怎么起来的，我也不知道。简单地说，不能说完全对立，他是和我父亲对敌的。

访　一：平等的，是吧？

张学良：不是平等。

访　二：也不平等，就是敌对的。

张学良：不能说是对打两下那种，是势力上的。我父亲这个人呐，我在旁边看着，他这个人非常的宽宏大量。你比方说，就是人扔炸弹来炸他，把他抓着了以后，他就问他，哎呀，你差点把小命丢了。那个人说，我跟你没仇没恨，我就恨复辟的，你跟张勋是亲戚。[我父亲说]，他开会时候，我也有人参加，但他复辟的事，我并没有参与呀。那好了，把他放了，你再出去调查吧，我要有这事你再来。

访　一：所以这不但是宽宏，而且足以证明大帅做事坦坦荡荡的。

张学良：他这个人很有意思。

2. 我们家有七十多个厨子

张学良：张勋呐，有关系，他俩关系太大了。我的，哦，好像我五妹，给他儿子了①。

访 一：儿女亲家。

张学良：不过没嫁②。我那第四个弟弟呀，很有名的这个，他是曹锟的姑老爷。我的二妹是达尔罕王的儿子的媳妇③，那个人是白痴，所以我二妹命最不好了。他白痴到什么程度，他又有好些个男朋友，他让我二妹跟他那些朋友睡觉。我二妹没被气死，回来哭啊。

访 一：那二妹的母亲后来怎么样？

张学良：我母亲死了，她扶正，她算大太太，可是她没地位。

张学良：我家里堂兄弟有好多，我弄不清楚了。好多叫日本人给枪决了。后来"九一八"事变，他们差不多都当游击队了。他们是这么一个事情，我家里有一个很大的农庄，他们有几个都在农庄里做事。我那农庄有多少，我现在还记不清楚了，牛是不说了，光马就有几百匹。

访 一：哦，那可真是够大的。

张学良：也有枪，所以，后来他们就用那马和枪出来当游击队了。

访 二：打日本去了，抗日去了。

张学良：我家里堂弟兄很多。很远的堂弟兄。

访 一：您刚才提到家里有农庄，有一次夫人还在这儿的时候，您说你问她，我们家有多少人吃饭。

张学良：噢，那是奉天。说实话，有多少人吃饭，我都不知道。我们厨房，厨子有七十多个。这个问题是这样的，一天二十四个钟头，所有办公干什么的，来了人呀，总有。

访 一：办公的，家里的人。

张学良：我家里倒没多少，主要是办公的，都在我那儿吃饭。

---

① 应是四妹，张学良的四妹张怀卿曾被张作霖包办嫁给张勋的儿子张梦潮。张梦潮患有精神病，"九一八"事变后，双方解除婚姻。

② 此处张学良记忆有误。参见上注。

③ 张学良的二妹张怀英曾嫁给蒙古达尔罕王之子包布。此人系先天白痴，性情粗野。张作霖死后，张学良做主，两人离婚。

访　一：那您那厨房也要给分好多个层次吧？

张学良：那也不分，只是有几个大厨子，带着小厨子。

访　一：那您平常在家里和大帅一起吃饭吗？

张学良：我？不，不。我那时在东北的时候，很少在家，很少跟我父亲在一起吃饭，我后来总是在外头。

访　二：不是打仗，就是给人调和。

张学良：就是在奉天的时候，我一个人身上兼好几个差使，没工夫，我都是在外头。中午是在公事房里吃。

访　一：那家里头总得有喜庆宴会呀，逢年过节总得要团圆团圆的呀。

张学良：那逢年过节一定是和我父亲在一起，除了特别的时候，他很喜欢这样旧式的［家宴］。

访　二：那时候您的大爷了什么的，都在一块儿？

张学良：不，不。我的二大爷，我父亲是弟兄三个①，我有一个大大爷，被我爷爷打死了。一开始，我这个二大爷有点为富不仁，他很有钱。这人很怪，等他快死那几年呐，他脾气大改，他开仓呀，赈灾呀，赈济呀，后来和我父亲两人又好了。他后来当地方的团总，剿匪［时］被土匪打死了。是从这儿打进去的，从那儿出来的。他是弯着腰朝前跑呀。

访　一：那是剿什么匪的时候？

张学良：土匪。其实他那个死啊，他是很勇敢，很负责任的。土匪呀，只有三个不是四个人，从他那儿过境。外面老百姓报告说有土匪过境，他带几个人就去了。这个土匪好凶啊，他后来把我一个亲戚……这个人更勇敢，他一个人回家，那时都带着驳壳枪啊。他刚一下火车，听说土匪把我二大爷打死了，他自己骑马就去追。

访　一：一个人？

张学良：一个人，单枪匹马，那都是那样。我们东北人呀，说打就打。我跟你讲，就跟美国西部那个［情况一样］。我说一个人叫张玉胡，还是我讲武堂的同学呢，他跟张作相的一个侄子，两人是好朋友。他们大概是过年，两人在一个赌钱的地方［发生］口角了。他说，我怕你？他说我怕你？两人把枪都掏出来了。他说，咱俩别打，这屋

---

① 张作霖在三弟兄中排行老三，老大张作泰，老二张作孚。

子这么多人，不要打着旁人，咱们出去打。出去一枪，那个人就把张玉胡打死了。那是张作相的侄子。

访　一：真是西部牛仔那种［勇敢］。

张学良：两人是朋友，口角引起来的。那在东北，那太多了。我就知道有两三个这样［的事］。

访　二：您刚才提到外面好多关于大帅的事情都是不对的。

张学良：外头写东西呀，不光写我父亲，捕风捉影啊。有的风都不是，他在那儿胡造啊。

访　二：根本没有。

张学良：他为了卖文章啊，也许他听见旁人说的。一般的人呐，都喜欢吹。我说一个笑话，我在平汉路火车上，我大概是去保定。我在饭车（即餐车）上吃饭啊。背靠背呀，在另一个饭桌上，有一个人就跟另一个人谈，张学良是我的朋友，我们俩换［过］帖，怎么如何好。说得很热闹，就在我背后。我回头就拍拍他肩膀，说你贵姓，他也不认识我呀。他就问你是干什么的，我说我是张学良，他站起来就走了。我也诚心想看看他是谁呀，吹得那么热闹。我跟你说，这人呐，我接到一封信，半年前的事，是哈尔滨来的。他说我的妈妈临死时说，我是您的儿子，我想这也是他妈妈扯淡，你看，还有这种事。①

访　二：这可真是，（笑）什么人都有，真奇怪。

3. 毅庵是我自己起的

访　一：不过叫您张汉卿的人大概很多。

访　二：叫汉卿这两个字的人很多，这是您自己起的吗？

张学良：不是，不是。是我父亲的一个朋友，在清朝很有点学问的人，是他给起的。

访　一：那您什么时候叫毅庵呢？

张学良：毅庵是我自己起的。是别号，中国人他都有啊，现在我身份证上，政府的名字上都是毅庵。

---

① 在20世纪90年代，有一个叫"张学忠"的人，自称是张作霖的第九个儿子，到处行骗。经查他是哈尔滨一个工厂的普通干部，冒充张作霖的儿子，并给张学良写信，要其认可。

访 一：哦，都是张毅庵。

张学良：我不用张学良这个名字，因为大家都知道。

访 一：上一次您到美国去，人家说您也用的毅庵。

张学良：嗯，我护照上是毅庵。

访 一：毅庵这两个字，您上一次，我们两人说请您给我们两人起个号，那么起号要有很多讲究了。您这个毅庵有什么意思呢？

张学良：这还是一个军人的名字。

访 一：怎么是军人的名字呢？

张学良：这个毅有好多讲啊，我这个用法就是勇而不言谓之毅。

访 一：那么庵呢？

张学良：庵就随便。什么堂呀，斋呀，意思意思。

访 二：那您这从什么时候就开始用了？

张学良：说不出来了。好像也不是我自己起的，好像是我父亲的一个秘书长啊，他给我起的。

访 二：袁金铠？

张学良：不是，不是。他是一个进士了，姓谈①，那时奉天进士很少。

访 二：那汉卿两个字您用了多久了？

张学良：那很久了。

访 二：那您就是说，您这一辈都排"学"字……学良、学思……

张学良：学字，都叫学字。我当年叫什么，叫张从善，人家说太俗，从善［与］学良［是］一样的［意思］。

访 二：哦，对呀。

张学良：所以说那个人很有学问的，他就给我改了。叫学良，他说从善太俗。现在是，没多大关系了，当年名字也［是有］很大关系，因为他考试。不是写的问题，你的名字太怪，会考不上的，那个考官他不取你呀。我跟你说前清末年有两个状元［就是因为名字起得好，就中状元了］。

访 二：末年，最后了，刘春霖？

张学良：我就说他，刘春霖就是因为那年旱，旱灾。

访 一：哦，春霖嘛，下雨了。

---

① 指谈国桓，字铁陧，辽宁沈阳人，清举人出身。曾任东三省巡阅使署、蒙疆经略使署秘书长。

张学良：本来他离状元还很远，因为状元都在前十名里取呀，还有一个叫什么寿。也是因为那年西太后拜寿，得了个状元。好像跟万寿无疆有关系。那，那名字有很大关系。历史上，还有他不是因为起名字，他是因为长得难看，唐朝的［一个人就因为难看，考上状元又被取消了］。……后来［他就］造反了。

访　二：黄巢。

张学良：黄巢①，哦，他取状元。那个时候，状元、探花什么的，前三名都是皇太后啊什么出来给他披红。就看他长得难看，没取他。他这么一气就造反了。已经取上了，又把他降下来了。

访　二：那也太不公平了。

张学良：那时候前三名啊，我还弄不大清楚规矩，好像是皇帝钦点，就在那十名里选。

访　一：您刚才说从善、汉卿、毅庵，哪一个名字在家谱上写着啊？

张学良：我没有家谱。

访　二：您知道有人认为学良呀，以为是说学张良吗？

张学良：张学良，就是。

访　一：哦，真是要学张良啊，汉卿呢？

张学良：汉朝的卿。

访　一：您刚才说起名，这当然是老帅有几个有学问的或曾经中举的朋友［给您起的］……

访　二：那也就是说老帅那时候有很多这种有学问的朋友了。

张学良：不是，我这个名字好像谁呢，我父亲手底下最有名的一个人姓宋，可惜这个人死了。他不是真的姓宋，后来冠的姓。他是旗人。叫协领什么的。他是八旗中一个旗的世袭的一个官。他很有学问，可以说是帮我父亲很大忙的一个人。他的儿子②后来教我念过书。

4. 我父亲对文人很尊敬

访　一：您看这个书上说大帅结交了不少名士，像刘春烺（刘东阁）等。

---

① 黄巢，唐朝末年农民起义首领。曹州冤句（今山东菏泽）人，盐贩出身。875年濮州（今河南范县）王仙芝于长垣（今属河南）起义，他率众响应，转战河南十五州，众至数万。881年称帝，建立了大齐政权，年号金统。884年，兵败被部将所杀。

② 此人即宋文林。

张学良：什么？

访　二：刘东阁，举人，是一个清朝的举人，号东阁。

张学良：刘春烺①，大概有这么一个人。

访　一：李雨农②……

张学良：这个人大概是个举人。

访　一：对。

访　二：还有一位贡生。

张学良：姓杜吧？

访　二：姓张，张紫云。

张学良：这个人，我听说过。

访　二：还有一个秀才，叫陶允恭③。

张学良：这个不知道。

访　二：另外一个叫方克猷。这个您大概知道，叫杜泮林④。

张学良：杜？这个人很要紧的。

访　二：他好像是，后来老帅收复了一个人，是他的本家。

张学良：这个杜泮林呐，在那个地方是很有名的。外号叫"邪神"，就像律师一样，帮人打官司。所谓邪，就是人家打官司找他，他帮人打，总会赢的。

访　一：在老帅手底下也很得力吗？

张学良：朋友。没有部属的关系。

访　二：他说，大帅时常遇到事情时，特别是向杜泮林和张紫云两位求教。

张学良：是，是。这个张紫云恐怕是个举人，不是贡生。

访　二：这您都见过吗？

张学良：那我都没见过，我还小孩子呢。杜泮林我看见过他，我那时不过十岁。

访　一：还有就是说，老帅对他们很恭敬。所以这点是很难得的。

---

①　刘春烺，字东葛，辽宁台安（1913年前称八角台）人，清末举人，擅长文学、书法，通晓数学、天文、地理、医术。与宋文达、房毓琛并称"辽东三才子"。曾主持疏浚柳河、辽河。1902年应奉天大学堂之聘出任总教习，1905年任盛京萃升书院主讲。张作霖在八角台期间与其过从甚密，刘经常为其出谋划策。有资料记载张学良名字即为其与八角台镇另一名士崔骏声所起。

②　李雨农，字龙石，与张紫云、陶允恭、方克猷等均是八角台镇名士，并被张作霖视为座上宾，为其出谋划策。

③　陶允恭，生卒年不详，清末附生，奉天士绅。在张作霖接受朝廷收编时，曾参加对其保荐。

④　杜泮林，为八角台的名士之一，张作霖曾认其为"义父"，二人关系密切。1907年，张作霖利用杜泮林为杜立三拜认的同族叔父的关系，请他写信劝杜立三接受招安，张作霖借接受其招安之机，将杜立三绞杀。

张学良：所以他就比过去我们在历史上看的那些开国元勋又不一样了，那些人都对文人不太尊敬。

访 一：大帅是文人、武人都能统领的人。

张学良：我父亲他也读过一点书，所以我父亲、母亲就想把我造就成文人，我父亲就喜欢让他的后人当文人。

访 一：还有这里头他说老帅小时候听人在屋里念书，他就把窗户纸捅破往屋里看，这老师看见了，就觉得这小孩［想读书］。

张学良：那没有这事，也许有，我不知道。

5. 带兵如身之手臂

访 二：那到正式开仗的时候，那都听您的命令。

访 一：而且这个，有的时候您［还］听京戏。

张学良：他不听我的呀，你听我给你讲。我出去剿匪，我的这个旅，我当旅长来着。我这个团里有一个军官，他是张作相的一个亲戚，在剿匪向前的时候，他就不听话了，他退回来了。我当时在那就把他枪毙了。

访 一：哦，死也得恩威并施。

张学良：那是呀，我要这样做，就是要振一下我的威名。

访 一：杀一儆百。

张学良：那张作相的亲戚呀，我当场就给枪毙了。换句话说，带军队呀，有时候他不够那么样子，杀鸡给猴子看。那你没法儿说。

访 一：还有您说带兵，打的时候容易，撤退的时候难。

张学良：对，撤的时候难。

访 一：为什么呢？

张学良：撤退就散了，你要把军队维持住啊，不然，他们会跑了。这个军队呀，他能退的，就厉害了，比那能进的还厉害。

访 一：啊，就是说退的时候还能完整地退。

张学良：对，这个军队才很好。

访 二：这也在于平常的训练和带兵的情况？

张学良：那纪律得好，这有很大关系。训练得好。

访 一：那为什么呢？

张学良：这个退呀，人心都散了。他会害怕的，所以都跑了，尤其中国的兵，都是募来的。那中国的内战，他会带着枪跑了。

访 一：哦，他把武器也拿走了。

张学良：枪在他手呢，他跑了，当土匪去了或把枪卖了，那很难统［领］啊，一般的人，没带过这种兵的，他不知道啊。

访 二：那在您手下那些大将有遇到这种情况吗？

张学良：我当旅长、团长的时候有，后来等大作战，我跟这个事情都不接触了。

访 二：比如说您要考核将领了，要给他们升级了，会不会以这能进能退作为标准呢？

张学良：当然，当然。

访 二：这里面，像何柱国是不是其中的一个？

张学良：他是这样子。你考虑呀，问题有几样。这个某一个部队跟某人有关系，这是又一层。你比方说，于学忠吧，我就不能考虑派一个人到他部队里当主官，因为这个部队一直是他的，所以有他在里头。中国的部队不像［别国的军队］，您派过［人］来就［是对他不信任了］。现在中国军队好得多了，你派个军官来就行。那从前的军队，你派一个生军官，他待不了。

访 一：不听你的。

张学良：听是听的，但不是那种［真心实意地听］。

访 二：不能全心得为你［所用］。

张学良：所以那不说嘛，带兵如身之手臂，那样才能指挥灵通啊。

访 一：还有您说，有时候谁的军队让谁缴械了，怎么来缴械呢？

访 二：先把它包围了？

张学良：投降了。你比方说，我的部下叫共产党包围了，这个人姓牛啊。

访 一：牛元峰。

张学良：包围他的就是共产党的大将彭德怀。彭德怀劝他投降。他应付他，我投降你也看不起我，我不投降。后来连水都没有，喝尿啊。彼此互相喝尿。后来没办法了，突围，突围给打死了。打伤了以后死的。

6. 徐永昌、庞炳勋都令我很感动

访 二：还有另一本书里说，你向蒋先生请求军饷为山西的军队，当时阎锡

　　　　　山走了，您来收复山西的军队。好像您还要自己筹措军饷来给他们发薪？①

张学良：也不是我自己，那说得也不对。这个山西，北方的事情，那时候，蒋先生也把北方交给我。我也得力他们有几个人帮我忙。不是说我的人，而是他们那里头有一两个人，我也很感动。那么有徐永昌，还有一个庞炳勋，我也运用他们。庞炳勋是这样，他们自己开会议了，他偷着就来给我报告，他们怎样怎样，所以我知道他们的事情，大家谈什么。也很不容易，处到这地步。

访　二：那也是说把华北交给您了，同时，也就说军械的保养，人员的培训，军饷的筹措，等等都交给您了？

张学良：那时候的军队都自给，不过中央也给一部分钱。

访　二：那徐永昌是阎锡山的人？

张学良：徐永昌，他不是原来就是阎[锡山的部下]。他是这样，他是山西人，那时候还弄不太清楚，他是国民军，国民军是冯玉祥的军队的名字。冯玉祥他自己是国民第一军，有个胡景翼②，这个人我们俩还没见过面，他是第二军。有个孙岳，他是陆大的学生，他是曹锟卫队的旅长，那么他是国民第三军。他的原因也很大，所谓曹锟能倒，他的原因很大，因为他是国民党，曹锟用他了，他等于倒戈了。他呀，身体不好。他的副官长就是庞炳勋，他的参谋长就是徐永昌。所以徐永昌这个人呢，我和徐永昌两个很好。他就把军队交给徐永昌了，那么后来这个军队很苦了，徐永昌就把军队带到大同，由大同带到山西去了。等于跟阎锡山订的合同。他说孙岳有病，身体不好。我带的是他的军队，不是我回来，我是没有办法了，避到山西来了。那么你山西要打仗，我尽量帮忙，不过我说明白，这个军队不是我的。孙岳一旦病好，他要怎么办，就怎么办。那么，孙岳后来就死了，所以就归徐永昌了。所以我对徐永昌很好，他这个人有人格。

---

① 1930年10月中原大战结束后，张学良就任中华民国陆海空军副司令，全权负责华北军事善后事宜。

② 胡景翼，字笠僧，陕西省富平县人。1911年武昌起义时，在陕西举兵响应，任第一标统带。民国成立后赴日本留学。回国后，在陕西地方军陈树藩部下先后任营长、团长等职。1917年任陕西靖国军第四路司令兼第七路总指挥。1922年冯玉祥任陕西督军时，他任第一师师长。第一次直奉战争中归附直系。第二次直奉战争期间，又暗与冯玉祥、孙岳联合倒直，发动北京政变。后与冯、孙组织国民军，任副司令兼第二军军长、河南军务督办。

访　一：那么您说庞炳勋这个人怎么样？

张学良：这个人也不错，稍微有点滑头，那不像徐永昌。他没有什么嗜好。最喜欢的是晚上跟女人聊天。后来我把他推荐给蒋先生了，说这个人可了不起。徐永昌这人是怎么起来的呢？他是在旧军队里当小打儿。在兵棚子里伺候人的，就像饭店里端盘子的小跑堂儿的。那时军队里的人都没什么文化了。一连人，也就是一哨人有一个师爷。帮着写写画画什么的。他就侍候这个师爷。那么这个师爷这个人也很不错，他看这小孩儿也不错，就每晚教他念书，认字。后来，慢慢地长大一点了，很不容易就补上一个兵。因为他跟着师爷念了点书，认点字。那时候的兵也没有几个认字的。所以他就起来了。那个时候，陆军大学招生，军队有额。他那个毅军呀有两个额，没有认识字的啊，他就考上了。所以一下子就念上大学了。我也常常拿他的例子给军队人说，穷人不怕出身低呀。所以他以后身边总带着一个秘书，他不是不能写字，他只能写楷书字，不会写行书字。

访　二：哦，他没念过那么些书，不过，他也很了不起。

张学良：他在陆军大学都考前头，很用功，死用功呀。所以才能出头。他当过参谋总长啊，这个人，很穷的一个孩子，就这么样起来了。所以我对他很好。

访　一：您刚才说向蒋先生推荐过两个人。

张学良：一个是他，一个是沈鸿烈。

访　一：沈鸿烈有一段话，他就提老帅做事如何的慷慨，如何的说到做到。说他开着船，带着六十万块的现洋，还有军火，一块儿送到广东给孙中山。

张学良：不是，不是。

访　二：他说十二门山炮，还有迫击炮、机枪、步枪装了满满一船，到广东去了。

张学良：没有，没有这回事，这是谁说的？

访　一：沈鸿烈。

张学良：他说的，我还真不知道这回事。

访　一：他是奉了雨帅的命令，船的名字叫"振海"，那他这六十万块钱是给谁的呀？

张学良：这个事我不知道啊。

访　一：他说这是三角同盟时候的事。

张学良：也许有这个事儿，我不知道。

访　一：不过您曾经说过，老帅是协助过孙中山，那不是这回？

张学良：那也许就是这个事，他说是六十万银元？好像是六七十万……这个人不说假话，我不知道。这上面也许不是他说的，也许旁人造的。

访　一：这是冯庸写的，他说沈鸿烈告诉他。

张学良：这就奇怪了。

访　一：您看啊，他是介绍张雨帅嘛，他说老帅是如何支持国父革命，怎么样派沈鸿烈送钱及军火。

张学良：不过冯庸这个人说话有点扩大。

7. 冯庸的脾气很坏

访　一：这是一张他的相片呢，您说冯庸很有学问？

张学良：不是很有学问。冯庸的爸爸就是冯麟阁，就是奉天时两霸［之一］，一个是我父亲。这个冯麟阁有些地方为富不仁。他死后，冯庸把他爸爸买人家的地都退还了。这奉天大部分的地都是庄头地，什么叫庄头地呢？就是都是原来他们王爷的地，那管地的叫庄头。那么后来到了民国了，这地就到了庄头手里去了。那么这些地都有佃户。佃农给他交租，这是一个很大的事情，当时在东北。那么这个庄头啊，就把这地卖给有权的人，这叫夺佃。你再种地，得交钱，就是占便宜啊，冯庸的爸爸就买了很多地，我父亲没干这个事。所以他爸爸一死，他都给退还了。你给多少钱，就把地拿回去，因为当年花很少钱买来的。这件事很有名，他弄了好多钱，那个时候几百万很值钱。

访　一：那么您说冯庸这时候有多大年纪啊？

张学良：比我小一点，和我同岁，也不过二十多岁。冯庸这人思想很好，不过有时候发神经。

访　一：那就说他二十多岁能做出这样的事情，他的思想很新啊。

张学良：很新，他这个人也很好。他自己骑马到过库伦呢，他胆大得很，也学会驾过飞机，那时跟俄国打仗，差点没把他打死。

访　一：那时候他不是跟您做事吧？

张学良：他一直没跟我做过事，我们两人是朋友。但他的脾气很坏，我们在一块堆儿处不来。那时郭松龄倒戈［后］我把航空处交给他管。他对我父亲说，我干不来，他们不听话，我就想杀他们。我说他神经呢。他后来可怜得很。

访　二：怎么啦？

张学良：他太太什么的都不跟他走了，因为他神神经经的，总发脾气。后来死的时候也没有钱，那时候什么爱国捐，他都捐出去了。他给陈诚做过事情。陈诚对他还不错，当过高雄的那个什么站长。他就是有时候发脾气，这个人是一个好人，可以说是脾气不定。从少爷起来的，书读得不多，不过人是很好，思想很前进。

访　一：那您说他的思想前进是受的什么影响？

张学良：因为他不是那种守旧的人，接受［新事物很］快。

访　一：他有兄弟姐妹吗？

张学良：啊？他没有兄弟，所以他自己办冯庸大学嘛。

访　二：所以他这几件事真是不得了，尤其是把庄头地还给［人家］。

8. 谈旧部

访　一：我忽然想起一件事，您刚才不是说孙岳病了嘛，那么后来您手下有一个大将军韩麟春，那［他后来怎么样了］？

张学良：不能说是我手下，跟我是同样的，我父亲的［人］。

访　一：那么他怎么到大帅这儿的？然后他是怎么得的那个病啊？

张学良：这个人呐，他原来不是东北军，他在到东北以前，已经当了陆军部的次长，已经爬得很高了。他因为是东北人了，他是反对直隶，也就是反对吴佩孚啊，反正第一次奉直战争，他好像跟皖系段祺瑞好像很好的，因为他是中央政府的人。第一次奉直战争，与他有关系，他自己常常说，鼓动起这个战争，我也是其中的一个。他无意地到前线看一看，到我那儿去看，那时候正是我为难的时候，等于叫吴佩孚的军队把我包围了。我正没法子呢，当时手里有三旅人。他就问我怎么样，我就告诉他，我简直没办法了。我已经把郭松龄打发出去了。我说我也不在乎，我三大爷把我俘虏了，也不会把我枪毙了，那时我管曹锟叫三大爷。他说，你不可这样子，你总得拿一个办法出来，我说我拿不出办法来了。后来他说好了，老将倒霉，头一下子［就］把大儿子搞丢了。他说好了，我陪着你死吧，我不走，我帮帮你。那我说这样子，我把指挥权交给你，我到前线去。我本来是旅长嘛，兼着指挥。我自己的军队还是对我好啊。说这话时我眼泪都快掉下来了。人家把我们包围了，那兵就说，你来这干什么？除非把我们都打死，你回去，你回去。我就告诉他们怎么回事，就跟他们在一块儿。后来他，奉军的指挥权就给他了。

访 一： 他也会抽鸦片？

张学良： 你知道，那奉天我们谁不会抽鸦片，就是没瘾，不过后来有。他这个人没旁的毛病，他好色好女人。那时候我们也不检查身体，我想他是血压高。

访 一： 对，对。

张学良： 大概是血压高。我们后来在保定府驻的时候，晚上黑间儿他找了个小女孩子，很小的女孩子。后来他喊我。他住在外头，我在里头住。他说汉卿，你过来看看我。后来我过去看他就不行了，大概兴奋太过厉害了就不行了。

访 二： 他那会有多大岁数啊？

张学良： 岁数不大，他死的时候也不过六十几岁。这个人很可惜呀。

访 一： 有人说因为阎锡山跟他是同学。

张学良： 同学，同学。他是士官学校的前辈呀，他跟云南的唐继尧他们是同学。

访 一： 有人说他与阎锡山联系好了有一个默契，奉军经过之后，阎锡山不动。

张学良： 那没有。

访 一： 结果阎锡山背叛了诺言，韩麟春觉得对不起您。

张学良： 那不是这回事。

访 二： 还有您说从前带军队的，时常有同学的关系，还很要紧，是吧？

张学良： 那有时候有这个关系，我带军队，主要还是因为讲武堂的关系。

访 二： 您说这同学的关系还是近一层［，是吧］？

张学良： 那当然感情有关系了。比如说，何柱国，他是讲武堂的教官。那郭松龄，他们都是讲武堂的教官。

访 二：在郭松龄没有出事以前，何柱国跟郭松龄就已经相处，他们俩怎么样？

张学良：何柱国那时好像还没到我的部队……

访 一：后来韩麟春也病了，是杨宇霆跟您在一块儿，那个时候何柱国就参加了？

张学良：那时候已经参加了。

访 一：何柱国那时候是骑兵吗？

张学良：他是骑兵旅长。

访 一：那您的骑兵跟您的炮兵是相等的势力？

张学良：不是。他这军队里头啊，炮兵是不能自己单独作战的，骑兵他自己能作战。

访 二：对，对。

访 一：您是学炮兵？

张学良：不过我出来没当炮兵。

访 一：您怎么选择炮兵的呢？

张学良：那时候，一般的军人都喜欢当炮兵。

访 一：为什么呢？

张学良：好像骑兵，炮兵比步兵的人出风头了。

访 一：而且也与科学技术有关系？

张学良：也许，可是我们讲武堂那时的炮兵并不怎么好。炮兵好，是因为那个邹作华起来的，由他训练出来的。

访 二：他也是讲武堂的吗？

张学良：不是，不是。他是参战军里头的。那时段祺瑞有一个参战军①，他是参战军的炮兵营长。段祺瑞失败的时候，他把炮兵也带过来了。

访 一：老帅收服了许多别人的军队，其中不乏优秀者。

张学良：那不是那么讲，那是东北呀，第一次奉直战争失败以后，奉天吸收东北人，东北籍的军官都把他吸收过来了。

访 一：哦，那么邹作华也是东北的？

张学良：东北的。

访 二：那何柱国呢？

---

① 参战军，为第一次世界大战期间，中国成立的准备对同盟国作战的军队。

张学良： 何柱国不是，他是这样子。奉天办讲武堂，讲武堂的堂长就是我父亲了，教育长是原来我的参谋长，这个人叫萧其煊①。他是日本陆大的。何柱国原来在士官学校当教官，后来因为奉天讲武堂要人才，就把他们都吸收来了。我记得还有钱大钧，他就没来。甚至何应钦都有，他们没来。

访　一： 钱大钧②是东北人吗？

张学良： 不是，他是苏州人。所以那时候东北就收拢人才，就连何应钦都差点来。何应钦没来的原因是，就因为东北冷他受不了。

访　一： 所以说老帅统领东北军，吸收人才，好像说他并没有分什么［地域之别］。

张学良： 这种情形就是，你要明白，［当时的人事权］就等于一半在我手里呢，他连知道都不知道，我要怎么办，就怎么办。这个也是因为我是他儿子啊。

访　二： 他也放心让您去做。

张学良： 所以奉天就分了老派，旧派了。

访　一： 老帅有老帅的作风，您又辅助他。

张学良： 这不是我想帮，这是我做我的事情，你明白？我就那么干就是了。

访　一： 不过吸收这些人，是当时您的［的决定］。

张学良： 我就跟我父亲说过嘛，我指挥那些人你指挥不了，你那些人我也指挥不了。

访　一： 保定军官学校您都吸收了，那再往南，您还有哪些吸收英才的地方？

张学良： 那日本士官学校的学生，日本陆军大学的，中国陆军大学的，那都是。

访　一： 那一期有多少人？

张学良： 那我不敢说了。

访　一： 那无形中把东北军的实力又扩充了。

张学良： 那里头的素质变化了一些。

访　一： 那这个王以哲呢？

---

① 萧其煊，字叔萱，福建闽侯人。保定陆军学堂和北京陆军大学毕业。历任福州军务司科长、营长，北京陆军讲武堂教官。1922 年参加第一次直奉战争，任奉天陆军第二梯队参谋长。1924 年任东三省讲武堂教育长。1925 年，参加郭松龄反奉，失败后去职。

② 钱大钧，字慕尹，江苏吴县人。毕业于日本陆军士官学校炮兵科。曾历任黄埔军校代总教官、参谋处长、第三十二军军长、国民革命军总司令部总参议等。

张学良：他是保定军官学校的学生。

访 二：哦。

9. 宋哲元手下几个大将都很厉害

访 一：您刚才说呀，有国民军第二军，有一个姓胡的，虽然没见面，可是换帖的把兄弟，那把兄弟不得磕头什么的吗？

张学良：那不用，我们叫换帖呀，这个人很有意思，可惜呀，他是个英雄啊，胖得很。

访 一：胖？比冯玉祥还要胖？

张学良：我没见过他。他是这样的，他们陕西呀，有两个人，一个是胡景翼，一个是陈树藩①。这个陈树藩是站在段祺瑞这一边；这胡景翼呀，站在国民党方面，可是他俩是好朋友，好像很默契一样。

张学良：他（指冯玉祥）底下的大将，文人说了，你们不来还好，你们来了他一定往饭里抓把沙子。表示他的饭粗呀。他是基督将军。有一个外国牧师把《圣经》落在他那儿了。回去取《圣经》的时候一看，他们正在那大吃二喝呢，就拿《圣经》打了他一下子走开了。说明他喜欢作假。这个人专门作假，专门作秀。

访 二：您说他带兵呢？

张学良：带兵倒是很会带兵，他那时候带兵，那个兵啊，所以韩复榘，石友三叛变啊。那韩复榘跟我讲，他罚那个韩复榘呀。韩复榘是他原来手底下的，已经当了军长了吧，罚韩复榘，给他门口站岗。韩复榘说我好像他儿子，我现在也有孩子，他还这么样，我实在受不了，所以他后来不叛变了吗？他说这样子，我还怎么带我的部下，所以他受打击，那石友三、韩复榘是他两个大将啊。他手底下人是很多了，像宋哲元什么的，还有孙连仲啊，他手下几个大将都很厉害。还有鹿钟麟，都是他的大将。

访 一：这些人对他都赤心报国吗？

---

① 陈树藩，字伯生，陕西安康人。保定军官学堂毕业。1911年参加陕西起义，任东路招讨使。民国成立后，投靠袁世凯，历任陕西陆军第三混成旅旅长、陕南镇守使、陕北镇守使。1916年趁云南起义之机，宣布陕西独立，任陕西护国军总司令、陕西都督。袁死后，被段祺瑞任陕西督军兼省长。督陕期间，因克扣军饷，激起部属反抗。1921年皖系失败后，被驱逐。后寓居上海、天津等地。抗日战争开始后，拒绝当汉奸，避走四川。抗战胜利后回杭州居住。1949年11月病逝。

张学良： 他的一个参谋长，我就问他，你对冯玉祥怎么批评？他说冯玉祥这个人好坏啊，大家有公论啊，我不能说。

访 一： 您说这是宋哲元说的？

张学良： 不是。他的一个参谋长说的，宋哲元也跟我说过。

访 二： 那张自忠也是他的人吗？

张学良： 张自忠是宋哲元的，又下一辈了。

访 二： 那赵登禹是？

张学良： 赵登禹这个人很好，也是宋哲元的。

访 二： 您知道，宋哲元和张自忠之间有什么问题吗？

张学良： 他俩？没问题。

访 二： 宋哲元当初从北京撤退是因为和张自忠有什么冲突吗？

张学良： 没有，没有。

访 二： 孙连仲呢？

张学良： 孙连仲这人很老实，普通的一个人。

访 二： 我为什么对孙连仲这个名字……

访 一： 因为孙连仲在北京……

张学良： 现在还在北京呢，哦，不是，在这呢，在台湾呢，孙连仲大概最近死的。

访 一： 孙连仲的两个女儿跟我们是同学，在北京贝满。

张学良： 光绪呀，他当皇帝了。这皇帝本来应该是大阿哥，后来大阿哥就发遣到绥远啊。他有两个女儿，两个公主，一个嫁给孙连仲，一个嫁给门致中①。

访 二： 大阿哥是谁给他发走的？

张学良： 那是清朝，本来皇帝应该是他的，具体的我也不知道。

访 二： 慈禧不要他了。

张学良： 那我还弄不清，慈禧不要他的原因是慈禧不能临朝听政。她要给咸丰立后（即后继者）嘛。这个清朝有个人叫吴可读，我对这个人很佩服。吴可读尸谏呐，什么叫尸谏？就是自己吊死了，把谏书放在腰里。他是御史。

访 二： 哦，对对。

---

① 门致中，字清源，吉林省人，行伍出身。曾任团、师、军长。曾任国民党警备第二旅旅长及冯玉祥部第十师师长等职。1929 年一度担任宁夏省主席。1930 年中原大战时任第十七军军长。

张学良：他觉得不应该这么办，既然你给咸丰立后，那将来光绪怎么办，把他往哪儿摆？你给同治立后是对的，可是给咸丰立后怎么办？吴可读在那时候很有名。

访 一：我忽然间想起来了，孙连仲有两个女儿，在贝满念书。一个跟你（指访二）同学，一个跟我同学。跟我同学这个唱花脸唱得好极了。票友，一个女孩子，唱花脸。她自己壮得很。那时候我们运动，她专门扔铁饼，还有一个就是托那个铁球。大概死在美国了，很年轻就死了。另外一个女儿唱女中音，唱歌剧。

访 二：孙连仲是后来在北京做河北省主席。

张学良：哦，好像是山东省主席呀。

访 一：北京行辕吧？

访 二：不是，北京行辕主任是李宗仁。

张学良：他是冯玉祥的大将，冯玉祥的这几个大将很厉害。

10. 我打得最厉害的是张发奎

访 一：他打过什么仗吗，孙连仲？

张学良：我跟他打过仗。①

访 一：哦，您跟他打过仗？哪年？

张学良：不，不是他，韩复榘。冯玉祥、阎锡山、蒋先生我都打过。

访 二：您说冯玉祥、韩复榘、傅作义、蒋介石、阎锡山，您［与］这些［人］都打过？您打得最厉害的是［谁］？

张学良：我打过仗最厉害的是张发奎，那张发奎［当时］是北伐军中的铁军啊。

访 一：他是粤，广东的。

张学良：他是国民军呐，他那第四军，最有名。国民军的铁军。他跟王冀的爸爸王树常打。王树常那时是我的第十军军长。那打得很厉害。张发奎自己讲，北伐以来，我没碰见一个军队像这样的。

访 一：您这是在哪儿打呀？

张学良：在河南，那个地名我一下子说不出来了。不是我指挥的，步兵是王

---

① 1928年4月，张学良指挥奉军第三、第四方面军与孙连仲指挥的北伐军第二集团军在彰德战役中展开激战。

树常［指挥的］，炮兵是邹作华［指挥的］。我这两个大将，一个是于学忠，一个是王树常。

访　一：王冀最近有没有给您来电话？他不是到大陆去说您要上大陆吗？

张学良：这小子尽胡说八道。

访　一：王树常好像有一次给您打电话，好像是说您准他退。

张学良：也不光是他一个，好几个，他们正在保定作战呢，他们要求退却，说您那兵都是用水做的冰，都化了。我说你要真有胆子，你敢进保定府来，不过得拎着自己的脑袋来。

张学良：那冯玉祥死得很惨。

访　一：您说多奇怪，他真是那样死的吗？

张学良：我认为是俄国人有心把他弄死，烧死了，在船上。那小电影［机］，我也有一个，它是有一个变压器，因为它只有6瓦，我们这个电太大。所以变压器容易着火。

访　一：他的太太是共产党？

张学良：谁呀？

访　一：李德全。

张学良：李德全现在没有了吧？

访　二：死了。哦，邓颖超死了①，您知道吧？

张学良：知道。

访　二：您见过邓颖超吗？

张学良：没见过。

访　二：她在那个时期，除非是什么夫人，像蒋夫人、宋庆龄，很少有女的，说出来在政治上面，哦，您昨天说的郑毓秀，有一个陈璧君，您昨天说的。

张学良：那还有，他们共产党另外还有一个姓蔡的，也死了。

访　二：也是女的？

张学良：嗯。

访　二：陈璧君好像还做过很大的一个官呢，她不只是汪精卫的太太，做过

---

① 邓颖超，中国共产党和中华人民共和国的领导人之一。周恩来的妻子。祖籍河南光山，生于广西南宁。1924年参加中国共产主义青年团，1925年3月转为中国共产党党员，同年8月与周恩来结婚。是中共第七届中央候补委员，第八至十二届中央委员，第十二届中共中央政治局委员。曾任全国妇联副主席、名誉主席，中纪委第二书记，第五届全国人大常委会副委员长，第六届全国政协主席等职。

国民党的中央委员呐。可是，那时候女的参与其间的，多一半都是有革命思想。

张学良：那当然，都是国民党。

访　二：那您看，普通人就很少。

张学良：还有郑毓秀，她在司法界好家伙，那跋扈得很呐。不光这样，她要钱呐，有钱就能走得过。

访　一：有一次您问我，政府哪一个部最有钱？我说财政部，您说不对，是司法部，因为司法部打官司得给钱。

张学良：那是北京时代。

访　二：商震，他是山西的吗？他是阎锡山的人啊？

张学良：他这个人，你知道刺五大臣①，他那时候在奉天呐，好像办的一种不是讲武堂了，也是［培养］军官的，一种学校，他在那儿当教官来着，他是革命党。……

访　二：这个革命党和穷党是一回事，是吧？

张学良：一回事，一般老百姓管他叫革命党。

访　二：国民党，革命党。

张学良：革命的。

访　一：刺五大臣那个人是商震的名义，就是争着商震的片子，名片。其实不是商震。那商震后来做什么了？是不是在山西做过什么？

张学良：做过主席。

访　一：是不是阎锡山走了，到徐永昌，徐永昌不做，就是商震？

张学良：这我还弄不清楚。

访　二：您刚才说张发奎呀，您认为他打得最有战略呀，还是他兵厉害，训练得好？

张学良：兵厉害，所谓铁军呐。

访　二：那他是以什么样的方式训练的呢？

张学良：那我不知道。不过，他手底下有一个人，给他当连长的，后来在戴雨农手下做事。我就问他，张发奎是怎么训练的？他说，就是人事公开，财政公开。

访　二：哦，一个很开明的人。

---

① 指1905年9月24日，革命党人吴樾在北京火车站准备炸死准备出洋考察宪政的清廷五大臣事件。

张学良：我跟他从前不认识，我们到了英国。郭泰祺，是汪精卫的人呐，他当英国公使的时候，由他请客，他给我介绍张发奎。他（指张发奎）说你不用介绍，我们两个人认识，他说北伐没有见过军队这么凶的。

访　一：他那时候为什么要到英国去呀？

张学良：他那时候已不做事了。那张发奎，空军的张会常，我们三个人一起在台北红宝石吃茶。茶馆的人说，你们是三个张将军。过了些日子，张发奎死了，张会常也死了，就剩我一个。他说，哎呀！半年前你们三个张将军，就剩你一个人了。我说，你的意思是说我还没死呢？呵呵，他说，不是，不是。我跟贝太太①在美国，在路上走碰见一个人，那个人说，你是不是张学良？那个贝太太很聪明，她说你认错人了。

11. 贝太太的性情像男人

访　一：贝太太在这些个大人物的环境里也学习了很多。

张学良：她当年跟上海的杜月笙［也很好］嘛。

访　一：她那会儿那么年轻就认识那么多人。那会儿她不是贝太太，是小姐是不是？

张学良：不，那已经结婚了。

访　一：不过贝太太和贝先生对您好像永远都是那么亲切。

张学良：我们是这样的，我们打麻将。在上海没事儿打麻将。

访　一：好像是您在溪口的时候他们来陪您住了一段儿？

张学良：来看我。

访　二：可是到那儿看您的人呐，多一半都是来看您就走，只有邵力子住了一个多月。

张学良：那是命令他陪的，奉蒋先生命令在那儿陪我。

访　二：那贝先生和贝太太呢？

张学良：那不是，那是个人［之间的友情］。他们和戴笠都是朋友，通过戴笠来看我。

---

① 贝太太，中央银行总裁、金融家贝祖贻的夫人、建筑大师贝聿铭的继母蒋士云女士。

访　二：他们在那儿也住了一阵子是吧？
张学良：没住，没住，住一晚上就走。
访　二：那好多位在您旁边看护您的人，像什么刘乙光啊。他们都说只有邵力子夫妇和贝祖贻①夫妇在那住了几天。
张学良：那邵力子差不多住了半个多月，一个多月。
访　二：不过那个贝夫人跟蒋夫人也认识了，她先生啊，应该吧？他是好像宋子文的［朋友］。
张学良：那是宋子文的大将，他跟蒋先生大概不认识。贝太太的丈夫是上海中国银行的总经理。
访　二：搞经济的。
张学良：他是中国的头一把交椅，搞白银，银子，对世界白银，哪个国家多少钱什么价格［他都知道］。那我很佩服［他］。他说，我一个错误就能失掉好多钱，不是他个人的，给军队呀。他脑子里也不干别的啊，所以他老婆乱七八糟的随便玩，他也不管。那个人真是做他的事业，他那是白银专家。我跟他说，你可别跟我说这个，我迷糊。哎，他有两个儿子。
访　二：贝太太有一个女儿啊，贝先生的第一个太太有两个很有名的［孩子］。
张学良：贝聿铭②。他那一个儿子在我这儿住，叫贝聿达。他的太太是我太太的侄女吧。
访　一：哦，是吗？
张学良：他做热玻璃，防热呀。
访　一：贝聿铭很有名。
访　二：那是我们中国人在美国在建筑界真是争光啊，不过他们好像不跟贝太太来往似的。
张学良：不来往。他们父亲死的时候，也不分家产。所以贝祖贻这个人有这么两个特别的儿子。娶了这么一个特别的太太。

---

① 贝祖贻，号淞荪，苏州人。苏州东吴大学唐山工学院毕业，曾供职于盛宣怀创办的汉冶萍煤铁公司统计部。1914年进入中国银行北京总行，先后担任广州、香港、上海分行经理及总行副总经理。抗战胜利后，时任行政院长、掌握财政金融大权的宋子文，极为赏识已是中国银行副总经理的贝祖贻。由他推荐，贝祖贻于1946年3月1日出任中央银行总裁。
② 贝聿铭，美籍华人建筑师，1983年普利兹克奖得主，被誉为"现代建筑的最后大师"。出生于广东省广州市，父亲贝祖贻曾任中华民国中央银行总裁。1935年赴美国哈佛大学建筑系学习师从建筑大师格罗皮乌斯和布鲁尔。其作品以公共建筑、文教建筑为主，被归类为现代主义建筑，善用钢材、混凝土、玻璃与石材，代表作品有美国华盛顿特区国家艺廊东厢、法国巴黎罗浮宫扩建工程。

访 一：很聪明啊，杰出的人才。

张学良：贝祖贻这个人也是十分聪明的，他们贝家在苏州那儿是大家庭。

访 二：那贝太太以前不是上海人啊？

张学良：她也是苏州大家庭。

访 二：南方，尤其是苏州附近，女士们都纤秀得很。她也是，苏州出美人儿啊。

张学良：她父亲是外交官啊，所以她到意大利、法国走啊。

访 二：所以你可以看得出来，有过这种训练和没有过这种训练，到底是不一样。

张学良：……我认为这贝太太的性情不像女人，像男人似的。

访 二：她有男子气？

张学良：也不是男子气。……你可别录音呀！咱们扯淡了。

（录音中断）

访 一：您以您的这个经验来说，中国人有什么毛病吗？

张学良：中国人从来不合作。

访 一：您说是为什么？

张学良：中国人很奇怪，就是会拆台。你要有点成功的事儿，他在底下就给你撤脚。

访 二：一点也不假。这是中国的民族性？

张学良：这奇怪。

访 一：还是因为教育不够？

张学良：也不能说教育，中国人的因素这怎么讲，传统的［影响］。

访 二：民族性。韩国人都不这样。

张学良：这中国人呐，对付中国人是真能耐，他脸上一点都不露出来。就比如我们在华盛顿的时候，大家都在一块堆儿呢。有一个人姓黄，也是个女的，他们就跟我讲，你别看她笑啊，她后头拿着把刀呢，这就代表了中国人，这真是这样。有的中国人，有好多事，你都发现不了都是他搞的。中国人就是这样，尤其是有利害冲突的时候。

访 一：有两件事情，第一件事是说您东北的好朋友绝想不到律师要绑架他的孩子。第二件事是我们到您这儿来，绝想不到唐德刚在后面拆我们的台。

张学良：唐德刚原来我对他很好，后来我越来越看不起他。他其实是很有学问的一个人，也无非为了几个钱，他把钱看得太厉害了。

12. 我家里财产好多了

访 一：我们还是说老帅。您曾经跟我说过，在家里头，因为您真是个大户人家，除您自己，老帅还有几个夫人什么的，还有二大爷等。所以也就是说老帅很照顾自己的亲戚朋友。同时，您家里资产也有很多，您刚才说有农庄啊，马都有几百匹。除去农庄，您还有银号等。

张学良：那我家里财产好多啦，我们还有粮栈，大财团。我们那时半官半私了。我们有一个叫事务处。事务处的处长，就是管我家里事务的人，因为我们管不来。

访 二：就是理财的人，好像经理一样。管账，管家。

张学良：不是管家，是专门管家里事务的。

访 二：那九一八以后，您离开那儿，怎么办呢？家里怎么办？

张学良：散了。原来我家里有规矩的，大的财产权都在我手里呢，小部分不在我手里。我家里我母亲，还有小孩，他们都有月费的，后来就没有这笔钱了。

访 二：那"九一八"事变以后，除去还留在东北的人，在外面有您这一支，还有五爷〔这一支〕。

张学良：都散了。

访 二：那留在东北的人，在共产党手里是不是很受压迫？您是否有所耳闻？

张学良：不受压迫，我的四妹刚死了，我的二妹、四妹都是共产党给钱。

访 一：对，还是政协委员。

访 二：那好像财产都给没收了。

张学良：那财产不能说共产党给没收了，我也不要了。

访 二：那管这些的事务处？

张学良：也都散了。

访 二：那好像您捐给学校一部分钱，就好像一个基金？那这个教育基金是不是还在？

张学良：那我也不知道了。管那个人还在，那个人现在是共产党。

访 二：有一篇文章，去年7月23日。我们第一次到这来，见到赵一荻，您就提到关于教育的问题，您说教育基金，所以我就一直注意这个。后来有一篇文章，这个人叫栗又文①，他是您那时基金会②里的一个，现在还在吗？

张学良：这个栗又文，这个教育基金还归他管的。

访　二：那这个基金现在还在不在？

张学良：不知道。

访　二：这个人现在还活着。

访　一：前两天我在您这儿访问，有一封信，夫人说让我给您念，就是他们又组织了一个教育基金会，让您……那这个基金会跟以前您自己那个没关系？

张学良：那我不知道这个。

访　二：最近有一封信，是说张先生个人研究的基金会，也有很多出版物。

张学良：不知道，我对这事不太注意。我那基金会那笔钱也不知哪去了。

访　二：不过，我觉得很可惜的是您那时的计划啊［没有很好的实现］。

张学良：我这个人向来不在乎。

访　一：还有您说那个边业银行，那个时候的银行和现在的银行性质不一样？对不对？

张学良：也差不多，不过那时候边业银行可以出钞票的。

访　一：哦，可以出钞票？

张学良：现在的银行没有出钞票权。那时候，有的有，大部分没有。那个时候［有］出钞票权［的银行］是中、工、交、农啊。在东北，那边业银行，不是后来，以前它就有。那银行有出票权得政府允许的。那时候的银行，得50万块钱存到财政部才能怎么［样呢］？

访　二：那是老帅开创的呀？

张学良：边业银行是这样子，它不是我家的银行，那是徐树铮在北京办的银行，后来我父亲给接手了。

访　二：哦，是曹锟的钱？

张学良：不是，不是。是徐树铮那个时候，我还弄不太清楚。那边业银行的

---

① 栗又文，辽宁辽阳人。1935年参加革命。同年冬到东北军工作。1936年加入中国共产党。曾任中共东北军工委委员、张学良机要秘书。1937年参加组织东北救亡总会，任常委兼秘书长。

② 基金会的全称是"汉卿捐赠奉省中小学教育基金董事会"。该会成立于1929年，张学良用张作霖遗产中的500万元建立起来的，主要用于中小学教员的全年薪金。

基金啊，是金子啊。后来叫日本人拿去了，我们管他要，日本回答，他说这个钱我没拿，说满洲国拿去了。满洲国没有了，我跟谁要去。大概有三万两金子。我这个人向来对这个不在乎，我向来不会理财，只会花，不会理。

访　一：在西安事变的时候，杨虎城将军首先抢的就是您的［银行，是吧］？

张学良：边业银行的分行。

访　一：那他们没有抢多少吧？

张学良：那没有，被银行的人打死了。

访　二：那您从东北带过去的呀？您说这个边业银行不是您自己的银行，那您自己的银行是什么？

张学良：我自己也没银行。

访　二：我的意思是老帅，老帅自己有银行吗？

张学良：就是边业银行。

访　二：您说还有一个钟三爷［他是干什么的］？

张学良：我家的财产，差不多都在他手里。不光是财产，我家有很多的粮栈呀，当铺啊，地方办的，都是他［管］。后来，我父亲死时，他还来了呢。他就对我说，我老了，要不我也会带人去打小日本。

访　二：他跟老帅［关系怎样］？

张学良：很好，他们怎么结合我也不知道。我们都喊他钟三大爷。

访　二：大帅最初认识他时，就是感激他。

访　一：那会儿好像是说，大帅跟冯德麟和张作相形成军队势力的时候，你的母亲没和大帅住在一块儿。说是钟三爷有一天来了，说是我给您报喜，就说您出生的事。

张学良：那我就不知道了。

访　一：那张景惠说大帅不能回来了，就让钟三爷带了二百两银子回来，这是喜事。这有这么一个报导。

张学良：那我不知道了，我母亲很不喜欢我，因为生完我以后，［她］就有病［了］。

访　一：哦，对，那会儿把这些事儿都赖在孩子身上。

张学良：所以那时候算命说我命硬，说起算命，我父母亲都很信算命。我母亲更相信算命。

访　一：那您记得什么故事跟他工作或者打仗有关系没有？

张学良：我父亲很迷信的，我不能说这个，那时候有个包瞎子，很有名，我父亲很喜欢他。这个包瞎子在奉天很有名的，他算命最有名。

访　一：真的很灵，他哪点灵啊？

张学良：我给你说一段故事。那个时候，袁世凯要当皇帝，我父亲推荐他（即包瞎子）。他给袁世凯算过命。他到北京去，当然说他有皇帝命啊。他回来告诉我父亲，说他非失败不可，我父亲说你怎么［这样说］，他说那我哪敢说。

访　二：说了就没命了。

张学良：这个算命的在奉天最有名。

访　一：他给大帅算过命吗？

张学良：那他算过，要不我父亲怎么信他呢。

访　一：还有一个说法就是说，大帅到皇姑屯事件之前，说吴俊陞的儿子跟你在一块儿，在北京。他也迷信，就做扶鸾。

张学良：没有，我没跟他在一块儿。

访　一：那就是这个不对了，我觉得您那时候没在北京。

张学良：那天过生日，我跟溥仪的弟媳妇在一块儿。她叫唐怡莹，在中南海……

13. 张宗昌是个怪人

访　二：我这有一个问题，是两个时间不一样，跟您说一下。一个是说1928年4月，北伐军5月占领了济南，那么日本出兵干涉，制造了济南五三事件①。孙传芳、张宗昌就鼓动老帅趁着日本出兵的时候，来反抗蒋介石北伐。您呢，就向老帅说应息兵主和。

张学良：这是什么报纸？

访　二：就是张学良将军手迹那本［书］里头［有这方面的内容］，他说您希望不要再打了，应该谈和，甚至若不要谈和，你就出洋。然后大帅在5月9号发出了佳电。您在同一天就放弃了保定，带所部撤驻

---

① 济南五三事件，也称五三惨案。日本帝国主义在山东济南屠杀中国军民的事件。1928年5月1日，北伐军开进济南，日军寻衅开枪，打死中国军民多人。3日，日军又大举进攻，蒋下令撤出济南。日军在济南屠杀中国军民5000余人，并将国民政府山东交涉员蔡公时等17人杀害。由于中国人民的强烈反对和各帝国主义国家之间的矛盾，国民政府与日军在1929年3月28日达成协议，日军撤离济南。

琉璃河、丰台一带。①

张学良：我记不得了。

访　二：另外一个他就说啊，同样的一件事，这是毕万闻写的。他说呢，是您在1927年5月28日撤退郑州，然后您派了葛光亭，蒋先生派了何成浚②，然后谈和。

张学良：没有这回事。

访　二：他说如果不能这样的话，您就跟大帅说，您就要出洋，是这么回事，是吧？

张学良：没有这么回事。

访　一：我找的这个还是关于大帅的，这是缪澂流说的，缪澂流是您的大将军了。他说老帅自幼聪明绝顶，凡是乡间人情世故十分透彻。举止行为不拘小节，异于常人。可他又没说出什么具体的。

张学良：那当然了，他又没指出哪件事。

访　一：因为大家评论都是这么笼统的，所以不能够［具体］。

张学良：那当然，说话就是这样。

访　一：对，大家都这样说，没有办法把大帅的［一些具体生动的故事表达出来］。

访　二：要能把大帅这种［故事］具体地表达出来就好了。

张学良：那一般人不能那样讲话。一般批评人，都是一般论断，不是［指］哪一件事。

访　一：所以我们想多找出一些大帅的故事，能生动［表达大帅的为人］。

张学良：不是生动，那是两种记法，看历史也是两种看法。中国的历史中国的事情都比较笼统。

访　一：在外国的中国人都希望通过一件小事儿来了解一个人。

访　二：这是最近的一本书，他说啊。1924年12月，孙中山抵达天津。老帅力劝孙中山放弃联俄和联共，充分表明［与］孙中山的革命主张势同水火，跟大帅的意见相反，格格不入。在1927年9月18日，张宗昌到北京开会，曾以孙中山停灵的地方风水太好，才使南军屡

---

① 1928年5月9日，张作霖发出"息争"通电，当晚张学良、杨宇霆前往石家庄，布置军团部移驻保定。

② 何成浚，字雪竹，湖北随县人。早年留学日本，加入同盟会。曾任南京留守政府总务厅厅长、江苏讨袁军总司令部参谋、建国军北伐总司令部参谋长、国民革命军总司令部总参谋、湖北省政府委员兼主席。时任军事委员会委员长驻徐州主任。

次告捷。遂向张作霖提议焚烧孙中山遗体，以绝后患。

张学良：这没有。

访　一：他这是哪儿来的呢？《中山陵档案史料选编》第435—437页。这是大陆出的一本书。

张学良：我没听说过。有人写东西胡说八道。

访　二：实在太［离谱］，不近情理了。

访　一：这里有一个顾维钧提到老帅的事，我给您念念。这是顾维钧对《民国史几个问题的自述》，顾维钧写的一篇东西，他说，张作霖对我非常客气。我觉得他有他的特长。虽然他没有受过教育，统御部下却有他的一套。例如，张宗昌是他的部下，他看见大帅是磕头的，张作霖要他做什么事情他就做什么事情，服从得很。张作霖晓得部下的脾气，他自己不要钱，对部下手头很宽，可是他自己的生活很简单。

张学良：奇怪，好多女人都喜欢张宗昌，因为他粗线条，个子大。

访　二：个子大，军人的那种样子。

张学良：张宗昌可以说也是个怪人嘛。我说那句话就是，有些个女人喜欢粗线条。

访　二：而且跟顾维钧完全不一样，顾维钧是文质彬彬的那种，您看您拿那个相片。顾维钧是不是风度翩翩，文绉绉的？

张学良：顾维钧现在的太太①，是杨光泩②的太太。杨光泩后来叫日本人给枪毙了。杨光泩是［驻］马尼拉的大使。……杨光泩死了以后她嫁他了。

访　二：现在在哥伦比亚大学做这个顾维钧陈列馆什么的，都是这个太太努力在后边做的。

张学良：那我不知道。

访　二：现在的这个太太给他做的。

张学良：原来的那个太太现在还在呢。顾维钧的太太说现在脑子不大好，姓黄，现在在美国。

---

① 指严幼韵。严幼韵，祖籍浙江宁波，著名实业家、老九章绸缎庄的老板严子均之女。1905年出生，1925年入沪江大学，1927年转入复旦大学商科。1929年与杨光泩结婚。1942年，任中国驻菲律宾领事馆总领事的杨光泩，被日本宪兵枪杀。1945年后前往纽约，任联合国礼宾官。1959年，与著名外交官顾维钧在纽约结婚，成为顾的第三任妻子。

② 杨光泩，浙江湖州人。1938年，任驻菲律宾领事馆总领事。1942年日军攻占马尼拉后被捕，同年4月17日与总领事馆其他八位外交官一同被日军杀害。

访　二：那这个太太相当活跃。

张学良：这个太太［原］是杨光泩的太太。这个太太的家庭，你知道中国最大的丝绸坊老九章①，她是老九章的小姐。……

访　二：那现在这个小姐是谁的啊？顾维钧的这个女儿，现在也在美国。那天我还带一个相片。

张学良：现在这个我知道，是老顾太太生的。不是，唐绍仪的五小姐是顾维钧的太太，不是离婚，［是］死掉了。

访　二：所以这个女儿是原配生的。

张学良：顾维钧起来就是唐绍仪给［支持的］。

访　二：后来是他离开他太太了吧。

张学良：后来她的丈夫是姓White，所以后来顾维钧不能当英国公使，不能进皇宫。因为英国皇宫的规矩是不能进二婚的人。

访　二：是不是当时只有这些大人物，像做政治、做军事的人物，男朋友女朋友才这么开通。

张学良：也不能那么说，可以说是大胆作风。那时候张宗昌，我们睡一个房间，他带着姨太太，第七个姨太太，说让我跟她睡，我说去你妈的。

访　二：他到底有多少姨太太？

张学良：不知道，今天跟这个明天跟那个。这个人也是很厉害的。他也算是个英雄，也不记得是他的第几个姨太太跟她当差的有关系，结果派人去抓回来的。把这俩人吓坏了，他就跟当差的说："你比我能耐，她不喜欢我她喜欢你，当然你比我强。"他说："我也替你发愁，她在我这儿娇生惯养，你怎么能养活她呢？要是真喜欢她，我把她给你。她的财产我一点也不动。"他说，"你怎么养活她？好啦，我给你升个副官。"后来这个人在他手底下做旅长，给他作战最厉害。他很传奇，就是这么个人。

访　二：您说您后来不让他带着军队出关，去山海关，您没让他去。

张学良：那是后来了，我跟他打起来了。

访　二：就是说他的军队真的是乱。

---

① 老九章绸缎庄，1860年前后，清末巨商、"宁波帮"的创始者严信厚在上海泗泾路开设。1885年，严信厚任天津盐务帮办后，在天津开设了"老九章"分号。1906年严信厚病逝后，儿子严子均继承父业，严家产业越做越大。1934年2月，因上海"老九章"的股东退伙，这家绸缎庄宣告结束，天津"老九章"也随之停业。后来，严家的后人又在上海南京路重新开设老九章公记绸缎庄。

张学良：我跟他说，我给钱倒可以，你这些乱七八糟的军队绝不让他们进去（即到东北去）。他就说我不够朋友，我说这不是朋友问题。你要想带军队，我给你军队可以，你这些乱七八糟的军队，你要这些军队进来，我都给你解除武装，因为奉天不是我的，是奉天老百姓的。后来他一定要过来，就打了。

访　二：可是杨宇霆说是让他进去再改编。

张学良：这个问题是这样子。这个杨宇霆，我要跟他打了，在这个护城河上，要动武了。那么奉天的军队谁去指挥呢？我不能出去啊。奉天开个会议，怎么办呢，所以杨宇霆这个人，他后来死也与这个有关，他尽给我出难题。要走的时候，他说了一句话，他说，汉卿，假如我把张宗昌俘虏怎么办？那时奉天的文武都在场，袁金铠也在。他说这种玩意儿，捉住把他枪毙了。那么杨宇霆就问我，汉卿你的意思呢？

访　一：一定要听您说什么。

张学良：他把我问住了，我就点点头，明白？结果真把张宗昌给抓住了。他告诉张宗昌，张汉卿让我把你枪毙了。我把你放了。

访　一：不过您没说呀。

张学良：那张宗昌后来跟我还是有来往的，要钱什么的。他说汉卿当时你真不够朋友，你还要把我枪毙了。要不是杨宇霆，你就把我枪毙了。所以杨宇霆这个家伙，你把他放了，你怎么不告诉我呢，你这不买好吗？

访　二：因为他不愿意负这种责任。

张学良：所以他这种作风啊，杨宇霆他自己不知道，后来张宗昌告诉我的。你做事情，没有不露尾巴的。

14. 我当时的决定是把常荫槐枪毙了

访　一：这个杨宇霆很鬼呀？

张学良：不能这么讲。杨宇霆根本就想夺取政权，所以他有目的的。我不跟你说嘛，我让他回来，他不回来，他把我军队都看了，那时候我俩在一块堆儿带军队呢。等于一正一副啊！那我心里并没有什么感觉啊，他要看看，就看看嘛。因为军队他要带，明白？所以这个人说话你一定要小心呐。等到后来奉天事情完了，分配工作的时候，那我就问杨宇霆，你要做什么呢？那么当奉天主席他都不做。那么后来我说你要带兵，我现在也不能带军队了，身体也不好。同时这些事情在我身上。他说你那兵谁也带不了，［他们都］拿你当圣人。换句话说，你的军队没人敢带。

访　二：也就是说，他已经考察过了。

张学良：他这句话他是说者无心，我是听者有意，说你看看我这军队对我怎么样。

访　一：万一要有一点希望，他就会去控制。

张学良：所以后来他跟常荫槐俩要自己练军队嘛。

访　一：所以他们买武器，买枪。

张学良：他就说，你那军队拿你当圣人，没人敢带。

访　二：不过常荫槐有什么合法的理由要练兵呢？

张学良：按理他没有什么合法的理由。常荫槐是黑龙江的主席。他说黑龙江要办民团。所以这个问题就来了，办民团，也用不着那么些枪。

访　二：而且从外国买。

张学良：他就说这枪一部分给民国，一部分散到民间，我卖给民间，我要收回一点钱呐。

访　一：比较牵强了。

张学良：但是这里头杨宇霆还是不聪明。不是不聪明，他那时候就收买我那些部下。我那些失意的部下，因为有一些没事［做］了。可是我那些部下，虽然失意啊，可是他（指杨宇霆）给他们说什么话，回来都告诉我。

访　一：忠心嘛。

张学良：所以我就看出杨宇霆有野心。换句话说，杨宇霆想以和平手段把我拿下去，不好拿；想推倒，他又推不倒。他就想夺了。

访　一：我想第一他觉得您年轻，［好对付］。

张学良：不是，杨宇霆的背后就是常荫槐，这个常荫槐是他的谋士。杨宇霆啊，还没有那么高的［谋略］，都是常荫槐鼓动的。我当时的决定是把常荫槐枪毙了，把杨宇霆留下，不想把他处死。所以我的太太也很厉害，是于凤至，她说，你要那么办，你把杨宇霆怎么办？我说我把他关起来。她说那些好前辈，像张作相一定要给他讲情，一定要你放他，你怎么办？她说，同时日本人也会来。所以你不如果断一下。所以我说常荫槐这人最坏。

访　二：他这本书里也还说北伐军，在派人跟您来谈之前，都要到杨宇霆那儿先谈。真是这样吗？

张学良：是，是，这人是何千里。

访　二：还有谈易帜的事情，也要先和他谈。

张学良：那倒不是。杨宇霆他是这样，我父亲在的时候他是总参议，到我那个时代的时候，我给他什么他都不做，他还是要当总参议，成为幕后的指挥者。但是，我跟我父亲不同，他还想幕后操纵我，他对外人是这么讲，你身体不好，有事找我商量。我可是不受他这一套，他们那时候都拿我当小孩子，都要要我。

访　一：您说那时候咱们那些兵，营养上也就是馒头、白菜，怎么能连着打仗？

张学良：那个兵都跟饥民一样，不当兵他就得饿死啊，他没钱啊。

访　二：而且他们不管作战〔是死是活，还是要当兵〕。

张学良：那个兵都是募来的，那时候苦啊。不过现在你再招兵，不也招不着吗？

访　一：不过上一次中东打仗的时候，那沙漠风暴啊，您有没有看电视和报纸？

访　二：那会儿是去年，前年啊，8月间，就是伊朗啊、伊拉克，那可真是给我们一个学习的经验，看看仗是怎么打的。您看了没有？

张学良：那我没看。

访　二：您没看，是吧，我觉得战争真残忍呐。

张学良：那当然，战争是残忍，战争不是好事。我那时候对我父亲说，你为战争为战胜你什么手段都〔采〕取，所以我父亲骂我呢。我目的是要战胜，为了战争胜利，我当然什么〔手段〕都〔采〕取。

访　二：所以我就觉得做军人实在伟大。

张学良：当军人不是人干的事，难过的事情太多了。

访　一：所以您经过的事太多了，想象不到。

张学良：那你是没跟人说过这事，假如我父亲还在，你跟我父亲说这个，他经过的草莽的事情更多了。

访　一：可是您经过的都是大规模的仗。

张学良：那个时候都是活动的游击战，还没有说是真正对抗的阵地战。

访 一：那战争不同，武器也不一样了，都不用出人了。

访 二：而且您看海湾战争，完全是用电脑，控制这些个［战争态势］。

张学良：现在这些战争我不能成功，不知道，也不懂。

访 二：那会儿就大帅做保安团的时候，就一对一呀，用那种步枪啊骑马啊什么的［打］。

张学良：那我还见［过］军队用刀打仗的。所以那时拿枪都叫洋枪队。我那个小孩儿还会唱呢，"洋枪队，活受罪，白天不得安，晚上不得睡"。

访 二：当兵的真苦，可到了您那会儿，就都已经［是］洋枪队了。您除去用那种长枪，那会儿还用短枪吗？

张学良：手枪有，那他们都叫驳壳枪，也叫"自来得"。

访 一：什么叫"自来得"呀？

张学良：那是德国话。那是翻（译）过来的，是木壳的。

访 二：您说那时军队里有左轮枪吗？

张学良：有啊，那都是军官身上的手枪。那个玩意打仗不能用。打仗那么远，那个玩意射得太近。［打］近仗可以，［打］远仗不行。

访 二：那远仗都用什么呀？

张学良：都是步枪。

访 二：您说当年大帅打枪的时候［用什么枪］。

张学良：打步枪，他们当时没有手枪。

访 一：我就在想啊，老帅走路这个肩膀是高的，一方面是［因为］背枪，另一方面是打枪。

第三十六次访谈
看照片　住北京饭店　买王府

访谈者：张之丙（简称"访一"）
　　　　　张之宇（简称"访二"）
被访者：张学良
同座者：赵一荻
访问日期：1992 年 7 月 22 日

访　一：今天是 7 月 22 日，我们今天继续录音访问。

1. 看在台湾拍摄的照片

访　一：昨天就是热，今天更热。
张学良：今天 90 度①。
访　一：今天 90 度啊。那你说，这是台湾最热的时间吗？还会比这热吗？不会了吧？
张学良：好像还会热，我们东北升不到百度，降不到 10 度，能到 90 度。
访　一：这么热怎么办？
张学良：在家里待着，有十几天啊。
访　一：十几天啊？
张学良：热是热，不过也就是十几天。
访　一：不会太热。
张学良：热也不会太长。
访　一：那也是够［难受了］。

---

① 指华氏温度，相当于 32.2 摄氏度。

张学良：但也不是总是那样。

访　一：这是 7 月 22 日，我们在张府继续做访问工作。您怎么样？您消化好了吗？

张学良：我消化很好。

访　一：您特别爱吃果子，我们觉得对您特别好……这张照片是您照的吧？因为您不在场，可能您自己拍的，夫人在这儿。

张学良：嗯，可能是，吃素饭呢。

访　一：吃素饭。

张学良：这是台湾很有名的和尚。这个叫印顺，讲佛学讲得好①。

访　一：讲佛学。您那时候还研究佛学呢？

张学良：我什么都干，不是研究哲学，[就]是研究佛学。

访　一：佛学，对！你看这张照片很好，这一定是[在]高山里头[拍的]。这上面写着："纪念此日，国庆节，要把共匪一扫光。"1954 年的 11 月。您穿很多衣服，大概是在冷的地方……这有一张我想跟[说说]，这里有一张 1954 年 10 月[拍的]，要不要把放大镜拿来，还记得吗？您站着这个地方，台阶好像是这样下来，再上去[就]是您的井上温泉②吗？

张学良：不是，这是我原来住的地方。

访　一：这位穿中山装的是谁？

张学良：是，这是毛人凤。

访　一：四方脸。

张学良：大概是毛人凤。

访　一：好像不像，这要是毛人凤，后面有一张跟蒋经国先生的[合影]。

张学良：那是毛人凤。

访　一：如果那是毛人凤的话，那个是谁？

---

① 印顺法师，当代著名高僧。俗姓张，名鹿芹，浙江省海宁县人。年轻时，曾追随太虚大师办学。赴台后历任善导寺、福严精舍、慧日讲堂、妙云兰若住持及导师，暨福严佛学院、华雨精舍、妙云讲堂导师。数十年间著述研学，撰书数十种，蜚声士林。

② 井上温泉，位于台湾新竹。新竹是台湾古老的城镇之一。这里峰峦起伏，林木葱郁，特别是环抱在青山中的井上温泉，更是远近盛名，被誉为疗养的胜地。1946 年秋天，张学良来到此地。他的住所是一排日本式木造平房，上房原是日本统治时代为裕仁太子来台湾时所建。后改作日警察招待所，再后来又辟为招待游人和旅客疗养的场所。招待所背依青山，面临清澈的头前溪而建，屋外植有樱花。在张学良起解来台湾之前，特意在温泉边为之翻建了新居。屋外不但是有山有水的大花园，而且建有温泉浴室和网球场。

访　二：这是张治中？

访　一：这是张治中，他是四方脸，不过1954年可不对了。

张学良：那不对了。

访　一：1954年，这四方脸的是宋子文吗？

访　二：不是，不是宋子文。

访　一：他穿中山装，您穿的是西装。

张学良：这不是在我家照的。

访　一：这个您看，这个台阶上去之后再往这边上台阶，这都是大石堆的那个地基。

张学良：不是我家。

访　一：不是。

张学良：是大石头垒的。

访　一：然后第二张是在同一个时间，是四个人。您和这位先生站的地方也没有改变，后面又加了两位，好像两个人穿的[不一样]，这位穿的好像是军装。

张学良：我一时想不出来。

访　一：这个人穿中山装，另两个人穿的都是中山装，您穿的是西装。

张学良：这个我一时想不出来了，这是谁啊？不是蒋经国。

访　一：不是蒋经国，蒋经国我们认得出来。

张学良：这是谁？这个地方是不是高台？

访　一：对。

张学良：我想不出来了。

访　一：您想不出来，这儿还有一张，在1951年6月照的。您正在从一个门出来，或者是进来，后面有竹篱笆，这是哪儿？

访　二：这是井上？

张学良：不是，井上没有竹篱笆，说不定去哪里玩去了。

访　一：竹篱笆。然后还有一个您看书的[照片]。

张学良：这是我的家。

访　一：您在看书的这张相片很有意思，您的书下还有一个架子。

张学良：架子，是个架子。我的架子还有呢，架子是竹子的，这是一个和尚给我的。

访　一：这架子很好。

张学良：这是竹子做的，是一个和尚给我的。

访 一：您说的是，这不是大陆人给您的，是在此地做的。

张学良：不是，从大陆带来的。

访 一：哦，这是从大陆带过来的。

张学良：对。

访 一：讲实话，我对这个架子很感兴趣，第一它是竹子做的，做得非常精巧，好像这个角度正合适。

张学良：角度还可以调整。

访 一：自己还可以调，而且还可以折起来。

张学良：是的，现在还有，还在那儿摆着呢。我有时候还用，我还有一个用板子做的。

访 一：这是竹子做的。

张学良：我不愿用，因为后头有点坏。

访 一：哦！

张学良：用小钉子钉着。我忘了，这好像是一个和尚做的，送给我的。

访 一：和尚，这是大陆的。您好像有一个时期很瘦。

张学良：那时我有病了。

访 二：这是1951年，这看起来精神得很，那时候您还抽烟呢。

张学良：什么？

访 一：手里还有一根烟？

张学良：香烟。

访 一：您穿着拖鞋，怡然自得。

张学良：（笑声）

访 一：大概是饭后一支烟，赛过活神仙。

张学良：快活过神仙……我本来很少抽烟。

访 一：这个是您在看 Photography（一种摄影杂志），这是在1952年。后面这个屋子的门啊，都像日本式的，这就是井上温泉屋里头吧？

张学良：是。

赵一荻：还有一个小的。

访 一：这是在一个小山石上头，看着是一览众山小似的，您坐在石头上。

张学良：啊，这是我们住的地方的一个山角上。

访 一：山角上？

张学良：我跑上去。

访　一：这好像没有路，您是怎么爬上去的？

张学良：后头有路，前头没有路。

访　一：这是夫人照的？

张学良：我忘记谁照的。

访　一：这个相片真是很好。这个呢？我觉得很奇怪，您这个屋子后面都是用闸板式的木头板子，这里还有一个矮矮的小桌，上面堆着很多书，是在1953年。

张学良：忘了。

访　一：那时在井上温泉那座房子［住］。

张学良：这好像到高雄去了。

访　一：哦，高雄。这张就不知道是不是高雄了，反正这就是我刚才讲到的穿中山装的那位。

张学良：啊，是高雄。高雄的要塞司令来看我。

访　一：这是洋式的建筑。

访　二：不是日式的建筑。

访　一：这就是您比较瘦的时候。

访　二：穿了很多衣服。

访　一：您穿着您一件行军的夹克（Jacket），拿着手杖，戴着什么帽子，这叫什么？

访　二：鸭舌帽。

访　一：鸭舌帽，然后您坐在椅子上面，好像在听无线电（即收音机），这个地方好像是在山上。这张很有意思，您穿着一件棉大氅。

张学良：那时候我得病了，在医院里。

访　一：哦，在哪个医院里？

张学良：是他们的一个小医院，医务所还是什么玩意儿。

访　一：您还戴着无线电［耳机］，好像是短波收音机似的。

张学良：听收音机呢。

访　一：您生什么病了？

张学良：有毛病，闹胃病。

访　一：那天气会这么冷吗？

张学良：冬天嘛。

访 一：这好像是在同一个地方，同样的收音机，夫人正在看那个《生活》杂志呢。

访 二：美国的《生活》杂志。

访 一：这是什么，有一座桥。

访 二：西螺大桥①。

张学良：是西螺大桥的桥头。

访 一：你看，这个后面是篱笆，竹子的。篱笆门口好像有一个灯，这灯差不多有一个人高。

访 二：日式的灯。

访 一：门灯，一根木头上面有灯。

张学良：那我忘了。

访 一：这是1955年，后面是竹篱笆。这是那个灯，大灯。还有根柱子，你站在旁边，好像用石头垫上的甬路。

张学良：这不是我住的地方，不晓得上哪玩去了，我记不得了。

访 一：这张可能是一样的地方，这是夫人。

张学良：可能我们去玩。

访 一：这还有小石桥，这个风景太好了，您很有风度，看起来像个学者。

张学良：这可能是同一个地方。

访 一：可能，你看这个花都是一样的，跟夫人刚才的那张相片完全一样。这是夫人坐在竹篱笆旁边的椅子上，前前后后都是竹篱笆，都是在1955年。这张叫作复兴亭，这是1956年。

访 二：那是北投了。

张学良：复兴亭，我不知道。

访 一：这张，也是夫人坐在复兴亭。这张很奇怪，有头牛在吃草，这是您自己养的牛吗？

张学良：不是我养的，我很喜欢牛，因为我属牛。

访 一：哦，您属牛。

张学良：所以见到牛就照。

访 一：这是夫人，大概在同一个地方。

---

① 西螺大桥，是横跨台湾浊水溪下游，连接云林县西螺镇和彰化县溪州乡的铁桥。于1937年开始兴建，1952年完工，1953年正式通车。大桥全长约1939米，桥面宽7.3米，共32座桥墩。当时是仅次于美国旧金山金门大桥的世界第二大桥，也是远东第一大桥。

张学良：是，我们出去玩去了。

访　一：这个地方大概也是您去玩的地方。有几块石堆，您坐在那儿看书，后面的房子都是用竹子做的。

张学良：哦，那是高山族他们的房子。

访　一：他们住的，是吗？

张学良：把竹子劈开，一扣……

访　二：再把它们合起来。

访　一：哦，一个竹子，这样扣着。

张学良：这个房子还有没有了，那很好玩的。

访　一：很吻合的。

访　二：那连屋顶都好像是竹子，一层层的。

张学良：都是竹子。现在有没有不知道了，很好玩的，上面一层也是，盖也是的。

访　一：那顶子也是？

张学良：都是搁铁丝［绑］的房子。

访　一：那保温？保温或者下雨……

张学良：下雨一点也不漏。

访　一：哦，对了，那儿冬天冷不冷？

张学良：冬天冷是冷，但是生火盆。

访　一：您在那儿看书。

访　二：这张是在打网球。

访　一：对，这是在打网球，后面也有竹篱笆。

张学良：就是那院子，墙都是竹篱笆，山里都是这样，现在大概都没有了。

访　一：是发大水给冲了吗？

张学良：发大水整个都给冲没了。这不只是我们这样做，那时候山里人都这样做。

访　一：我们现在还看到一些。您这个网球场啊，是水泥的，是吧？

张学良：是水泥的。

访　一：那你是喜欢打水泥的？

张学良：也不是，没法子做。

访　一：那你打过草地的吗？

张学良：草地也打。

访 一：那这两个［网球场］，你比较喜欢哪个？

张学良：水泥的快，草地的慢。

访 二：草地的弹球慢。

访 一：这个是在温泉，这个是网球场，是你自己做的吗？

张学良：是，那就在我的房子底下。

访 一：那时候您常打网球啊？

张学良：也不常打。有时候打……也没有人陪我打，有个当差的陪我打。

访 一：这张照片很宝贵，正好是您在接球的时候照的。我很喜欢这两张照片。您穿着短的Jacket，好像您还带着相机什么的放在袋子里。您站在山顶上，然后照底下的远景。您好像往远看，还叉着腰。

张学良：在哪个山顶上？

访 一：站在山顶上，不是您附近吗？

张学良：不是我附近。

访 一：这张呢？大概是在同一个时间，因为您穿的Jacket都是一样的，然后您站的后面是一个湖。湖光山色，非常好。您看这后面整个是一个湖水，您站在这儿，想当然是同一个地方，您站着，背着手。

张学良：湖水。

访 一：您井上那儿有水吗？

张学良：没有。

访 一：您看这又是同样的服装。您是朝这儿站着，就是说，您让整个湖做您的背景，您在湖岸的这边，有几棵树。

张学良：是哪儿去游玩。

访 一：是了，这有个塔。

张学良：到哪儿去玩，我忘了。这是什么？恐怕是新竹那叫什么湖，现在大多成为游乐场了。

访 一：然后这个塔，一、二、三、四、五、六层，这不是很高。

张学良：是青草湖①。

访 一：是青草湖，青草湖到您住的地方有多远？

张学良：很远，很远。

---

① 青草湖位于台湾新竹市郊，距新竹市区4公里，湖水水源来自客雅溪，建于1956年，具有观光及灌溉多重功能。湖的一旁是灵隐寺。青草湖开发很早，为聚客雅溪而称之水库，湖面不大，四周寺庙林立，草木苍翠，是新竹最古老的风景区。

访 一：那你出来进去坐什么车？那山路？

张学良：有汽车。

访 一：那山路都可以走啊？

张学良：都走，不过路不太好。

访 一：那还能走汽车。

张学良：那时候的汽车有一个叫 Jeep Wagon（拖卡）。

访 一：哦，Jeep Wagon（拖卡）。这个就是我们昨天看了半天看不出来的，什么庙，这个建筑物好像很西式的。

张学良：确实是，这个是……这是福严精舍①。

访 一：福严精舍？对，对。

张学良：这就是……

访 一：这里有两位穿军装的。

张学良：我也说不出［是］谁了。

访 一：一个戴眼镜，有点像您和经国先生一起照的那个，也有这个人站在后头。这是刘乙光吗？

张学良：刘乙光不穿军装。

访 一：哦，他不穿军装。这戴眼镜的人，个子不高，大概和夫人一样高。

张学良：是，那是刘乙光。

访 一：旁边有一个小孩子，年纪比较轻，站在中间。

张学良：还另外有太太吗？

访 一：有，两位女士。这一位比较年轻，另一位年纪大。

张学良：那是他们的小孩。

访 一：哦，是刘乙光一家。这就是那塔，这是西螺大桥，这后面的海是什么？

张学良：不是海，是西螺河？西螺大桥，它叫什么？

访 二：曾文江吗？

张学良：什么？

访 一：曾文江，是不是曾文江？

张学良：曾文……是有名的河，我忘了②。

---

① 福严精舍，位于台湾新竹市。1953 年由印顺法师开山创建，是当时台湾唯一的男众僧教育机构。又称福严佛学院、精严佛学院。

② 曾文溪，台湾第四大河，也是台南地区最大的河流，全长 138 公里。发源自阿里山山脉，向西流经嘉义县、台南县境。

访 一：这桥的名字大概是陈诚题的。这张也是那大桥，您说，这个大桥有什么好？

访 二：这是台湾第一个大桥，宣传很久了。

张学良：现在大桥好几个，那时候就［只有］它。

访 一：这张您穿的衣服非常讲究。您看，您穿的西装，是 Leather（即皮革）的。上身是深色的，下身是西装裤了，戴领带，里面还穿一个薄毛衣。这门口有字，可是太模糊看不清。

访 二：会不会是北投的？

访 一：不像啊，北投的大门不是这样，这是一个大门，两个大门柱子，然后中间儿一个门。这府上大门有个横的门框，这墙都是那种空心砖，大石头做的。

张学良：空心砖做的。

访 一：对，这边上显然是一棵夹竹桃。

访 二：哈。

访 一：是 1958 年，而且这儿还有路灯。

访 二：这张，您坐在［什么地方］？

访 一：这个古建筑还是北方的琉璃瓦，可是这个门啊，上下很大，好像是西洋式的玻璃门。这底下也有台阶，两三层台阶。两旁台阶的中间也刻着龙，这跟我们东北的［一样］。您坐在地上。

张学良：这是庙。

访 一：哦，这是庙。

张学良：中间刻着龙，都是金銮殿，什么殿吧？

访 一：就是嘛。

张学良：这是很大的殿，正庙，恐怕是文庙。

访 二：哦，可能是孔庙。

访 一：这个夫人也有一张，这可是中间这块儿，台阶一共才三层。

访 一：您看还有这个。

张学良：这是文庙。

访 一：不然的话不能刻龙，龙戏珠，这好像不是一条河就是湖，一条竹子搭的桥。

张学良：现在这桥没有了，这个是宝贝，这是屏东。

访 一：哦，屏东。

张学良：这桥现在没有了，是竹子搭的。

访　一：这是竹子搭的，很长。

张学良：水里有人没有？

访　一：水里［会有人吗］？

张学良：水里常有女孩摸那小蛤蜊什么的。

访　一：这后面有很多人跟着你，可能是大家一起玩的。

张学良：一起玩的人，这是竹子桥。

访　一：这真是竹子。

访　二：这是竹子，底下架子也是竹子。

张学良：这也是竹子，好长的，那也算是一景。

访　一：看起来好像直通到对岸。

张学良：好长，走的时候都非常害怕，远得很。

访　一：你是一直走过去的？

张学良：我没走。

访　二：好像有好几层竹子，不是一层。

张学良：用竹子编的，好几层，他们还骑自行车呢。

访　一：在这上头，是看上去有一个人在骑自行车。

张学良：对吧。

访　一：不过他们当地的人大概没有恐惧感。

张学良：习惯了。

访　二：这张是你自己要照相的。

访　一：您自己带着照相机，还戴着鸭舌帽。天气大概是夏天，上面是日本神社。

张学良：这是日本神社。

访　一：是在新竹？

张学良：忘了。

访　一：这后面有个碑，写着"新亭"。

访　二：新高吧？

访　一：新高，还是新亭？

张学良：新高吧。

访　一：新高，夫人穿着旗袍。

张学良：新高，对，就是新高。

访　一：新高是什么地方？

张学良：我一下说不上来，现在不叫新高，在日本［时代］叫新高，我忘了。

访　一：那您到那儿去，夫人还穿着高跟鞋、旗袍，为什么穿得这么讲究？

张学良：不知道，反正是去玩，人家请客。

访　一：这就是您和经国先生，这是在哪儿照的？北投？

张学良：不知道在哪儿照的。

访　一：是1958年，从这可以往山下看。

访　二：后边好像是观音山。

访　一：这是不是你们两个选定这块地方后照的。

张学良：也许是。

访　一：可是那时候没树啊？

张学良：我不晓得。

访　二：这可以看到很远，您看，一直看到后边的山。

访　一：而且能看到山底下的这块平原。

访　二：还有一条淡水河。

访　一：也可以看到住户人家。

张学良：不晓得在哪儿照的。

访　一：这张也有这个人，就是刚才说在和尚庙里也有的那个人，穿的是中山装，戴着眼镜，比您矮，是刘乙光吗？

张学良：不是，比我矮？还戴着眼镜？

访　一：对。

张学良：也许是刘乙光，我看不出来。

访　一：这是夫人、经国先生和您在同一个地方，就是这个地方，底下好像就是一块平地，是拿石头堆起来的一块平地，加上这住户人家，一个公园。这就是我记得的经国先生的样子。

访　二：这是多少年？

访　一：这也是同样的地方，这又是那位戴着眼镜的［人］。

张学良：大概是刘乙光。

访　一：夫人和经国先生，这是在西螺大桥。这真是宝贵。

访　二：而且夫人弄得真好。

张学良：可惜上面应该写上什么地方。

访　一：对了，写上是什么时候照的，可能夫人都记得。

张学良：她也不能记得，过去多少年了。

2. 六国饭店和北京饭店是外国人开的

访 一：1954年或1955年。昨儿个我们开始的时候，我们说这个还是因为外面写老师的东西比较混乱，有些东西是没有根据的，后来，我们就想［请您讲一下］。

张学良：有些人写东西奇怪，外国人写东西都考虑这个书［怎么写］啊，中国人是随便写的。有些人会考虑考虑，有些人为了要卖钱，或者赶快给报纸写什么，他们就乱写一段。都是捕风捉影的内容，甚至是自己瞎编、瞎造。

访 一：这也许是想象，大家对大帅都有一种自己的构想，是怎样的一种英雄。

张学良：不但对我父亲，只要是一些名人物，像冯玉祥这些我认识的人，有些事情完全是构造，不是外面说的那一类人，不是好坏的问题，根本就不是那样的人，他不是那种行动的人，完全是那个写东西的人自个儿想象的。

访 二：有人说你们东北派的人去北京住六国饭店。

访 一：我姐姐说，有人说，您派北京的人都住在六国饭店①。

张学良：根本瞎说，那会儿在北京住六国饭店的多数是外国人，由外国去的人为了逃避什么［才去的］。

访 一：那时候，是不是六国饭店经常有外国味儿的舞会、鸡尾酒会，是这样的吗？

张学良：六国饭店也是一个普通的饭店，开酒会或舞会都在北京饭店②。

访 二：北京饭店，排场也大。

张学良：那时候就说北京，六国饭店是有一点神秘性的饭店。

访 一：那来来往往的，就是［那些神秘的、有地位的人去的］。

张学良：我跟你说一段故事，你就可以明白了。

访 一：好，您说。

---

① 六国饭店，最初是1900年英国人建造的一家饭店，1905年英、法、美、德、日、俄六国合资重建，改名六国饭店。位于东交民巷使馆区，地上三层，地下一层。主要有各国公使、官员及上层人士在此住宿、餐饮、娱乐。另外这里也是一些下台的军政要人的避难所。

② 北京饭店，位于北京东长安街王府井南口。创建于1900年，当时正值"八国联军"入侵中国时期，是由两个法国人创办的。1907年中法实业银行接管北京饭店。抗战胜利前一直由法国人经营，成为北京首屈一指的高级饭店。

张学良：宋子文喜欢一个女人，那时他还没有阔起来的时候，当汇丰银行小职员的时候。他喜欢一个小姐。他很想娶她，那时候这位小姐的父亲已很有名。后来这位小姐嫁给我一个部下，也是我的学生。可是宋子文还惦记着这个小姐。他跟我说了好几回。我跟他说，我给你安排，等我安排好了，就到六国饭店来。这表示说我说的这个主题就是，六国饭店就是这种神秘的，有地位的人去的。叫外头不知道。

访 一：哦，对啊。

张学良：这外面不知道。

访 一：那您刚才说的北京饭店是举办一些正式的［酒会或舞会］。您还记得北京饭店里面是不是有一个很大的大厅，前面好像有一个倒柱一样的，是这样吗？

张学良：没有，没有。

访 一：没有。

张学良：没有，我现在都记不清了。原来，我在北京的时候，就住北京［六国］饭店。为什么呢？住在那里方便，吃啊什么的。六国饭店最大的方便就是，它中间是客厅，这边有房间，那边也有房间。

访 一：哦，套间。

张学良：套间它两边都可以，它可以关上，关这边，开一边就是两个客厅。

访 一：在北京饭店有几套房间？像您所说的这个不会很多吧？在北京饭店就这么几套吧？

张学良：那就不知道，另外好像中间还有一个小房间。

访 一：这就有点像美国总统尼克松第一次到北京去，他就住在北京饭店[①]。北京饭店有一个 Presidential suite（总统套间）是专门给总统预备，这有点像您说的，中间是大客厅，然后这边有两个卧房，然后还有两个套房，可以隔起来。

张学良：是，它北京饭店是这样，这个套房能把很多套房连起，门也可以关上。北京饭店那个厕所，就是洗手间，这个屋子和那个屋子是连上的，你中间的门锁上，那边就过不来，要不两边都可以用。

访 一：两边都可以用，那个时候北京饭店的设备算不算很 modern（即现代化）的？

---

① 此处访者有误。1972 年尼克松访华下榻在钓鱼台国宾馆。

张学良：那时是外国人开的，不是中国人的。

访　一：哦，北京饭店不是中国的。

张学良：北京饭店是什么人开的，好像是法国的，还是英国人，原来不是中国人［开的］。

访　一：我说这么洋式。

张学良：完全外国的，北京饭店没有中国饭。

访　一：那时没有中国饭的？

张学良：大概那时没有中国饭，我在北京饭店没吃过中国饭，我不知道。

3. 顺承王府是我父亲买的

访　一：那大帅到北京去，住的是顺承王府是吧①。

张学良：那儿是我们自个儿的家。

访　一：作为自己的家，那时大帅的大元帅府就是顺承王府吗？不是？

张学良：不是，那本来就是北京的总统府，那时叫三海子。

访　二：哦，中南海。

访　一：那家是在顺承王府，那您跟大帅在北京［什么地方住］？

张学良：那时我也不住在那儿，我自己有个小家，顺承王府太大了。我那时候随便带几个人到北京去，都住我的小家。

访　一：哦，您不住顺承王府？

张学良：那里太大了，简单说，那时从客厅送客都是到大门口的。那好像从街头到这儿那么长。

访　二：好几层院子，是吧。

访　一：好几层院子。

张学良：一个院子就到大门口，外面还有个大院，可以跑马的，他们骑马的。那是王府嘛，北京的王啊……有八个叫铁帽子王，就是世世都为王，顺承王是其中一个。

---

① 顺承王府，即顺承郡王府。始建于清顺治初年，位于今北京西城区太平桥大街路西。顺承郡王的第一个主人为勒克德浑，系礼亲王代善第三子萨哈林第二子。以平定南明政权、招降李自成余部等功绩晋封为顺承郡王，成为清朝开国"八大铁帽子王"之一。1919年为其后人文仰宸租于徐树铮，作为西北筹边使署，1926年为张作霖购买，辟为大帅府。东北易帜后张学良以其作为陆海空军副总司令行营。1949年后为全国政协办公地。1984年定为北京市重点保护文物。1994年，顺承郡王府迁建至北京市朝阳公园东隅。

访 一：那大帅怎样挑了顺承王府做自己的家呢？

张学良：那我不知道，那时是买的，我记得是七万块钱买的。

访 一：听说顺承王府没有了。

张学良：我不知道，说是给平了。①

访 一：平了，盖了人民大会堂了。是建造了中国人民政治协商会议办公大楼。哈哈！（笑声）

4. 大家都要买王府

张学良：北京有八个大王府，顺王府是一个，那个协和医院是豫王府②。

访 二：那给拆了。

访 一：那是拆了之后，盖的协和医院。

张学良：那是神秘的，据说协和医院赚钱了。

访 一：怎么赚钱？

张学良：把王府买了，王府埋在地下很多钱。

访 一：哦，王府自己的宝藏。

张学良：神秘，大家都不说，有人说是盖顺承王府的那个外国工程师。这个人也是个神秘人物，他认识一个女人，这个女人是一个外国人，是岁数很大的交际者，是英国人，不是美国人。她跟顾维钧的太太是好朋友。

访 一：哪位太太？原来的，还是后来的？

张学良：后来的太太，杨光泩的太太，说是在顺承王府挖出很多宝藏。

访 一：您说豫王府，盖协和医院的地方。

张学良：是，这件事很神秘，但她不肯说，谁都不知道到底真有还是假有这事，所以大家都要买王府，因为虚话纷纷。

访 一：（笑声），这也可能。

张学良：可能，可能这样。这个事情是这样的，北京到现在还是一个谜，很

---

① 20世纪90年代，全国政协修建新楼，将顺承郡王府异地搬迁，复建到了朝阳区朝阳公园东侧，其建筑被完好保存下来。

② 豫王府，位于北京东城区帅府园东口，今为北京协和医院。王府建于清顺治朝。豫亲王始王为清太祖努尔哈赤的第十五子多铎。多铎秉性刚毅，能征惯战。此后世代绵延有13个王承袭豫亲王爵位。1916年末，当时的豫亲王懋林将这栋有近三百年历史的豫王府卖给美国石油大王洛克菲勒。美国人拆除了王府全部建筑，请中美两国的专家设计，修造了中西合璧的协和医学院及附属医院。

多人还在想着发这个财呢。那个李闯王①到北京的时候，是忽然来的，好多的富人把东西埋起来，可是结果人都被杀了。后来谁都不知道［财宝］埋在哪儿去了，有没有这件事情也不知道。你知道一个大城啊都出这个问题，突然起来了变故，然后大家赶快去藏，完事之后，那些人也没了，就不知道藏到哪［儿了］。都是这样，长安，现在的西安，明末突然出变故的时候，有好多财宝，可那也是传说。

访　一：您这样说，引起了我另外一个念头，那时候的宝藏，现在有所谓银行的保险箱，或者家里的保险箱。

张学良：那个时候不同了，所谓的宝藏有好多不是钱，是首饰，女人用的玩意儿。

访　一：宝贝。

张学良：都是女人自己的玩意儿，不是家里的什么东西。

访　一：那时的大户人家怎么收这些宝藏啊？

张学良：那时代的人，不是这个时代，我跟你说一个简单的事。冯玉祥进北京，这个人姓张，他给摄政王，就是醇亲王②——宣统的爸爸做管家。这是冯玉祥进北京时的一个小故事，他家藏着很多的银子，好多好多银子。

访　一：是管家。

张学良：他找管家要卖掉这些银子。那个姓张的管家跟我父亲很好，还跟我父亲玩啊，打麻将，斗纸牌，找女人，不是这个，是找会唱的女人。这个人是王府的管家，甚至很有名的女人，就是王府的做人家姨太太的，都跟这家伙［搞］。这是一个故事了，是真事儿。到那时候，他自己，就是醇亲王都不知道钱是怎么［处理的］，他就让他卖去。你说那王爷混蛋到什么地步了，那怎能管政府？

访　二：还摄政呢。

张学良：这个家伙还赚他钱呢。他把那银子卖完了，就告他说这银号跟我们是老关系来往，一两银子给我们九毛多钱，这醇亲王就不知道一块洋钱是七钱二分五。

访　一：那时还不知道，那时候有洋钱了？

张学良：他不知道这一两银子卖不到一块钱，你说他浑蛋不浑蛋。那时候，

---

① 即明朝末年农民起义领袖李自成，崇祯十七年（1644）率农民军攻入北京，推翻明王朝。
② 指爱新觉罗·载沣，清朝末年摄政王，宣统皇帝溥仪之父，袭爵醇亲王。

一两银子卖一块七毛多，你看他赚了多少钱。溥杰的太太跟我说，他在家里什么都不懂。那时候，他已经没有多少钱了，他还是摆着他王爷的派头，这何苦呢。每到月头，他有些奴才，就是曾经给王府办事的人，不说是上百人，总有几十个人吧，一个人给三块钱。

访　一：还给赏钱。（笑声）

张学良：自己穷到那个样还［给别人赏钱］。

赵一荻：这就是八旗子弟，就这样。

张学良：豫王府的就要比他们强，豫王没有了，我跟他们是都有来往的，他就把王府卖了。

访　一：卖给协和，给外国人了。

张学良：他卖完就把儿子送到日本念书。

访　一：他比较开明了。

张学良：他就变成了小家庭了。

访　一：他真是聪明人。

张学良：没有王府了，他就自己买个房子。好几个［人都这样］，不光他［是这样］，袭贝勒①也是这么阔的。后来"九一八"事变，他的贝勒府啊，我买下来，我买是因为我三弟要结婚，我最喜欢我三弟。而我的三弟妹，我也都认识的一家人的姑娘。他们俩儿小时候一起玩的时候，她就开玩笑说这是我丈夫，后来就真成了。

赵一荻：（笑）

访　一：青梅竹马。

张学良：后来"九一八"事变，我就不要我买下的贝勒府了。后来，我让我的部下，买了王府做了大市［场］，西单市场。

访　一：西单市场？

张学良：园子里头两个戏台。

访　一：哦，两个戏台。

张学良：两个戏台，不是一个，那真宽，那个就是所说的王府，摄政王府②。

（录音结束）

---

①　指载涛，溥仪的七叔，世袭贝勒郡王爵。其王府世称涛贝勒府，位于北京西城区柳荫街。民国年间，为辅仁大学所在地。

②　北京有两处摄政王府旧址，一处为清末宣统年间摄政王载沣府邸。位于北京西城区后海北沿。另一处位于中南海西北角，北西两面临墙。1909年将此地拨给摄政王载沣，修建摄政王府。1911年清朝覆灭时王府仍未竣工，后改为国务院办公地。张所说的不知为哪处。

第三十七次访谈
端纳骂蒋介石　蒋介石日记
反对理学

访谈者：张之丙（简称"访一"）
　　　　张之宇（简称"访二"）
被访者：张学良
同座者：赵一荻
访问日期：1992 年 7 月 23 日

访　一：今天是 7 月 23 号，我们的访问整整是一年。

1. 端纳常骂蒋先生

张学良：我要给你扯淡，你最好别录啊。

访　一：今天正好是我到这儿来看见您和赵一荻一年，去年 7 月 23 号，我做一次纪念的开始。

张学良：我给你扯淡。

访　一：去年 7 月 23 号，第一次来看望您。我们来看望您，后来我们定 26 号再见面，您就再给我说端纳的事情。那会儿您说他时常跟您谈，给您说故事。他是怎么跟您认识的？怎么会到奉天来给您做事的？

张学良：他是这样子，他在北京啊，那个时候北京政府有一个小组织。

访　一：对，是一个关于经济调查什么的。

张学良：是一个经济什么玩意儿，一个出版物，是他组织的。后来，等到北京撤退了，他就出关。后来我们政府拿出点钱，给他办那个［出版物］。

访　一：那也就是说他［是办杂志的］。

张学良：因为请他做顾问。

访　一：哈，哈，对，不过他是先认识大帅的，是吧？有人说他是大帅的顾问什么的。

张学良：不是。是给我［做事］。

访　一：他第一次跟您见面是在"杨常事件"的后一天，他来了，正好您坐车，要上汽车，他正好到帅府来看您，您就说，"端纳，来，跟我一块坐车走。"那会儿就是说，您已经认识他了？

张学良：［我们］早就认识了。他很喜欢写文章，写社评，［给］报纸上投稿。

访　一：到了东北之后见到您，他自己认为，每一天他都觉得跟您的交往上，都能发现一些他为什么觉得您是将来中国的主人翁，那件事我给您翻译过，您还记得吗？他很钦佩您。

张学良：他对我，他说这人有思想，也很爱国。

访　一：他是跟蒋夫人讲还是跟蒋先生讲？

张学良：蒋夫人那时候很年轻，他端纳，好像给孙先生做过［什么事］，不是顾问，好像是保镖似的，那时候他就认识了蒋夫人，那时候蒋夫人还是小孩呢，后来他给蒋夫人做事，不是给我做事。所以蒋夫人对他很好，他死了都是蒋夫人给葬的。①

访　一：这有一段记载，大概是蒋家。哦！不是蒋［家］，是宋家，就是因为是宋家，那时因为抗战，很多人都跑到重庆去了嘛，那会儿当然您不知道了，政府［也撤到重庆了］。因为抗战嘛，那时候，不是宋霭龄呀，就是宋子文啦，或者是宋美龄自己，还在国难期间，利用了政府的钱和职权来倒腾生意，端纳时常说很多关于蒋介石的事情，他想建议改革，都先跟夫人讲，就说在这种时期，在中国国运飘摇的时候，你不应再鼓励家人［倒腾生意］。

张学良：我不知道。

访　一：您当然不知道了，这是有记载的。

---

① 1941年太平洋战争爆发，宋美龄急电端纳，希望他回中国助战。端纳在回中国途中，经过日军占领的菲律宾时被关入集中营。1945年2月，应蒋介石的要求，美国远东地区司令道格拉斯·麦克阿瑟组织了一次"洛斯巴尼斯"行动，用空降兵占领了集中营专门解救端纳，将他用美军直升机送往珍珠港海军基地医院疗养。在端纳生命垂危时，宋美龄派飞机接他回上海医治，并在其病逝后安葬在上海宋氏家族墓地中。

张学良：这件事不是说她在里参不参与，这件事情是有，有这样的事情，在上海操纵这个［粮价］。

访　一：纱厂。

张学良：操纵粮食、布［匹］什么玩意儿。

访　一：啊，这样啊？

张学良：这样，那么吴达铨①啊为这个事情吴达铨出动了。她（指宋霭龄）把上海的市场弄得很乱，她投了笔大钱，她买卖呀。

访　一：一买一卖之间，［投机］倒把。

张学良：买卖她赔钱了。投了一大笔钱，就是说我投钱了我要现货，人家交不出现货就［就用高压手段要现货］。

访　一：哦！是这样。

张学良：用的是经济上的高压手段，把市场弄得很糟。

访　一：哦，是有那么回事。

张学良：是的，［就是］孔祥熙的太太，宋霭龄。

访　一：是位政治野心勃勃的女士。端纳就跟蒋夫人讲，蒋夫人说从来他们两个很少吵嘴的，这是第一次吵了。蒋夫人说了 Lay off（解雇），蒋夫人语气上的意思是，你不要管我们家里的事情，端纳就说，"OK，Goodbye"！（再见）就这样尴尴尬尬地走了，后来就到了香港。他说："我越走越想中国，离得越远就越想中国。"他就这样离开了，后来到香港就玩他的船。您的小孩 Boby 不是［和他］一起玩吗？

张学良：他是船长，他是 Cook（库克）。两个人总吵。

访　一：结果后来就到了菲律宾什么的，到了香港的时候，宋庆龄那时候就跟 Snow（即斯诺）②［有联系］，您记得是吗？您知道还有一个新西兰人，也是一个外国人，一直在这个所谓的红区做一些个工程啊，训练呀，叫 Rewi Alley（即路易·艾黎）③，您听说过这人吗？说是

---

① 吴达铨，名鼎昌，以字行。民国时期著名实业家，为当时中国银行、交通银行两银行董事会重要成员，曾任国民政府实业部次长等职。

② 埃德加·斯诺（Edgar Snow），美国著名记者和作家。1928 年来到中国。"九一八"事变后，他亲赴前线采访，写下了一批颇有影响的有关中日战争的报道。曾撰写了轰动世界舆论的《红星照耀中国》（即《西行漫记》）。

③ 路易·艾黎（Rewi Alley），新西兰人，中国人民的好朋友。1927 年来到中国。抗日战争时期，积极参加并发起了工业合作社运动（简称工合），为供应战时军需民用，特别是支援中国共产党领导下的人民游击战争做出了贡献。1987 年 12 月 27 日在北京逝世。

他想推动社会上的组织，找宋庆龄，后来他说，"你要是不跟宋美龄联系的话，你没有办法。"就是说事情都在蒋夫人手里。后来又托端纳再找斯诺再说，这样才做出来。所以说他（指端纳）走时是很气，离开中国以后就是度日如年了，想着中国。

张学良：他很喜欢中国。

访　一：可是在他的书里，他说跟您差不多有四五年的样子，每天都有很多新的发现。

张学良：他对我很佩服。

访　一：那时候他经常都能跟您在一块儿吗？

张学良：也不是，不是常常在一块儿，那时候跟他念英文呢。

访　一：您不知道他的东西可能给谁了？写的东西，日记交给谁了？

张学良：大概是一个姓李的。

访　一：中国人呀？

张学良：不知道交给谁了，蒋夫人都找不着。是这样的，蒋夫人的找是另外一个意思。他经常骂蒋先生，他骂蒋先生是骡子。（笑声）

访　一：顽固。

张学良：[蒋先生]顽固。他跟我说，"你将来看我的日记你就知道了。"

访　一：应该把他的日记找出来。

张学良：我也找过他，找不到。

访　一：很神秘。

张学良：我知道他姓李，他大概开一个什么公司。

访　一：在香港还是大陆？是大陆！

张学良：总公司在奉天，做进出口[生意]。我记得他是做沈阳那种蚕丝[生意]，做很大的生意。这个人姓李，这东西大概在他手里。他（端纳）跟姓李的是好朋友，姓李的死了，大概在姓李的太太手里，还有没有就不知道了。

访　一：我觉得很多关于您的记载在里面。

张学良：他的日记不是一本，那五十年的日记很多了，这东西在哪儿不知道。他为什么交给他，他很信任他。

访　一：这些大人物的日记变成了我们的历史，尤其他是外国人。

张学良：他的日记很厉害，他不光是记的我们这些人，[别的人他也记]。

访　一：袁世凯呀，对！那时期他给您说的故事，大概您还记得的，不然的话，真的没有什么人知道了。

张学良：所以他的日记很［珍贵］。

2. 蒋先生的日记我在西安看到过

访 一：您记不记日记？

张学良：我有，当年我记，后来不了。

访 一：您什么时候开始不记的？

张学良：我高兴时候就记，我现在还记，就是今天干什么事情。写社评似的，有时候发牢骚啊。

访 一：您应该把它存在哥伦比亚大学的珍藏室去。您这儿还有吗？

张学良：有，都是我太太［保管］。我有一个箱子，那箱子值钱了，信啊什么要紧的都在里面。

访 一：真是太珍贵了。您说以前碰到什么事情，您的感想、批评，您都写在上头。

张学良：不是发牢骚，发评论，就是我看着不对［的事］，［就］写这些东西。

访 一：倒也很有意思，您应该回头看一看，当时说的话印证一下，您有哪篇比较突出，您记得？

张学良：（录音不清）

访 一：蒋先生也记日记？他记的不是像您记的，今天晴天［，明天阴天］，［他］也像您那样发表评论吗？

张学良：不是，他的日记我看过，有五十年的日记。

访 一：真是有呀？

张学良：不是现在的，是早先的，他后来这五十年日记收回不让人看了。

访 一：我们有一本就是前十五年的日记。一个叫毛威本的人做的，印得非常［好，是］仿宋体。

张学良：那是他的先生，他的老师。

访 一：在哥伦比亚大学我借到了，上面还有写关于老帅的事情，什么时候发表的命令，等等。

张学良：那是他的老师。

访 一：他真的记了？

张学良：蒋先生跟他念过书。

访 一：您看到的日记是后来的了，那是他前期的了？是用手写的吗？他写毛笔字吗？

张学良：他毛笔字写得好，好像行书写得不太好，他还写楷书，写得不错。

访 一：那他写很多，我以为是他秘书写的，［原来是］他自个儿写的？

张学良：自个儿写的，他给蒋经国写的［信］。

访 一：他给您写过什么？

张学良：我现在还有他的一封信。这封信［的内容］是他请我到溪口。

访 一：噢，那时在这儿？

张学良：不是在这儿。

访 一：那时已经到了台湾了？

张学良：什么时候我忘了。他常常有事情自己动手，不是秘书代劳，很喜欢写日记。

访 一：他的日记没有人给他发表吗？

张学良：（录音不清）

访 一：您看见他的日记是在西安？

张学良：我在西安，"西安事变"，他的日记我拿到了，我看过，他记的什么事我都看了。他这个人很好，这点我很佩服，他不是记当天的事，而是下个礼拜准备做什么，都给记下来。

访 一：跟您记日记的方式不一样。

张学良：不一样，他这个人不得不佩服。他早上九点钟以前不喜欢人骚扰他。

访 一：啊！在写日记？

张学良：不是，他干什么我不知道，不许人跟他接触，有人说打坐什么的，不知道。我有一次跟他在一块，我早晨起来，我说什么人在外头，看他在外面不知道练什么，不晓得干什么。

访 一：那他什么时候记日记？他那么忙。

张学良：9点钟之后旁人才能跟他接触，9点钟以前他自己干什么那就不知道了，他不让人［打扰他］。

访 一：我想他跟您一样都忙得不得了吧，每天大事小事很多事，他什么时候记日记呢？

张学良：我不知道，你问我，我哪知道。

访 一：您写日记都是晚上？

张学良： 也不一定，我早上起来高兴就写，我现在也不写日记了，就写今天晴天阴天。

访　一： 今天就写天气很热。

张学良： 有时候有特别事的时候我写。

访　一： 在西安的时候他都写日记？这真值得人佩服，在西安时还写，不过在西安12号以后就没写。

张学良： 我就不知道了。

访　一： 后来他自个儿单写了一本，对不对？这也算是一个伟人的一个作风，您说他有点像曾国藩？

张学良： 他学曾国藩，他对曾国藩非常崇拜。

访　一： 对，他训练他的部下也时常让他们去看《曾文正公全集》[①]。

张学良： 所以他对曾约农都很好。

访　一： 对，对。您怎么说他把没有发生的事情也写在日记上？不是记载当天的事情，而是计划将来的事情也写上？

张学良： 他写。

访　一： 有人说他在日记上说您大事聪明小事糊涂，这是他在日记上说的？

张学良： 不是，当面说的，小聪明，大糊涂。

访　一： 那您怎样顶他呀？

张学良： 我也不好顶他，他是那样看，小聪明，大糊涂。

访　一： 那他指的是什么？大事就是共产党了？

张学良： 也不能这样说，他要看我，我主张的大事情就跟他不［一样］，比方他说共产党的事，我跟他意见不合。

访　一： 蒋夫人写不写日记？

张学良： 那不知道。

访　一： 赵一荻写不写日记？

张学良： 她不写，她写东西，写书。

访　一： 这儿有一个蒋先生的日记，上一次他们给您寄来的那本新书，上面有一张照片，他上面写着什么呢？他说12月9日一个日记提到您去

---

① 《曾文正公全集》，为晚清名臣曾国藩文集。曾国藩1872年死于两江总督任上。三年之后，由光绪帝亲自下诏，其门人李瀚章、李鸿章等组织三十多位达官士绅，辑其一生所著编辑成《曾文正公全集》，全书数百万字。全书收录了曾国藩一生主要的学问精华，从不同的侧面反映了他修身、齐家、治国、平天下的智慧，语言平实易懂，同时又蕴含着丰富的知识和人生心得。

跟他争学生的事，那个他也写上了。他还记下了那天白天的事情，他跟好多将领在一块儿商量，布置什么的，他也记下来了。您记得那回事？

张学良：那天开会相当失败，那天开会他本来召集将领，没有我跟杨虎城，我也奇怪，他们干什么？他召集将领开会，没有我们，他干什么呢？所以这是他不聪明的地方。

访　一：后来，又一个日记是12月11号，底下写着"汉卿大事聪明小事糊涂"，可是上头还写道，今天找几个人来，上华清池吧，晚宴，说只有您来了。可是于（即于学忠）杨二人在新城宴客，长官没来。他说12月11号那天底下写着"汉卿大事聪明小事糊涂"，上头他写着今天在华清池请客，只有您来了，杨和于，就是于学忠吧，于学忠和杨虎城没来，说是在新城宴客。他没有说是对或不对，只是说您来了，他们两个没来，底下就说了那句话。所以写日记是一种严格的训练。

张学良：（录音不清）

3. 我非常反对理学

访　一：蒋先生推崇理学嘛，他是推崇理学的人。

张学良：我非常反对理学，中国倒霉就倒霉在这里。理学是与新时代的思想格格不入［的］。

访　一：哦，不能接受。

张学良：不能接受，我认为中国不强与这个有很大的关系。

访　一：没有进取心了。

张学良：根本呀，简单地说，根本就是心学①。

访　一：哦，是心性的学。

张学良：不是心性，是心学。

访　一：心学要是太过分的话，照刚才您所说的，把modern的事情，现代化的东西［都被排斥了］。

---

① 心学，又称陆王学派。南宋陆九渊、明王阳明都把心说成是第一性的、本原的东西。作为儒学的一门学派，最早可推溯自孟子，北宋程颢开其端，南宋陆九渊则大启其门径，而与朱熹的以"天理"为最高范畴的学说大不相同。至明朝，由王阳明首度提出"心学"两字，至此心学开始有清晰而独立的学术脉络。心学最不同于其他儒学者，在于其强调生命活泼的灵明体验。

张学良：那都影响了。

访　一：那不就落后了？

张学良：我非常［反对理学］①。你比如说王阳明说的，"我看花花在，我不看花花不在"，这完全是心学，我就说，"你看花花也在，你不看花花也在"。我们看风吹幡动，一个说是风动，一个说幡动，王阳明说，"也不是幡动，也不是风动，是你心动。"

访　一：您说这不是跟佛学很接近吗？

张学良：佛学就不同了，真正的佛学呢，空的。

访　一：空的，一切都是空的。

张学良：这五祖六祖，所以那个时候我太太说我三教九流。这五祖啊……后来另外有一个人，这个人后来是一派……"身似菩提树，心如明镜台。时时勤拂拭，莫使染尘埃。"这六祖啊，"身非菩提树，心非明镜台。既然无一物，何处染尘埃？"修佛的人不找女人。他们这种佛教的人是找女人的。

访　一：那不是犯了戒了？

张学良：不但那样，他也不吃素啊，"佛祖心中坐，酒肉穿肠过"，这是又一宗的。

访　一：喇嘛可以结婚了？

张学良：这东西搁哪儿来的我还不知道，雍和宫②那欢喜佛你们看过没有？

访　一：我们没看过。不让我们看。

张学良：可以看，一个人搂着一个女人在那儿站着，那时候女人没孩子，到那儿摸一下就可以生孩子，那塑像做得很好看。

访　一：哦，不是善相，是恶相。

张学良：是，很凶的，站那儿搂着一个女人，下边还有小佛。

---

①　理学，宋元明清时期的哲学思潮。又称道学。产生于北宋，盛行于南宋与元、明时代，清中期以后逐渐衰落，但其影响一直延续到近代。广义的理学，泛指以讨论天道性命问题为中心的整个哲学思潮；狭义的理学，专指程颢、程颐、朱熹为代表的、以理为最高范畴的学说，即程朱理学。

②　雍和宫是北京最大的藏传佛教寺院，建于清康熙三十三年（1694）。原为清第三代皇帝雍正即位前府邸。雍正登基后，改名雍和宫。

第三十八次访谈
男人女人　冒险戒毒　出国旅行

访谈者：张之丙（简称"访一"）
　　　　张之宇（简称"访二"）
被访者：张学良
同座者：赵一荻
访问日期：1992 年 7 月 25 日（星期六）

1. 溥杰的家人总怕我对他不好

访　一： 张先生，您起来了。

张学良： 我早起来了，我看错表了，那还是一点半，我看成两点半了。

访　一： 您跟我们提过溥杰。

张学良： 什么？

访　一： 您给我们提过溥杰，就是溥仪的弟弟，不是您跟他很好吗？

张学良： 溥杰怎么了？

访　二： 他的太太不是日本人吗？不是有个日本太太？①

张学良： 现在的是日本人，原来的太太是珍妃的侄女。

访　一： 就是唐舜君的妹妹吗？②

张学良： 是的，是的。

访　一： 您知道他的日本太太有个女儿？

张学良： 自杀了。③

访　一： 他现在的日本太太跟着他吗？

---

①　1937 年，溥杰被迫与日本皇族亲戚、嵯峨家的女儿浩作权宜婚姻，但两人婚姻非常圆满。
②　应是唐舜君的姐姐唐石霞。溥杰的原配夫人为唐石霞，字怡莹。他他拉氏，为清光绪帝珍妃之侄女。先嫁溥杰，后二人感情不和离婚。
③　1957 年，溥杰的长女慧生因恋爱问题，于日本伊豆半岛的天城山自杀。

张学良：我不知道，我现在跟他没有来往，我也是从报纸上看到的。我所知道也和一般人一样，这个人我很佩服他，我跟他很好，他也写过一篇关于我的文章。

访 一：是关于您的，是吗？

张学良：嗯，是。

访 二：您不记得是写在什么地方了？

张学良：我不知道登在什么地方，反正我看了一下是一篇文章，写我这个人。

访 一：他跟您的年龄差不多吗？

张学良：比我小。

访 二：比您小，他不也是学军事的吗？进军校了吗？

访 一：他没有进军校吧。

张学良：那我不知道，这人也很奇怪，也是怪人。

访 一：他和溥仪是亲兄弟？

张学良：亲兄弟。他是醇亲王［的儿子］。他父亲是醇亲王，世袭的。

访 二：溥仪和他是亲兄弟？

张学良：亲兄弟。

访 一：那就是溥杰的哥哥。

张学良：他们俩是醇亲王的两个儿子，大儿子做了皇帝。

访 二：嗯，一个被抱走了做皇帝了。

张学良：大儿子做了皇帝。

访 一：那个会画画的呢？溥儒？

张学良：溥儒。

访 二：他是恭［亲］王，他是恭［亲］王的后人。

张学良：恭［亲］王，他不够资格，他不能世袭。

访 二：他是老二，老二不能世袭。

访 一：啊，老二不能世袭，老大是谁？

访 二：恭王啊，就是下一代的恭王嘛。

张学良：这恭王呀，就他的哥哥，好像是当时能第一个当皇帝。要是溥仪怎么样了，他会第一个当皇帝。①

张学良：嗯，那我有点忘了。

----

① 指溥伟。

访 一：啊！是这样！那不是溥杰呀？

张学良：溥杰这个人，他家人总怕我对他不好，因为……

（笑声）

访 二：您说他是不是从宫里拿出很多宝贝啊？

访 一：就是皇上给他的宫里收藏的文物什么的。

张学良：都是假的。

访 二：都是假的啊！

张学良：不是东西是假的，是事实是假的。

访 一：哦，没有这回事。

张学良：不是没有这回事。他跟我说了，他说是溥仪从宫里拿出来卖了，卖钱。他不说卖钱，说是给了溥杰。他在宫里拿东西都得注册的，上面写着"赏溥杰"。溥杰说我一件东西也没收到，溥仪没给他。

访 二：哦，自己卖了。

张学良：他跟我很好，什么话都跟我说。

访 一：他为什么怕您对他不好呢？

张学良：不是他，是他家里人。

访 一：哦，是他家里人。

张学良：这个人啊，我跟你俩说，大概他的太太不大喜欢他……

访 一：那是他的原配吗？

张学良：原配啊，这个太太本来极有可能当皇后的。

访 一：哦！选妃！

张学良：她没有当上皇后［是有］原因的。

访 二：呵！有名的三公子之一呀。

张学良：（录音不清）女人跟他来往……（录音不清）

2. 女人残忍起来比男人还厉害

访 一：这些人您认识不？

张学良：不认识。

访 一：那个卢小嘉，家里不会没钱吧？

张学良：他不是穷得没钱。

访 一：啊！是不够花！

张学良：也不是不够花。这个人，我跟你说，我后来很看不起他。这人学上海的流氓，专门吃女人，他搞得女人啊，旁人不知道。我非常生气，我想他不应该……（录音不清）

（笑声）

访　二：唐舜君还有一个弟弟在这儿吗？

张学良：是她姐姐。

访　一：她好像还有个弟弟在台湾。

张学良：那我不晓得……

访　一：啊！她可能不在台湾，好像是在美国。

张学良：我本来想看看她的。

访　二：还在美国吗？

张学良：她有病了。

访　二：当时的第一届的"国大"代表，选总统时，她很红啊，是国大之花嘛。

张学良：是国大之花，她姐俩当年常住的地方叫老虎洞。

访　一：老虎洞在哪啊？

张学良：就是她们常住的地方。

访　二：啊，就是胡同。

访　一：她算是公主啊。

张学良：啊？

访　二：她算是公主吗？

张学良：那外国人都管她叫公主啊。

访　一：她是王的女儿嘛。

张学良：不但是王的女儿，那天底下，那她是贵族啊。

访　一：对，贵族嘛。

访　二：珍妃和瑾妃是姊妹两个了？珍妃的命运是相当惨。

张学良：后来，皇位都失掉了，皇室里就算她最高了。

访　一：那她是善终，没有受宫里的欺负？

张学良：是。珍妃是这样的，珍妃是西太后把她推井里去了。

访　一：那会儿也真厉害，真是黑暗。

张学良：那西太后这个人啊，真是狠毒。

访　二：你说她是残暴，是吗？

张学良：我跟你说，你们俩都是女人。这个女人残忍起来比男人还厉害。历史上出现的，比如武则天，那女人比男人杀得还厉害。

访　一：嗯，武则天①，吕后。

张学良：这女人在历史上都有，女人的残忍比男人厉害，这是不是国耻我不知道，也许出于忌妒心。

访　二：民国初年到现在，您手下没有这样残忍的女人吧？

访　一：她没有权，因为她不能杀人，有权就可以杀人。

访　二：现在没这权力了。

访　一：江青有啊！（笑声）

张学良：江青她有，所以后来她自个儿也吊死了。

访　一：上吊？

访　二：您说她是上吊还是被杀了？

张学良：是上吊死的。

访　二：她也可以算是残忍的一个女人，她对那些忌妒的人可是赶尽杀绝呀！

张学良：我那第四个弟弟也许是她弄死的。

访　一：对，他们"四人帮"嘛。我们正在找张学思将军的那一本书，看是怎么写的。有一篇文章是说他们怎样欺负压迫张学思的。清朝是慈禧，明朝有残忍的女人吗？

张学良：没有。明朝，我一下说不出来，好像皇宫不许女人参政。

访　二：也没有垂帘听政？只有清朝有？

张学良：是的，清朝有，唐代也有。

访　一：东汉也有嘛，太后听政多得很。

访　二：我们说不许妇女听政，也就像您和大帅一样，家里的事跟政治上的事和军事上的事［都不让女人参与］。

张学良：也不能那么讲。

访　二：不是那意思。

3. 因为郭松龄的事情我爸打过我

张学良：我还让我爸爸打我一茶碗。（笑声）

---

①　武则天，唐高宗李治皇后，中国历史上唯一女皇帝。祖籍山西文水人，出生于今四川省广元。14岁入后宫为才人，唐太宗赐名媚，人称"武媚娘"。高宗时为皇后，唐中宗时为皇太后，后自立为武周皇帝，改"唐"为"周"，史称"武周"，后世通常称武氏为"武则天"或"武后"。

访 一：您说说！

张学良：我姐姐因为一件小事说我。我爸爸说我听姐姐的话，还不是说我听太太的话。我爸爸说，"什么，你听女人的话？"我说，"你才听女人的话呢。"那我和爸爸敢犟嘴，旁人没人敢的。他说，"我就听了。"我爸拿茶碗"咣"一下子［就朝我打过来了］。

访 一：老帅对您大概这是唯一的一次吧？

张学良：不止一次，还打过我。

访 二：因为什么事情啊？

张学良：因为郭松龄的事。

访 一：那时候您都掌军权了，他还敢打您呀？

张学良：打，他打我。

访 二：那时，郭松龄怎么回事？

张学良：郭松龄事变嘛。

张学良：说郭松龄都是我宠坏的。

访 二：事情不是解决了吗？

张学良：还没解决，还没开始事变呢，大家攻击我攻击得很厉害。

访 一：他拿什么打？还是用茶碗啊？结果怎么办？您得躲开啊！

张学良：打我一下子就打了，换句话说，出了气就拉倒了。我爸爸发［脾］气的时候你千万别惹他。他发［脾］气的时候，那我不敢和他犟嘴。

访 一：那就不得了了。

访 一：您还看他跟谁发过［脾］气？

张学良：那跟他部下，他发了［脾］气他就枪毙人。换句话说，他敢把我枪毙了。那我们家，我比我父亲脾气还暴呢，不发［脾］气时非常好，发了［脾］气你可千万别惹他。

访 一：我看您脾气蛮好的嘛。

张学良：我发脾气也打人呢，我太太就怕我发脾气。

4. 宋霭龄有计谋

访 二：我认为人有了权，不见得就杀人。江青是咱们现时代的一个有生杀权的女人。我的意思是，有权能去左右事情、政局、经济，宋霭龄也算是一个有这样权力的女人，比如说利用权势做一些生意呀！

张学良：不但有权力，[还]有权势。

访 一：有手腕。

张学良：也不能说有手腕，比手腕还厉害，有阴谋。她，我不能说百分之百，她们三姊妹各有不同。三姊妹中她是大姐，不能说阴险，说是计谋，什么事她都有计划的。她丈夫是孔祥熙，很细腻的一个人，是东北人。这个人不是跟我有关系，因为我们都是东北的，那时他拼命地拉拢我。这有政治的阴谋，蒋家要倒了呢？要有政治的准备。

访 一：这东北，又是地盘，又是势力，对，对！

张学良：所以说她这人做事是有计谋的。

访 一：对，有策略，而且看事情看得很远。

访 二：要是这么说，在经济上或财务上她有很大的左右的权力。

张学良：不能这样说，左右就是操纵了。她，也可以这样讲，也不是很大的操纵，因为他——财政部嘛。他底下手下好多人不听他的话，孔祥熙被称为孔庸之嘛。后来，孔祥熙的一个保镖跟我说孔祥熙的太太也在外面找男人。

访 二：不过我想，那时候不一定是全国的经济市场了，他要是能操纵一个区域的市场，就够瞧的了。尤其是在上海、南京一带，那是咱们中国经济的中枢呀！

张学良：她的名声不好，她在上海做生意，倒闭赔钱了。

访 一：哦，她赔钱了？

张学良：嗯，赔钱了。那时候卖什么，她买了一笔大空，把人给骗了。

访 二：买空卖空。

张学良：做这种投机倒把的生意，那是要有势力，而且很有财力的人。她买的太高，管人要现钱交不出来。

访 一：哦，那把人拖垮了。

访 二：那也很厉害。

张学良：厉害。

访 一：虽然说她不是什么生杀大权，但弄一把买空卖空的害死了好多人。我回去又看了一下端纳的那本书，他的确是为了这事跟宋美龄讲，说你不能够这样发国难财。结果，宋美龄说，Donald，你可以批评政府，可以批评政策，但我们家里人的事，你绝对不能[批评]，说那句话就是连你也不能批评。她的意思就是你可以批评别的。端纳听完之后好灰心的。

张学良：灰心拂袖而去。

访 一：对，拂袖而去。

5. 戒鸦片烟很难受[1]

张学良：你看端纳那人对我很好，他是很正直的人。

访 一：所以我说他写您的比较可信，为什么呐？比如说写您戒毒吧，大家怎么包围您，不让您戒毒。

张学良：不是那样，不是包围我不让我戒毒。那戒毒的人很冒险的，我的部下是怕把我戒死。[2]

访 一：哦，这样。

访 二：啊！很危险的。

张学良：那我躺了一个礼拜。

访 二：那么回事呀！那戒毒怎么可能戒死呢？

张学良：能，在给我戒毒的这个大夫，以前就戒死了一个人。

访 一：那您还敢戒？

张学良：所以很多人戒不了毒。原因就是中国那种法子很难戒。他的法子很大胆，他是外国大夫，中国大夫不敢那样戒，当时我都昏迷了。

访 二：这法子以前没有人用过吗？

张学良：没有，当时我那部下谭海就跟那大夫说，那时候我昏迷了，他说："他要没有了，你也没有了。"

访 一：啊，是威胁呀！您说危险到什么程度，您说您昏迷了？

张学良：它是这样的，他在你肚子上放一种药，敷在上边，肚子上就起一个大水泡。我想是身上的水。他把这玩意抽出来，就变成一种注射液了。他就不许你抽鸦片了，犯瘾了就给你打一针。一个礼拜没吃东西，后来就昏迷了，他就给我打葡萄糖。那他们就害怕了。

访 一：他们怕把您治死了。

访 二：那一定要昏迷吗？

---

[1] 张学良自撰戒毒条幅："陋习好改志为坚，顽症难治心作医。"以表戒毒的坚强意志与决心。

[2] 1933年3月，张学良宣布辞职下野后，前往上海戒毒。张学良以顽强的毅力用半个月的时间戒掉了七八年的毒瘾。

张学良：那一定要昏迷啊，就是要这样，那这就等于限制你一个礼拜不许抽烟，很霸道的一个法子。

访　二：啊！很厉害的。那您昏迷了一个星期，在这之前，您有什么治疗吗？

张学良：没有。

访　一：那您醒来之后差不多一个月就好了？

张学良：醒后一个礼拜，很奇怪，今天好明天又犯了。

访　二：又有犯瘾的感觉了。

张学良：那我跟你说一个故事，我们作战呐，俘获了一个军长。人家是敌人的军长。后来他犯了烟瘾，他闹啊。他就告诉我，他有瘾了。他让我给他打上木狗，手、脖子都用板子夹上。那就把他扔到那里，我说谁让他闹呢，死不了的。那他年轻，吐啊，闹啊，后来硬是把烟瘾戒了。他走时说谢谢我。那还有韩麟春，那我们很好，这别录。

张学良：我们作战，作战时候退却了，敌人就来。我们都没有慌，可是当差的慌了。他把这抽鸦片的工具给丢了。晚上黑了，那想抽鸦片，没了。他（指韩麟春）骂，"这倒霉，人家缴械给我这个缴去了。"我说算了吧，那他在地上来回踱，犯瘾了难受。我说你弄个鸦片烟盘子，抽两口，你把我整得睡不着。他说"你是不是小子"，打两下子自己就睡觉了。我们奉天话，那你就想"你是不是小子"，就过去了，睡觉去。那我犯瘾，我很难过，大夫看见就去给我找药。我就在床上想，我为什么不如韩麟春，我问自己"你是不是小子"，我也学学他。

访　一：真是决心很厉害。

访　二：可是很不容易，您怎么能控制呢？

张学良：控制呀。

访　一：得狠，自己狠，决心。

张学良：大夫回来，我说我好了。这个人得受自个儿的大脑的控制。

访　一：那您之后一个月就好了？

张学良：没到一个月，十几天。一个人啊，有鸦片烟瘾的人，他能把鸦片烟戒掉的，真是不容易。那难受呀，就像没有皮一样。

访　二：为什么？

张学良：就像没有皮啊。

访　一：敏感？

张学良：敏感，浑身都是。

张学良：那活人叫死物管着呢。

访　一：活人叫死物管着。

张学良：你不把它答对好了，[它就要管死你]。

访　一：要不就要听这个嗜好的了。那这个嗜好过去对您的影响很大啊。

张学良：很大。

访　二：那就没有精神了。

张学良：你不抽烟好多事不能做，抽烟还有好多反应。

访　一：啊，还有反应啊！

张学良：嗯，兴奋啊！

访　二：我小时候看人家揉着烧那烟，烧完之后只能抽一次。

张学良：那里头那灰啊，没钱的人抽那灰。抽那灰的人不好，就像二手烟，我们不抽那灰。

访　一：您一次抽几个烟泡呀？

张学良：我这烟瘾起来就是因为我作战。

访　一：紧张。

张学良：发脾气，我头一次抽一两，相当于烟泡十几个到二十个，抽得糊里八涂的。

访　二：这就是真的醉了，是吗？

张学良：醉了，睡着了。

访　一：那还会死的，是吗？

张学良：不会。

访　一：那怎么办？

张学良：睡大觉。

访　一：哦，睡醒了就好了。那你为什么生气？

张学良：我当年作战，有两个人和我好，我的大事让韩麟春给我管，我们最好。后来是郭松龄了。我的部下打仗打败是不敢退却的，我的部下一方面对我好，一方面怕我。有次因为什么事，韩麟春就跟我说，你看你那部下，你惯的。他这么一说我就知道有不好的事了。我就去看看了，第八师的旅长，以前在马厂①，后来到奉天，他是老前

---

① 指河北青县马厂镇。

辈了。……（录音不清）是我们大家的意思，你要干就干吧。我就跟他说，我不是想当俘虏。在这种情况之下人家包围我们了，我们几个人要是想逃命很容易。可是我们这么多军队，我们怎么撤，那一撤就给人家机会了。

访 一：啊，给人机会了，对！

张学良：那至少会围住大部分。大家后来就点头了，我说这种情况不是不能退，我们要看怎么退。我们要往前打，打出一个空间来，挡一下。后来大家就同意我了，都说军团长你的主意好。那我就下命令了，开始往前打。我这个人像拿破仑，我下了命令就睡觉去了。《孙子兵法》中有句话，军营里有鼓噪声，这代表不好的事情。我当时睡着觉呢，就听见外面很吵，我马上把棉袄穿上了出去看。那侍卫就说曹队长要见我。曹队长是铁甲车的队长①，原来给我当过参谋。你知道我部下有时候就把我当小孩儿一样。我让他进来就问他，我说吵什么吵。他就笑嘻嘻地说，我要管军团长要钱。我说你说正经话，不要扯淡。他说我把高汝桐打死了②。高汝桐是谁呢？是吴佩孚的军队的指挥官。我说怎么回事，你赶快说。他说我们铁甲车引着步兵，我们军队撤退把铁甲车扔到外边了。为什么呢？因为铁甲车的车头坏了，车头拿出去修理了。军队撤了之后，铁甲车就扔那里了。可是铁甲车的后边有个炮，这个兵就说等火车头来了就能把它挂上。等天快亮了，火车头是来了，可是这个兵发现这个火车头不是我们的，是人家要给拉走了。这个方向不对，这个兵就说，我给他一炮。这其他人就说你给他一炮，咱们也完了，车里装着炮呢。这个兵就说完了就完。"咣"一炮就打过去了，他们那个整个车都被打炸了，前线总指挥都给打死了。人的肚肠子都打出来了，很惨。我听了后，我说那我就下命令乘胜追击。简单地说，我们打胜了，转败为胜了。

访 一：转败为胜（大笑）。

张学良：所以我说这天下的事情都是命运，这倒霉呀是自个儿找的。

访 一：倒霉是自个儿找的。

---

① 应指东北军铁甲车大队队长曹曜章。
② 高汝桐，曾任吴佩孚部北洋陆军第十四师旅长、师长。1927年初奉军进攻河南时，高任靳云鹗的河南保卫军第二军军长兼前敌总指挥。同年3月24日，在郑州与奉军作战时，高乘坐的铁甲车不幸与奉军的铁甲战车挂在一起，被奉军用炮轰死。

张学良：抖起来那是老天爷给的。运气是老天爷给的。我说打仗的事呀，很难说呀。

访 二：是啊，炮的方向刚好，正要往回拉更合适。

张学良：所以我给这位老爷（指曹队长）十万块钱。他分了一半给他的部下。（笑声）

访 一：不错。也不能说完全是命运，假如说那时候他们想退就退，那就垮了嘛。

张学良：我说是命运。

访 一：您说您生气就是因为这个是吗？

张学良：不是，另外一回事，我们在郑州被冯玉祥的军队给包围了。

访 一：三面包围。

张学良：那旁人就要撤退了，可是我们非得打了，要撤退的话我们也要打出个缺口。

访 一：说一个正经的事，因为吸毒对现代社会影响很大，您那时有好多要紧的事情，后来又加上大帅的事情，您的肩头很重啊。

张学良：所以后来我吸大烟了。

访 一：来给您提神是不是？还能让您思想灵活？

张学良：是，要提神，没有精神怎么干事。人最怕就是事情一定要做，但做不动了。

访 一：没劲儿了。

张学良：没办法，累得很困，事情来了，干不动，最痛苦就是这个事了。那晚上走山路，九十里，走一晚上，多难走！真是累呀！

访 二：您说这鸦片真的能提神？

张学良：真能提神，可是没有瘾呀！我从前没有瘾，如果有瘾了，那就糟糕了，不抽就不能做事呀！后来就有瘾了。所以说活人让死物管着嘛。

访 一：您开始时抽一个烟泡，后来您增加了吗？

张学良：越抽越多，越抽越厉害了。

访 一：而且把身体消耗了，体力消耗越来越多。

张学良：是，后来就这样了。我后来研究啊，我们身体内的红血泡（球），外头有高吉氏体，人兴奋时，它就来的多，后来有了鸦片烟瘾，高吉氏体就不来了。你一抽烟，它就来了，来得很多，所以精神更厉害。

访 一：所以不抽鸦片的人就会老折腾。

访 二：您和唱戏的人很好，听说唱戏的人抽了鸦片嗓子会特别好。

张学良：对，嗓音很好。

访 一：现在社会上吸毒的现象很多，现在又有了性病。我要说的是打胎，在美国现在这是很要紧的一个政治因素，您是赞成或不赞成。

张学良：我［认为］这个事情很奇怪。

访 二：不，他们有两派，一派是反对打胎，即使是被人强奸而有了小孩也不能打胎。因为要保持那小孩有人权，说是生命。有人就说这不公平。这个女的生个孩子这算不算你的小孩啊，所以现在吵的就是这个。

张学良：这在法律上就争着吗？我自己知道这个事情，实在是个问题。现在还可以说没什么，过去那可是［严重问题］。

访 二：那个时候如果女的出这事情，那可不得了。

张学良：我就说我这个堂姐姐就是，那时候我奶奶包容她。我父亲要杀了她啊。

访 一：这些是说老帅在治家方面有一套很严格的规矩。

张学良：不过我这个人相当开明的，我的父亲也是。……

访 一：还有过去只有对原房太太在乎，对姨太太是不要求的。

张学良：也不是，这要看男人的态度，有的男人在乎，有的不是。像我这个人就不在乎了，……我这人就是，跟我父亲一样，你要把事情说出来，事情就好办，如果不说，要骗我就不好办。

6. 墨索里尼的女儿喜欢我

访 二：您去过欧洲，我很感兴趣。您是怎么个决定法？是先决定去，还是先戒烟？

张学良：我向来没什么计划，你问我过去的事，我记得的话［都可以说］。

访 一：那去欧洲是个很大的事。

访 二：还有菜，今天这真是丰盛。

张学良：我这人就是，你那个事情你跟我说了，那瞒着，我就更气愤。

访 一：您小时吃蒜吗？

访 二：东北人都吃蒜。

张学良：吃啊。我在欧洲，主要是去意大利，去奔齐亚诺。

访 一：她先生叫齐亚诺，她自个儿叫什么？

张学良：她叫 Adda（埃达）。

……

访　二：您知道她喜欢您吗？

张学良：我招待她完全是出于官方礼节。……我说我迷信。我幸亏没有和她［搞］上。和她搞上的三个男人都死了，都被枪毙了。陈公博①跟她也有一腿。我要是跟她搞上了也得给枪毙了。我从意大利临走的时候跟她去告别去，她把她小时候出生的时候她妈妈送给她的项链给我了。项链上刻有她的名字。我当时是在她自个儿家。她丈夫也在家。她给我项链的时候还怕她丈夫看见。我离开她家的时候回头一看，她还在那儿招手呢。所以我很想念她。

访　一：你离开以后就没跟她联络？

张学良：等我走了以后，我就回中国了。她去年跳楼自杀了。听说她后来还去了南美，南美有个军人跟她好。她丈夫被墨索里尼枪毙了。

访　一：他不是做外交部长了吗？而且还是女婿？

张学良：这个人说实话比墨索里尼强。

访　一：呵，我想起来了，他女婿不赞成［他跟希特勒勾结］。

张学良：那个时候墨索里尼已经对国内形势不能控制了。墨索里尼就是依仗希特勒的力量。

访　一：呵！对！

张学良：后来墨索里尼曾经被意大利［人］关起来了。② 他的女婿是对此举的赞成者之一，因为墨索里尼是和德国勾结的。

访　一：是呀！对。

张学良：后来，德国来了伞兵吊到（即空投）监狱里，把他救走了。③

访　一：呵，德国救了他。

张学良：把他救走了，他后来就等于仗着德国势力。墨索里尼后来被打死了，我觉得他很不够格。

访　一：您说当时他大概也没有其他办法了。世界上有军权、政权和地位的

---

① 陈公博，是一个富于多变的人物。早年参加中国共产党，中共一大代表，尔后脱党而去，跻身国民党行列，以"左派"自诩。后演变为反蒋的改组派的代表人物，但不久又与蒋合流，是蒋的座上客。最后，他追随汪精卫，叛国投敌，成为中国的第二号大汉奸。

② 1943年7月初，盟军在西西里岛登陆，意军迅速溃败。7月24日，意大利法西斯最高委员会召开会议。委员们对墨索里尼进行猛烈抨击后通过决议，要求恢复君主立宪制，把军队指挥权全部交还国王。7月25日，国王命令逮捕墨索里尼，并免除其全部职务。

③ 1943年9月，墨索里尼被德国人营救出来后，建立了意大利社会共和国政府。

人，有多少能够拿得起来放得下去的。
张学良：就说我了，让我放下军队我就可以放下。没几个人能这样做，我拿得起放得下。
访 一：所以《大公报》就评你们这一段嘛，张季鸾写了一篇文章社论就评您，他说，能够这样轻而易举地把自己兵权交出去，实在是前所未有、绝无仅有的事。蒋夫人也说这是历史上绝无仅有的事情。
张学良：蒋夫人说的我知道。
访 一：很能了解您，真的。您知道您这位女朋友的女儿现在是意大利国会议员？很能干。
张学良：我现在不明白她为什么跳楼自杀。
访 一：我想是政治问题。
张学良：也许是。
访 一：对对对，像他父亲。
张学良：要不她姑娘能这样吗？肯定是有人帮她。
访 一：对，对，对。而且一个女的［帮她］。
张学良：那这个人，是外国人了，简单说……
访 一：意大利人本来就很那个。
张学良：很……（录音不清）

7. 张宗昌是不甘寂寞啊

访 一：对！对对对。这汤比较咸一点。
赵一荻：你这沙拉等于没吃，你这拌青菜啊。
张学良：我不吃了，我吃不了多少。
访 一：您吃不了多少东西，您身体这么好，我们想大概小时候您吃的东西跟别人不一样。
张学良：这是上帝的恩典，我自己认为我活不到六十。
访 二：老帅身体也很好是不是？
张学良：也好，他要不炸死能活很大岁数。那时候我们晚上打牌我都熬不过他。那个张宗昌，他很喜欢他了。过年我们给他拜年。
访 一：过年。
张学良：张宗昌开玩笑说，打多少钱都行啊，就怕你老头子。他就说我老头子怎么了，咱们看谁行。

访 一：要比赛。

张学良：好像打了三宿两天。

访 一：哎哟！三宿两天呀！

张学良：我跟你说，我到现在还记得这事呢。那把我打得都糊涂了，打错牌啊，抓到和的牌我都不知道。（笑声）

访 一：大帅还是很精神？

张学良：呵！是呀！

访 一：张宗昌也是，也可以提得过？

张学良：嗯，一样。他这个人别看是粗人，但很［有一套］。

访 一：很聪明。

张学良：他很懂世故。

访 一：啊，也很懂得世故。

张学良：我不是跟你说过那件事情吗？我父亲进关来，我和张宗昌都去接，我们没告诉李景林，为什么？我们怕他们见面，他要发了火就不得了。我们商量好了，先疏通一下，然后看状况后让他来解释一下。李景林不知好歹，见了我们就说，因为我们看他倒霉了就不通知他。到了天津，我父亲下了车坐在客厅休息。他见了李景林来，站起来就走进房内去了。我不知道怎么办，张宗昌拽了我一下，跟着进房里。我们就跪在父亲的面前，他说："这是您的儿子，我跟您南征北战，这是您的大儿子，也跟您南征北战，您看在我们俩的面子上，您就［饶了他吧］。"

访 一：你说这人很可爱的，真的，真的。

张学良：我父亲就站起来出去跟李景林说句话。

访 一：要不然就僵在那儿了，动不了了。

张学良：我也不知道怎么办，他就那样跪在地上，还让我跪在那儿。

访 一：您也跟着跪在旁边。李景林为什么令老帅那样生气呢？

张学良：郭松龄倒戈。

访 一：啊，他没有动！其实他自己也知道，所以他说"你们看我倒霉了"，大概指的是这个。

张学良：他把河北丢了。

访 一：丢了河北。

张学良：郭松龄倒戈后，奉天军队撤不出来了，后来张宗昌又夺回来的。

访 一：褚玉璞是他的部下，对吧？

张学良：大将，可以说他是好人一个。我跟你说这个事情，张宗昌是个大人物呀，不甘寂寞。

访 一：还想再夺兵权。

张学良：不是，要活动。他不甘寂寞，是因为山东有他的地盘，但是山东人并不欢迎他，他没为山东做什么。你知道这人要再想活动，如果没有军队，至少老百姓要支持。他要活动，我就说你等等。他跟我来告别，那真是告别。这件事情都没有记载。

访 一：啊！很有眼光。

张学良：不是很有眼光，他失败死了，张宗昌也是。

访 一：他为什么要把他（指张宗昌）活埋？

张学良：他先管他要五十万块钱，我给拿五十万块钱要赎回来。

访 一：啊，钱也拿去了，这可是不对了。

张学良：我给他的。

访 一：怎么办了，杀了？

张学良：被他军队枪毙了。

访 一：这样做可不对。

访 二：那您说这张宗昌是让谁给暗杀的？

张学良：他是自己找的，也活该。他住在北京，我每月给他一万块。换句话说，他还是嫌不够，那时候北京政府也不是那么有钱，可是他还觉得不够。我还劝他说，将来一定有用的，这种形势啊是一定要打起来的，将来你再回到东北。

访 一：从那发迹，他从那开始的吗？

张学良：他在那儿也有点势力，也不是那儿的人。我劝他了，当然他说的也有他的道理呀。他说他不能到南京，中央蒋先生的人陈立夫和陈果夫的叔叔陈其美是他打死的。

访 一：哟，呵，真是他打死的？

张学良：是他打死的。那时候冯国璋在江苏作战，张宗昌能够在他们那儿站得住，就是因为他刺杀了陈其美。并不是因为他怎么样。我就跟他说没关系，你不去中央，你就在我这里待着。他不敢找我，跑山东去勾结石友三。所以人啊，也许是命运的关系。石友三是韩复榘的人了,那他的死是韩复榘派人刺杀的。

访　一：真是他给打死的。

张学良：打死他的那人姓郑,这个人的父亲当年是张宗昌杀死的。

访　一：那也是报仇了是不是?

张学良：所以这人也该死。

访　一：也很可惜,那个时代造成他[那样的人生]。

张学良：我就跟他说再倒退个一两百年,你就跟朱洪武一样。我劝他说,你现在的势力,占着山东、河北两个省,为什么不好好地干?但是因为他后来这句话我就不高兴了,他说你看我这个脑袋……其实他怕人家不服从他,他说出那话我就明白了。他不能容忍比他强的人。不过他对朋友可真好,如果朋友向他借钱呀,他把太太的裤子当了也要给你借。如果你向他求援,无论怎样,他都会给你援助,这是他好的地方。另外交朋友他可真是[讲义气]。

访　一：义气?

张学良：不是义气,他不是说笑话,他非要我干他的姨太太呀。我们住天津的饭店,因为他那个姨太太跟很多男人[有关系]。我问他,他不承认。所以他让我睡一下,看她干不干,我把他骂了。

访　一：您说这个人也很可爱,是不是?

张学良：他这种人又一种态度。那时候,他弄了一对姐妹,后来也成为他的姨太太。

访　一：他死的时候岁数并不大吧?被暗杀的时候。

张学良：大概四十几岁。

访　一：您说要记录张宗昌将军,应该说哪几件事?

张学良：我跟你说,也不能说他有什么特别好的地方,一时我也说不上来。我就说一件事,他母亲过生日,我父亲派我去给她祝寿去。我带着我太太和一个老妈子,开车到山东去了。我就说他这个人特别啊。到那儿了,他给我们钱,我说我这儿有钱。他说这不是给你的,给你太太和佣人的。我就说怎么给这么多钱。那后来那个老妈子就拿这个钱走了,不做了。

访　一：那发财了嘛,给了这么多钱。

张学良：他说这是给老太太增福的。

访　一：也是一个有孝心的人。

张学良：所以说他不是假的。换句话，我爸爸骂我说我跟郭松龄好，除了老婆之外，我什么都给他。（笑声）他拿他的太太也不当回事。

访　一：那也就是说他［愿送谁就送谁］。

张学良：他原配的太太也不是情愿跟他的。他小时候讨饭跟着他姐姐，他这个人也奇特。我不是跟你们讲过这段故事吗？他爸爸是吹鼓手，他妈妈跟着别人了。后来他把他妈给换回来了，他爸爸却不要她。他就问我怎么办，我说很简单，你给你妈再找一个不就行了。

访　一：这些是在人情上的事情，至于在政治上，他还有哪些值得记载的？

张学良：打仗的时候，你向他求援，那么他无论如何一定会援助你，这点是很好。

访　一：他的兵是很能打？

张学良：也不是很能打，要是能打就好了。所以他后来跟我冲突的原因就是，他要退却了，他说你不够朋友，我说这不是朋友问题，东北不是我的。我不能让你那乱七八糟的军队进东北，老百姓会［骂我］。我可以给你钱，你在关里待着。你要进［关外来］，你把军队解散重新组建，我帮你训练军队。

访　一：嗯，改编。

张学良：我说这不是朋友的问题。

访　一：如果他真听您的劝告，把他的军队在您指导下整编训练什么的，也许他能立起。

张学良：那也不行，他不是带这种正式军队的［人］。就像我父亲的老部下，他们不能接受。

访　一：嗯，带兵是另外一回事。

张学良：你听我给你讲他的几个怪事。我们玩，他找了几个姑娘，给她们一个人至少四十块钱。我看了我就说你外面的士兵都没有军饷领，你给她们这么多钱，你让他们看到会怎么想。他听了说，少帅，从来没有人跟我说这些事情。他跑出去把那些钱都给站岗的士兵了，士兵吓坏了，他对人家说我张宗昌不是人。我这更生气了。你说他怪不怪。

访　二：是有点像张飞。

张学良：我这个人很研究人的心理。所以我说人呀，假使你要开公司做生意，那你不懂人的心理，你怎么办？所以我不随便地拿人当个东西。

访　一：当个东西，对。

8. 封建的观念把女人不当人

张学良：我对我太太，我是很尊敬她，也不是尊敬了，当然我心里明白。我这个人讲理。这个男人认为女人不是人，或者下贱什么的，这是他自己想法的问题。我可惜我走上打仗这条路，不然我要研究学问。

访　一：我们现在这个时代是旧的思想没有丢掉，新的思想也没有立起来，正好夹在中间。

张学良：老的年代下来，传统下来的。从前到现在还有很多人［认为］女人就是他的［私有物］。

访　一：财产，财务。

张学良：我这个人的思想很开明。

访　一：所以宋庆龄很欣赏您。

张学良：宋庆龄我见过。封建的观念把女人不当人，当财产看。

访　一：那您说以前有些人还把姨太太送人了吗？真的？

张学良：是，我们家就有这个事情。我父亲有个女孩子，她到我家住还没有成为姨太太呢，我父亲就送人了。

访　一：真拿她当一件物品东西一样。

张学良：有一句话叫，少年得志不大幸。

访　一：啊，太年轻就［得志］不好。您到欧洲去差不多一年，您走了好多地方。在那些日子，您就等于是您自己的大使，您的交往都是政治界的人物。

张学良：也不是，我到意大利和他们有交往了，可是我到法国没有什么关系的。我到了英国，英国的首相①的儿子我认识。

访　一：您就是以普通人去的，但是您仍是东北的少帅，他们一定有些招呼的宴会呀。

张学良：没有，他们跟我说过一句话，他们招呼我是私人的，为什么不公开招呼我呢？如果公开招呼我，日本就会［不满意］，所以我受［这种影响］很大。

访　一：啊！对！

---

① 指英国首相麦克唐纳。其子曾于1930年访华，受到张学良的热情接待。

张学良：不过我到那些小国比如丹麦、瑞典，他们都很热情。丹麦的皇上请我去参加一个什么会，我很窘啊。他们说话都那种腔调，我不知道怎么说。

访　一：那会儿没人陪着您？

张学良：没有，只是有个翻译了。这种礼貌的东西，我不知该怎么说话。我到瑞典，他们的太子①曾经到过东北，我招呼过他，所以他们对我很客气。他们的规矩是，我第一天去我是他们的国宾，所以第一天他派来汽车招呼我。我在瑞典受拘束，所以我没有待就走了。还有一个就是他们外国会找这个姑娘陪着你，都是高级的。

访　一：现在这种规矩没有了。

张学良：台湾现在也有。台湾还闹过一次笑话，来了一个南美的王［子］。

访　一：有色人，拉丁美洲人。

张学良：他在宴会上看上一个人，要把这个人带走。那人家就说这个你不能带走。（笑声）

访　一：从欧洲回来以后，您有没有研究过跟外国人的交往？

张学良：我那个时候也不是跟外国人交往，但是因为我在青年会的时候，我很了解他们男女之间的事情。不过他们皇族的事情我不懂。

访　一：您到日本去可也见了皇族吗？

张学良：那时候还是太子呢，② 我就说他的妈妈长得真是漂亮，最少有五十岁呢。你要是一眼看过去就以为是二十几岁。

访　一：真巧！

张学良：我再说她的故事。

访　一：是所谓他们满洲人的美吗？

张学良：不是，在东方人中她真漂亮。她有丈夫。

访　一：她有丈夫怎么进宫的？

张学良：那个时候日本天皇看上她了。

访　一：您跟外国人来往很密切，到了欧洲之后更是如鱼得水了，觉得很愉快。

张学良：也不那么愉快，我这个人放荡啊，我不愿意受拘束。

访　一：啊，对，反而拘束了。

---

① 指1930年3月，张学良、于凤至夫妇在沈阳曾宴请过丹麦王子爱瑟尔亲王夫妇。
② 指1921年张学良奉张作霖之命到日本观秋操（在秋天举行的军事演习），见到了当时为日本皇太子的裕仁。

张学良：我到那儿是去玩去了，我不是到那儿［干什么事］。

访　一：您的身份他们也没有办法搞清的。

张学良：我也不做事，他不是拿我当成是派到中国的公使。我和他们都有往来的，他们来中国我招呼呀。我跟你说，有个人叫什么我忘记了，他招呼我，就给我找一个女人。这个女人的丈夫是一个军人，你知道这个军人的女人都很［漂亮］，同时，她们都是交际类型的。

9. 我出去旅行是李登辉安排的

访　一：您接下来出国就是到美国？到美国，没到纽约之前，不是在西海岸也待了一阵吗？三月份到了西海岸，四月份到了纽约。

张学良：你问我的话很奇怪？

访　二：您没有到纽约之前不是也到西海岸了？

访　一：所以您到了纽约就是从楼上往下看了一看，没有出去逛，到华盛顿了吧。

张学良：我去华盛顿不是因为别的，是我五妹妹①在那里住，我去看看她。

访　一：您也坐了火车到了华盛顿。

张学良：玩了一玩，还住在美国旅馆。

访　一：您有没有进去白宫？

张学良：换句话说，我去那也是［因为］贝太太，她就像那个姑娘一样，……（笑声）

访　一：不管怎么说，贝太太也带您看看。华盛顿知名的中国妇女界的陈香梅②有没有来看您？她没来吗？

张学良：我跟她没有接触，到华盛顿我没怎么看到中国女人。

访　一：王冀来过吗？

张学良：我到华盛顿主要是看我的妹妹。魏道明向贝太太求过婚，他喜欢贝太太。

访　二：那次贝太太来台湾，她住您家里吗？

---

① 五妹妹，指张作霖五女儿张怀曦。
② 陈香梅，美籍华人。1944年，陈香梅加入中央通讯社昆明分社，成为中央社的第一位女记者。1947年与美国空军第14航空队司令陈纳德结婚，加入美国籍。1949年，陈香梅随陈纳德的民航公司撤离大陆，迁居台湾。1960年移居美国华盛顿。陈香梅以惊人的勇气和毅力进军政界、商界，从肯尼迪到克林顿，先后八位总统都对她委以重任。

张学良：没有，她住在宾馆里。

访　二：我问她为什么来，她说为了您的那个奖学金。

……

访　一：您在1934年去欧洲一次，1991年去美国，1992年去环岛旅行，现在几乎你每年出去玩一次。

张学良：那出去旅行也不是我自己，那是李登辉安排我去的。

访　一：人家送您四本相册，我们能看看吗？您是坐飞机去的吗？

张学良：我们先是在沿海公路，然后是南回铁路，后来到了高雄坐他的飞机出去。

访　一：他们对您很尊敬。

张学良：李登辉是基督徒，我也是基督徒。我们到他家里都不是私人的聚会，都是基督徒的聚会。

访　一：您认为您这次去后，海边的风景是不是很好？

张学良：很不错。

访　二：您这次去就是您和夫人去的吗？

张学良：嗯，我和她。

访　一：前两天，我们来访问，总统府安排您和夫人出去了。他们是不是给您做了四本相册？

张学良：我不知道这个相册放哪里了。

访　一：您从高雄坐飞机回来的？

张学良：是的。

访　一：我都不知道总统有自己的飞机。

张学良：很讲究。

10. 我一直就这么坏

访　二：当年，您也有自己的飞机，是不是很摩登的？

张学良：嗯，当年也有。

访　二：您这个副驾驶员说，少帅和少帅的飞机就像别人开车一样，说上去就上去了。他还说如果你看到少帅开飞机，你会感到奇怪。人家开飞机都戴着飞行帽什么的，少帅穿着长袍、戴着鸭舌帽就上去了。他还说您自己开飞机，上上下下不行了，您就把飞机交给他开。这本书①可惜没有给人翻译成中文，他的文笔很幽默。

张学良：嘿嘿。（笑声）

访　一：其实我们想听您说。您曾问过我他对蒋先生怎么说，先说他对老帅怎么说。他说老帅是个非常成功的一位政治家，是中国的王尔德②。王尔德是著名的西方文学家，生活上不受时代拘束的人。他还说老帅有世界上最好的新疆瓷器和玉器。

张学良：没有，我父亲收藏的都是"宋瓷"，就是送给别人的瓷器。（笑声）原来我们家楼上都是他的瓷器，他喜欢那个，花了很多冤枉钱。

访　一：他说您小时老帅请了家教来教您，您常常在晚上跑出去跟您的英国朋友玩去，就是伊雅格。有时你们从窗子爬出去，出去干什么？去找女孩子了。老帅要发现了就教训您一顿，可是这是口头的教训，您第二天还会去。这些事情我明天再说吧。他说您吸烟啊完全因为您的周围的朋友、敌人都认为老帅留下的天下您维持不了，可是28岁的少帅不但把老帅留下的事情接下来了，而且在很短的时间内戒了烟。

张学良：我一直就这么坏。那个时候我爸爸知道我在外面找女人。

访　一：1933年您回来了，外国人说蒋委员长是看中了您的军队和财富，所以要您做他的副总管。③他们说您回来时，不但吸毒的嗜好没有了，而且面色红润，看起来是个精神勃勃的少帅。他说我跟少帅见面不到5分钟，我们像朋友一样，我跟少帅很谈得来。他看少帅就像扶轮社④的总裁，和蔼可亲，而且谈笑风生。他对您印象最深的是您两只炯炯有光的眼睛。他说您的英文也说得很好。

张学良：我那个英文不好。我太太说你晚上陪两个孙子睡觉，用英文给他们讲故事。你是怎么讲的？

访　一：他说您对他说过，"我们来剿匪，杀了几千个土匪，实际上杀的是可爱的老百姓"。您说过这话吗？

---

① 这本书应是曾任张学良私人飞机驾驶员的美国人罗亚尔·伦纳德所写的 *I Flew for China*。该书中文版《我为中国飞行》2011年由昆仑出版社出版。

② 奥斯卡·王尔德，英国著名的剧作家、诗人、戏剧家、散文家、童话家，19世纪与萧伯纳齐名的英国才子。唯美主义艺术运动的倡导者。

③ 1934年1月远在欧洲的张学良应蒋介石之召回国，蒋介石委以鄂豫皖三省剿总副总司令。

④ 扶轮社，国际性社团。1905年2月由美国律师哈里斯在芝加哥发起成立。自称以提倡"服务的理想"、"促进国际了解、善意与和平"为宗旨。1910年成立"扶轮社全国协会"，1912年成立"扶轮社国际联合会"，1922年改为"扶轮国际"。

张学良：不知道，我都忘记了。

访　一：您当时告诉他一件事情，他后来也证实说您说的是对的。就是说中国老百姓怕政府跟怕土匪一样，就是说苛政猛于虎。这书真该把它翻成中文，写得很好。

张学良：嗯。

第三十九次访谈
艳晚事件　东北铁路　历史典故

访谈者：张之丙（简称"访一"）
　　　　张之宇（简称"访二"）
被访者：张学良
同座者：赵一荻
访问日期：1992年7月26日

访　一：今天是7月26日星期日，我们到张府访问整整一周年。现在是星期日下午三点四十五分，本来是星期日不做访问，因特别原因，张先生从台北赶回来，我们做一次有历史意义的重要访问。现在开始，很巧的是外面雷雨隆隆，因此暑热可能要凉爽一些。刚才林先生带我们参观了张先生的兰花，不下数百种，而且有些是名贵的到三四十万一盆。可惜今天天色比较阴暗，没有办法照相，我们约定时间下一次专门把小林培植的花园庭院花卉以及兰花的种植特别照相，等一下跟张先生讲。

1. 我把党部的人都给抓了

张学良：还有什么要问的问题？陈立夫过生日，［他］比我大，九十四岁。
访　一：我们1989年底，我们两个人回来开会。我不是做语言研究吗，那年有一个世界性的会。我们开大会的时候，请陈立夫上去演讲。大家都想象不到，他以前不是在教育界吗，那是1989年了。
张学良：他比我大两岁，九十四岁了。
访　二：您今天的聚会可说他是大哥哥，您是二弟弟了。
张学良：人家请客，本来请他。本来是今天请客，我不知道，我不知道是做生日,后来知道是给他办生日,他不愿意说。

访 一:昨天我跟您请教艳晚事件,艳是艳丽的艳,晚是晚上的晚。我查了查,这事件实际上是在西北时,党部把宋黎、马绍周呀他们抓起来的事情①。

张学良:宋黎我知道,马绍周我不知道。[是]党部[把他们]抓起来的?

访 一:这叫艳晚事件。

张学良:哦!我还不知道呢!我[与党部斗]就是因为宋黎,宋黎是我的学生。他是学生运动的首领,我把他救出来了,从党部里搜出来的。

访 二:宋黎后来他做很好的事情,教书什么的。

张学良:他当过大连的市长。

访 一:所以这是个有学问的人。他为什么,您还记得?(笑声)

张学良:我拿回来的,人家过生日(指生日蛋糕)。我不吃,我不吃。

访 二:生日蛋糕是吧?

张学良:是,我吃过了,人家给的,每人都给,我拿回来。怎么叫艳晚事件,我还不知道。

访 一:艳大概就是你所说的代日韵目吧,不是说您有所谓的"巧电"吗?就是那电报的号码,代表哪一天。就是电报的号码,艳丽的艳。

张学良:那是日子。

访 二:那天晚上大概是?

张学良:30号晚上的事件。②

访 二:对,是这么回事,后来就是说学生被抓起来。不知为什么,你记得他们为什么[被]抓起来吗?

张学良:那时候主要是所谓的左倾学生运动,这个大局就是这样,国民党政府方面和党部抓那些左倾的学生。

访 一:全国各地都是在[抓左倾学生]。

张学良:都一样。那个时候,我们可以说是这个西安事变呀,都是这个原因。换句话,我那时候有袒护他们的心理。保护他们,袒护他们,政府是命令抓他们的,你明白吗?

---

① 1936年8月29日晚,西安的国民党特务逮捕在东北军、西北军军部工作的宋黎、马绍周等人,张学良闻讯后包围陕西省党部,将马绍周等人救出。按韵目代日,29日为"艳",故称"艳晚事件"。

② 应为8月29日。

访 一：结果就把他们抓起来了。

张学良：抓起来。我把党部搜索，我后来又都把他们给放了。那时候，我差不多就跟中央那个［党部斗起来了］，那时候蒋先生还对我客气。那时候中央也有点问题，那时正是粤变①。

访 一：（录音不清）两广［事变］？

张学良：粤变。

访 二：陈济棠？李宗仁？广东？

张学良：不是广东，那时候不叫粤变，是福建那个谁，出来组织是什么青年党。

访 一：蔡廷锴？

张学良：也不是，他们出来一个新组的政府什么的，好像青年党②。那个谁在里头嘛，他最要紧，他在那边闹，蔡廷锴在他手下嘛。蒋先生就为那个事情，所以对于我们这方面松一点，否则也对我下手了，因为我把党部的人都给抓了。

访 二：那不对的。

张学良：那是不对。

访 一：政府党部专门抓左倾的学生，您是那儿的副总司令呀。

张学良：那时候有很多特务机关。党部是，谁都不［敢］管！

访 二：高高在上。

张学良：不是高高在上，它完全是听党部的，不听地方官指挥，地方官也指挥不了它。因为它是党部系统的，根本不听地方官的，跟现在一样。一样啊！党部在这儿，政府也过问不了。能这样的情形就不同——政府的首长兼党部的委员会委员长，那就不一样了。

---

① 应指两广事变。又称"六一"事变。1936年6月1日，广东军阀陈济棠与新桂系联合举兵反对蒋介石。2日，两广成立军事委员会和抗日救国军，以陈济棠为委员长兼总司令、李宗仁为副总司令，进兵湖南。蒋一面调集军队入湖南防御，一方面收买陈济棠的部属。7月，粤空军司令黄光锐率飞机70余架叛陈投蒋，接着粤军第一军军长余汉谋也通电拥护南京政权。陈济棠不战自败，7月18日通电下野赴港。蒋解决了广东陈济棠后，便转而对付广西，数十万大军从广东、湖南、贵州、云南四面包围广西。后来在调停下，双方妥协，南京答应白崇禧、李宗仁提出的"确定抗日计划"等条件。9月中旬，蒋介石、李宗仁在广州会晤，言归于好，广西问题遂和平解决，从而结束了两广与南京政府对峙的状态。

② 青年党，中国青年党之简称，初名"中国国家主义青年团"。1923年12月2日成立于法国巴黎。主要发起人有曾琦、李璜、李鲁之、李不韪、张子柱、胡国伟、何鲁之等人。1929年8月20日在沈阳举行第4次全代表大会，正式定名为"中国青年党"。后依附于国民党政权，1949随国民党迁台。20世纪90年代后泡沫化，失去影响。

访 一：您把学生救出来以后，中央有没有［处分您］？

张学良：所以慢慢就变成西安事变了，那时候我们地方跟中央就有一定的问题了，不到两三个月就出事了。

2. 蒋先生讨厌透我了

访 一：您说那会儿蒋先生［对您怎样］？

张学良：那会儿蒋先生也知道，蒋先生到西安就是想安抚我。一方面用威力，一方面安抚。

访 一：上次有另外一本书，您叫我念给您听，一个叫作晏道刚，一个叫曾扩情。

张学良：晏道刚是谁呢？就是我陕西司令部的参谋长。这个人，换句话说，就是蒋先生派来的。所以蒋先生对晏道刚非常的气呀，晏道刚后来给关起来了。他是蒋先生的侍从室主任，是很接近蒋先生的人。由他出来，就当了我的参谋长，但是晏道刚对我，他没起那种［监督］作用，他对我还相当好。对我这个人，不是好坏的那种好，他相当对我尊敬。

访 一：哦，尊敬。

张学良：尊敬，他没有照着蒋先生原来的那种思想，所以后来蒋先生把他关起来。他给我当参谋长就等于是［监视我］。

访 一：是看着您了。

张学良：不能这么讲，等于给蒋先生当间谍一样。

访 一：对，对，对。

张学良：不，间谍这话太高。

访 一：是监视了。

张学良：不是监视了，监视也不对，而是内里有什么事应该告诉蒋先生，但他没那样。

访 一：啊，他没说，他很同情您。

张学良：换句话，他不赞成蒋先生那样［做］，也可以说同情我们。不是同情，他认为蒋先生不必这样。

访 二：可能事情是给蒋先生做，心里却觉得中国的事情应该有个新的［办法］。

张学良：晏道刚这个人哪，换句话，他也不愿意那么做。

访　一：那本书里还说晏道刚还是曾扩情啊，写了一份报告，告诉蒋先生。后来蒋先生批下来说不要紧，说要把报告给您看。

张学良：没有，那我不知道。曾扩情后来也被关起来了。曾扩情有一篇演讲，他公开演讲表示同情我，他的演讲很好，那意思是对他们的黄埔学生，等于替我宣传啊。他的意思是说你们不要闹，不要大家闹。张某人也不是不对，他有他的理由，应该大家平心静气地谈一谈。蒋先生为这事很不愿意，换句话说，他是蒋先生派到我那边的，可以说他是同情我们的。不是同情，他认为蒋先生不必这样。

访　一：他的这篇演讲是对着黄埔还是对着王曲军官？是给谁演讲您可记得？

张学良：黄埔学生。

访　一：那等于教训他们一番。

张学良：不是教训，是要他同学这帮人呀，所以蒋先生非常气了，也不能说他不忠于蒋先生，说你不要那种偏的。

访　一：偏激。

张学良：应该从大体上看，不要闹。

访　一：结果蒋先生对他不高兴了？

张学良：那当然，把他关起来了，因为曾扩情不是黄埔的军官，他是黄埔的专门做政治的。

访　一：政工？

张学良：他是学这个的，他们都管他叫曾大哥。他是老大。他年岁长啊，大家都对他很好，换句话，他有点声望。

访　一：那有声望的人说出这些话，当然影响力很大了。我后来看了一点他们的介绍，怎么说呢，在京戏上叫斗智啊，蒋先生暗含着跟您斗智呀。

张学良：也不能那么说，也不是斗智，实际上蒋先生讨厌我透了。用我们北方话［说］，［就是］两手捧着个刺猬。又扔不掉，捧又捧不得。

访　二：扎手。

访　一：后来所谓艳晚事件，他没有对您有所表示？

张学良：没有，后来那就不了了之了。

访　一：您说能不能因为他心地向来狭窄，事后他心里会不会不高兴？

张学良：那不一样，因为那时有福建的事情，所以他就没有［对我怎么样］。

访 一：哦，他就没时间。

张学良：不是，他就不能那样做。因为两方面都挤出事来就更不好了。就[只好对我]放松了。

访 一：哦，对了，那后来艳晚事件是怎样结束的？

张学良：我不说了嘛，不了了之了。

访 一：后来这些人还在西安，没跑出去？

张学良：就是在我手下，他们也不敢来抓。

访 一：后来他们有没有发挥什么作用？

张学良：那不就是宋黎吗？那他很大的作用啊。那时候学生运动就等于在西安[领导的]。

访 一：东北大学学生。

张学良：不但东北大学的学生，那时北方的学生运动的都跑到西安来。[1] 另外，托派的，什么的都跑来了。西安很乱的，有政治活动。

访 二：托派那人叫什么了，张国焘[2]？

张学良：嗯，张国焘。他是托派。

访 一：他后来不是和共产党分开了吗？

张学良：他是托派，也可说是共产党的反对派。

访 一：他们打击他嘛，还有徐海东。

张学良：徐海东[3]？他不是，他是个军人。

3. 东北主要靠两条铁路起来的

访 一：你知道我找到彭德怀的自述。那个共产党的大将啊。彭德怀的自述，书上写道，"对红军想通过山西东征"。然后说您在洛川的时候告诉

---

[1] 1936年春，鉴于华北形势严峻，张学良将东北大学工学院和补习班迁至西安，拨款50万元建筑校舍，张学良亲自为该校题写了奠基碑文：沈阳建校，经始维艰。至九一八，痛遭摧残。流离燕市，转徙长安。勖而多士，复我河山。

[2] 张国焘，中国共产党的创始人及早期领导人之一。国共第二次合作全面抗日后，1938年4月3日，时任陕甘宁边区政府副主席（一说是代主席）的张国焘借祭拜黄帝之名逃离延安，投奔中国国民党，被开除党籍。

[3] 徐海东，在创建鄂豫皖苏区的斗争中，历任中共区委书记，县赤卫大队长，中国工农红军师长。1932年秋，红四方面军主力离开鄂豫皖后，任红二十八军军长、红二十五军军长，坚持大别山区的斗争。1934年11月，红二十五军奉中央军委指示撤出鄂豫皖苏区。1935年徐率部到达陕北，后任红十五军团军团长。抗日战争全面爆发后，任八路军第一一五师第三四四旅旅长，率部参加了平型关战斗和晋察冀边区反"八路围攻"、晋东南反"九路围攻"。

他们最好不要走山西，你是这样建议他们的吗？

张学良：不是，不是，那时共产党要打山西，我说你们不要跟山西作对。他们打了一回，打败了，还想打，刘子丹①，他过河打山西。

访 一：他们预备打了山西进华北？

张学良：不是那个，他们是没地盘，争地盘，抢地盘。我说你们不要惹山西，山西有很大的力量。后来他们还打，打败了。换句话，不是大败，是退回来不打了，退回陕北。

访 一：其实陕北、东北和西北形成三位一体，一个完整的地盘，然后再抗战。

张学良：不是，不是。陕北很穷，是无可奈何。不是说什么是最好的地方，把他们挤在那里的。总得有个地方吧，就像你挤个小屋里睡觉，总是还有个地方。那时候陕北很苦的。

访 一：那的确也得找地盘，找能生产的地方。

张学良：换句话，陕北人自己都不够自己吃的。自己出产的不够自个儿吃的，还得从外面运粮食。

访 一：你看了中国这么多地方，东北算是最富庶的地方了。除了东北之外，你所经过的什么西南啊，比方说什么湖北、湖南、贵州这些地方，陕北是最贫困的地方吗？

张学良：也不能这么说。

访 二：甘肃也很贫困呢？

张学良：什么？山西呀？

访 一：甘肃。

张学良：这话要这么讲，整个甘肃不富，但是它甘肃有一块富，一块穷。陕北是陕西的一个小地方。

访 二：陕南应该可以。

张学良：不能那么说，只能说那一区域都很穷。

访 一：而且交通也是问题，是吗？铁路啊？

张学良：现在不同了，那时候凡是交通好的一定都是比较富庶。那时日本、俄国在东北，虽然说我们最受欺负，但是东北能起来，也是靠日本、俄国起来的。

---

① 刘子丹，即刘志丹，中国工农红军高级将领，西北红军和西北革命根据地的主要创建人之一。1936年4月14日，在红军东征战役中牺牲。

访　二：投资多？

张学良：也不是。主要东北有两条铁路，南满路、中东铁路，要没有这两条路，东北不能这样起来。那时中国人没有什么能力，后来才那个。虽说受外国人的侵略压迫，但外国的文化也带了进来。不但东北，比如浙江、广东也受外国文化的影响。东北的文化跟日本、俄国有关系，怎么说，是与西洋文化不同的一点。奉天大部分是受日本人影响，一部分是受俄国人的影响。哈尔滨一带是受俄国人的影响。东北人都多少会说点日本话，比如，哈尔滨一带的人多少都会说些俄国话。

访　二：也是接受他们的文化。

张学良：在中国的大人物之中，差不多都是欧美留学生，你比如，我今天碰到的孙运璿这个人。

访　一：是你的学生吗？

张学良：他说是我学生，其实他是哈尔滨工业大学的学生。那工业大学是谁办的呢？是俄国人办的，是当年他们一手办的，后来我们接手了，我不过是工业大学的一个董事。

访　一：我们去过哈尔滨，1982年去的。我们看那儿的建筑都很俄国式。我们后来也到过长春，那是日本式的，还看了给溥仪盖的皇宫。

张学良：那我不知道。

访　一：您认为东北在大帅的那个时候，前清的势力已经不存在了，那时是不是受日本和俄国的影响最厉害的时候？

张学良：是的，俄国的影响还是在北满的时候，日本和俄国之间等于是心照不宣。日本人不到北满去，后来俄国自己国家发生变化，北满也是日本人的。

访　一：皇姑屯事件以前，芳泽拿了一些条件希望老帅签字，老帅看了之后就生气，说这不是等于你们日俄又要用铁路什么的。你知道是怎么回事？

张学良：那是五［条］铁路[①]。他们要修铁路，由长春到吉林的吉长路，那

[①] 1927年，日方公使芳泽根据东方会议的决议，向张作霖展开"满蒙新五路"权益的交涉，要求修筑敦图（敦化—图们江）、长大（长春—大赉）、吉五（吉林—五常）、洮索（洮南—索伦）、延海（延吉—海林）五条铁路。由于张作霖感到这五条铁路"好像插在横贯满洲的东清铁路上的五把钢刀，在军事上很有价值"，它属于与苏联作战的"战略铁路"，也有"向南满铁路集中物资的意义"，因此，始终不肯签字。

是中国和日本共同修的，铁路是中国的。他们要北满铁路①往吉长路②分开，往内蒙那边去。他要深入内蒙。他要去的那个地方，那是东北当时很富庶的地方，那时农垦最大的地方，矿产也很多。换句话说他要伸到北满，差不多快到黑龙江，很明显的。

访　一： 这五条铁路现在怎样？

张学良： 现在共产党修了好多。哎哟！他们的铁路网我现在都不知道，我看地图上那修了很多。共产党修了好多的铁路。

访　一： 在全国范围来说，您可以看出东北的铁路网在全国是比较密的。

张学良： 那都是共产党做的。东北原来就有铁路线，他们就借着那个铁路线又扩充了。

访　一： 前两天您去坐什么南回铁路，是台湾环岛的还是……怎么回事的？

张学良： 环着台湾南部走的，现在有北回南回嘛。

访　一： 台湾这个地方大概有两条铁路就够了。

张学良： 所以这就算是李登辉的建设了。

4. 我也有很大的谍报网

访　一： 再说回到艳晚事件，您说在整个那段时间这是不是件重要的政治事件？

张学良： 不，是一件小事。

访　二： 很刺激这些个学生，是不是？

张学良： 学生运动方面肯定是。

访　二： 去年的今天，我们第一次来访问。那个时候我们和赵一荻谈到了端

---

① 北满铁路，又称中东铁路。原为沙俄在我国东北修建的铁路干线，西起满洲里，中经哈尔滨，东至绥芬河；支线从哈尔滨起向南，经长春、沈阳，直达旅顺口。全长 2489 公里。1897 年 8 月开始动工兴建，到 1903 年 2 月，全线竣工通车。日俄战争后，1905 年由长春至旅顺口的铁路被日本控制，改称南满铁路。1924 年，中东铁路由中苏两国共同经营。1933 年中东铁路改称"北满铁路"。20 世纪 30 年代后，日本帝国主义为了控制东北，掠夺东北的资源并扩张军事力量，支持"满铁"霸占中国东北的铁路及航运业。1935 年，苏联将北满铁路卖给伪满洲国。至此日本控制了东北的全部铁路。

② 吉长路，即吉林至长春的铁路，全长 127.7 公里。沙俄在修筑中东铁路时，曾企图修筑该路，以作为中东铁路的支线。日俄战争后，日本即向俄国索取这一俄国并未取得的修筑权。后来，在中日交涉中，日本以其在日俄战争期间修建的新民至奉天铁路为筹码，讹取了吉长路权。1907 年和 1908 年，中日先后签订了吉长铁路借款合同和续合同，操纵铁路经营实权。吉长铁路及其延长线吉敦、敦图铁路，通过东满政治、经济中心吉林和延边等地，在政治、经济和军事上具有重要意义。

纳的事,那天好像没有感到这样热。那个艳晚事件,您搜出了一个名单,说里面有很多的报告,即所谓的黑名单。说了很多人的很多话,里面还包括邵力子的事。

张学良:胡说,报告是党部做的,对邵力子很不好,他本来是他们的人。做谍报的那种人,要尽力找消息,风言口语。日本人是卖了买了。那你有消息,要不你什么都攒不回来啊。他们说邵力子的有一段是这样的,说邵力子的太太啊,不是邵力子的太太,是说邵力子跟他们建设厅长,还是实业厅长?一个厅长的太太有关系。那太太很活跃,大家一起玩,这简直是胡说八道。

访 一:家庭私事也报告?

张学良:什么都报。那是他的职责。我后来很多也不看了,有时他们报我的部下什么什么的,我不听,就直接给我的部下看这种事。蒋先生也吃了这亏,好多人都吃了这亏,你说信还是不信?东北有好多这事。日本人的总领事跟我很好。他提起,当年日本人给我一个最高的勋章,日本那边传说我把勋章拿过来以后就把它摔在地上。那日本总领事对我说,他看了报告只笑了笑,他说哪能有这样的事!他说你知道我的总领馆,日本军部的事情比我的大得多。我总领事馆的谍报费就是十万,总领事馆的经费都没十万。外交部管谍报的十万。中国的《孙子兵法》上头一章就说这个,对敌人,你最要紧的是知己知彼,你要平时舍不得花钱呀。他们大概也是用这句话,很花谍报钱,他说这钱是冤枉的。太多报告了,拿着谍报等于看报纸。不过他是不负这个责任的,那是参谋本部呀外交部最高领导的事。就连我做事的时候。我也有很大的谍报网,你看了报告得想想是否真的,那些仍要看谍报的来源,或者还要派另外一个人去查一查,好好盘算,自己审查一下。

访 二:那你还是要自己看啊。

张学良:自己要看,你觉得某件事怎么样,你就另外让别人再看。

访 一:这些人是要自己的人啊,靠得住的人,亲信[去搞情报]。

张学良:那也不一定,派出的人再派出的人不一定啊。

访 一:邵力子有否因为这件事不高兴?

张学良:那是另外一件事了,他后来当了共产党,是御用共产党。

访 一:御用?

张学良：他当共产党，蒋先生是知道的。说明白的。
访　二：那我不太懂，为什么他要派邵力子去当共产党？
张学良：不是派的，邵力子是左倾派，好像他到俄国去过。……
访　一：他是共产党，太太是不是？
张学良：太太也是。
访　一：邵力子可是国民政府里唯一公开的共产党员？

5. 蒋经国当过共产党

张学良：不能这样讲，蒋经国也是共产党。
访　一：蒋经国也是公开的共产党？
张学良：不过他声明脱离党籍。
访　一：脱离了？在国外？
张学良：他在（苏联）共产党里做过官，所以他太太是共产党的一个工厂里的女工。他在共产党里还带过兵。
访　一：是说在苏联呀？那跟他父亲［对着干］？（笑声）
张学良：是的，他跟中国打过仗。他当共产党的时候他骂他爸爸，骂得很厉害。
访　一：蒋先生心里是否很难受？
张学良：那也是，他当共产党嘛，后来他反对共产党。
访　二：其实那国民党就是共产党啊。
张学良：换句话，蒋先生，那时我们搜苏联大使馆，那里就有蒋先生的事儿。他那时到苏联拿三千支枪，是他去领回来的。
访　一：那他经过奉天吗？
张学良：是，是，是，是。
访　一：那他也是共产党？
张学良：那也不能说。那等于他也是共产党了。他到了上海以后就清共了，就是反共了。
访　一：然后就是清党。
张学良：清党。
访　一：有一个记录说，周恩来跟蒋先生说，"我想办法让蒋经国跟您见面"，在西安事变之后，无形中是您把他们父子俩人拉在一块。是不是父子一直不和。那时蒋经国仍在苏联嘛。

张学良：西安事变时经国已经回来了，他回来跟周恩来毫无关系，他已经回来了。是一个叫邓文仪的人①，那人是中国驻苏联大使馆的武官。

访　一：后来父子之间的关系经过了很多的挫折才恢复。

张学良：也不能这么说，他回来，头一个，就是宣布我脱离共产党。

访　一：国外说他没有宣布。

张学良：宣布了，完了蒋先生请徐树铮的儿子，徐道邻给他当老师，教他念中文。那时我也在，我想跟他见面，经国先生这人很厉害，见面，在溪口。我想和他谈［谈］，被他拒绝了，说我们俩不好见面。

访　一：他是很懂得［政治的］。

张学良：我认为他比谁都厉害，他有两层关系，他一直用唯物辩证法的，一直是。后来念中文。经国这个人非常好色，太太是俄国人，……自古英雄都好色。……

访　一：这是您的辩证法。

访　一：有一位章女士，章孝严②、章孝慈③的妈妈，还有蒋方良、顾正秋。

张学良：章孝严这件事，我心里很难过。他的这个妈妈④自己去江西，就是有目的去的，她就想找经国。我想她的妈妈是势利眼啊，还是要志气，她也不是共产党派去的。后来有了孕呀，说是蒋经国（录音不清）把她送走。

访　一：对，送走了一个弟弟。

6. 纪晓岚对我影响很大

张学良：（录音不清）他在旁看，他说，你这字儿呀今天写得不错，我说怎

---

① 邓文仪，字雪冰，湖南醴陵县浦口镇人。黄埔军校第一期毕业。1925年被派往苏联莫斯科中山大学学习，1927年回国。四一二政变时，投靠蒋介石。历任黄埔军校政治部副主任、代理主任及国民党军队师、军政治部主任、蒋介石侍从秘书、中国驻苏联大使馆首席武官、军事委员会政治部第一厅厅长、国防部新闻局局长、政工局局长、国民党中央委员、中央常委、台湾"行政院"政务次长等职。20世纪90年代后，曾几次到大陆，受到邓小平、江泽民的接见。

② 章孝严，又名蒋孝严，浙江奉化人。蒋孝严与蒋孝慈是蒋经国与其情人章亚若所生的孪生兄弟，抗日战争期间出生在桂林。由于蒋经国已与蒋方良结婚，因此两兄弟跟随母亲姓章。曾历任台湾"侨务委员会"委员长、国民党秘书长、"总统府秘书长"、"外交部长"，中国国民党副主席。担任中国台商发展协会理事长。

③ 章孝慈，又名蒋孝慈，蒋经国与章亚若之子，蒋孝严孪生兄弟。1949年赴台。东吴大学中文系、法律系双学士。美国杜兰大学法学博士。曾任东吴大学校长，国民党中央委员。

④ 即章亚若，江西永修人，曾就读南昌女中。1939年担任赣州行署公务员。1942年初，产下双胞胎章孝严、章孝慈。同年8月在广西桂林去世。

么个好法啊，他说写得黑。（笑声）

访 一：我们可以找些好的宣纸给您。

张学良：不用，不用，我用信纸，我给你随便写。宣纸很不好写，拉不开笔。

访 一：您得给我们写个号。

张学良：我们从前有个笑话，说我的号没有了，我没有吃的了，我当了。我的笑话多呢，人们吃饭都愿意听我扯淡。今天和他们吃饭还说呢，有两个太太说吃得很高兴，愿意和我在一起[扯淡]。

访 一：您喝酒吗？酒量不太大？

张学良：不太大，也不小，你手里那杯，我能喝十杯。

访 一：十杯是小杯吧，您喝什么白兰地啊？XO？路易十四、路易十三？

访 二：您喝白干吗？喝高粱酒吗？

张学良：不大喝，我喝果子酒，不喝谷酒。比如威士忌是谷酒。

……

张学良：我这个人最容易受书上的影响。我受的影响有个就是纪晓岚……

访 一：他很豁达。这人真是有名吗？

张学良：是有名的，写文章。

访 一：他这方面有记载吗？

张学良：没有。他背着乾隆到颐和园。乾隆晚上到他房间里去看他，他光着膀子不敢见他，藏起来。乾隆看没有了就走了，他不知道乾隆在那儿，他就问他姐姐，"老头子走了吗？"乾隆听见了，把他叫出来说，"你怎么喊我老头子？"他说，"老者呀，天下的大老爷；头呀，外人的头也；子呀，天子的子"，乾隆很喜欢他。所以我很喜欢他。再一件事，也是，也许他存心的，唐诗里有一段，"黄河远上白云间，一片孤城万仞山。羌笛何须怨杨柳，春风不度玉门关。"他给乾隆写扇子用这首诗，写掉了一个字，黄河远上白云间，把间字给掉了，乾隆把扇子打开让他念，他一看，掉了一个字，他念：黄河远上，白云一片，孤城万仞山，羌笛何须怨，杨柳春风，不度玉门关。变成词了。

访 一：还是押韵的。

张学良：很有意思，真假不知道。所以乾隆很喜欢他。

访 二：这也是个奇人。

7. 周恩来之死和江青有关系

访 一： 今天酒席您认为好不好？中国的还是外国的？

张学良： 都差不多，都是那玩意儿。中国的。好多朋友，花钱冤呐，我说他这酒席要十几万。我觉得不值呀！

访 一： 可是对大家来说也很值呀，又能听您说笑话，陈立夫也喜欢说笑话吗？

张学良： 他在那儿讲了半天，讲他那地方法国界。在太湖边上叫什么地方。讲了大家在笑，他那个口音我也听不懂。我也不知笑什么。我问他们怎么了，我对南方话不大懂。我就怕三个人，一个是张勋的太太，一个蒋夫人，一个王太太。我说蒋夫人还有办法，我请您老说英文吧。听不懂能说英文，你英文比较懂得多些。

访 一： 张勋的太太也是浙江人吗？

张学良： 上海人。

访 一： 王新衡太太也是上海人吗？

张学良： 也是。我到上海人家管我叫"小驹"①，小鬼的意思。我听成"小猪"，我说怎么叫"小猪"呢。唐绍仪大小姐的孩子管我叫张家伯伯。我说，我才不是你爸爸。我把"伯伯"听成了"爸爸"。

访 一： 唐绍仪后来怎么样？

张学良： 嗯。被打死了。

访 一： 谁干的？

张学良： 老戴。因为［他］那时反对党反政府。

访 一： 贺耀祖？他太太也是共产党？

张学良： 共产党。

访 一： 这可奇怪，您认识吗？

张学良： 这个很有意思。我认识他太太。

访 一： 蒋先生知道吗？

张学良： 不知道，他自己都不知道。

访 一： 他们真厉害，很能干。

---

① 此处应为小囡。张学良可能把上海话的"囡"（其发音为 nü）听成了"驹"。

张学良：他太太是一个护士，是共产党。给他当护士是有任务的①。后来就成了他太太。

访　二：做政治工作。

张学良：不但共产党，其他那做政治工作的，把这件事情就看成另外的了。

访　一：对！方法之一。

张学良：当年这位有名的女的，对，跟王宠惠，郑毓秀。……那时国民党也真可怜。是，为了革命。

……

张学良：魏道明说的。

访　一：以前做过台湾省主席呀？

张学良：这我知道。魏道明是她（指郑毓秀）的大姨太太②，不是，是二姨太太，大姨太太是王宠惠。

访　一：王宠惠，在我们眼里看他是很道貌岸然的嘛。

张学良：郑毓秀呀，王宠惠把她在法律上提拔起来了，（录音不清）王宠惠我就奇怪他，他是在法律上支持她。

访　一：王宠惠很有学问呢。

张学良：好像是。

访　一：他们对中国的法律贡献很大。

张学良：这家伙也真够不要脸的，也不在乎，那招待人呐，可真是。

访　一：真的有一套。

张学良：有！拉皮条呀干什么的。我跟他说你们受过利用，你们都不知道。

访　一：耍手腕。

张学良：那个什么陈璧君，也可以说是女中的这［号人］。

访　一：豪杰。

张学良：就是走的一条路。

访　一：江青还不是。

张学良：江青也可以这样说。江青本来在上海，……

访　一：三流的电影明星，也不出名。我对她的想法是这样，别的人，比如

---

① 贺耀祖的夫人倪斐君从前是南京医院的护士，追求进步，热心公益及妇女事业。来渝后，她积极参加"新运会"所属妇女指导委员会的工作，深得宋庆龄赏识。通过宋庆龄的介绍，她又时常与周恩来、郭沫若、廖承志等人来往，日益左倾，受到特务注意。贺因此辞去重庆市市长的职务。

② 此处张学良的调侃之语，反指魏道明为郑毓秀的"姨太太"。

贺耀祖的太太、杨虎城的太太都是为了革命才那样做，她不知道为了什么。

张学良：为她自己，这个人有政治野心。周恩来之死跟她有关系。周恩来非常的气。她整天打击周恩来，因为周恩来有权呀，她要夺权。因为周和彭德怀对毛泽东说过，不要听这女人的话，不要跟她太接近。……详细的我不知道，大概故事是这样的，有一天他们在开会，她突然出来说，我跟他昨晚上结婚了，成了毛夫人了。真假不知道，她有政治野心。她原来在上海的嘛。

访　一：在上海有一个有名的电影明星叫赵丹①。在她没有成事之前，两个人好过，后来她把赵丹的家抄了，把赵丹的亲戚也都抓了。虽说不至于灭门九族，但把他周围的人都扫了，在上海这是最不得人心的事。

张学良：这人是谁？

访　一：一个很有名的男明星，演得很好，演过《武训》、《十字街头》。武训是个教育家。他所演的都是有些社会主义意识的，替穷人说话什么的。赵丹的人缘不错，她把赵丹［抄家了］，大家都很气的。

8. 我又要给你说故事了

张学良：我给你们说个故事。

访　一：哪个故事？

张学良：……（录音不清）

访　一：不是说是禁书吗？

张学良：不是老书，算是禁书，里面说的是封建中国的事，这个不公开是不愿意暴露书里面的色情内容，写得很露骨。这是扯淡呀，可别录哇。那书整个什么玩意儿我不知道，是老书，是唐朝的书，写的是武则天的事。

访　一：是骂武则天的吗？

---

① 赵丹，原名赵凤翔。1932年加入中国左翼戏剧家联盟，更名赵丹。同年进入明星影片公司。至1937年，成为蜚声剧坛影坛的双栖明星。抗日战争期间在新疆被盛世才投入监狱达5年之久。中华人民共和国成立后，主演影片《武训传》、《李时珍》、《林则徐》、《聂耳》、《烈火中永生》等。

张学良：也可说是。表露他们那些个事情，有人说与骆宾王①这些个人有关系。

访　一：这本书有问题，现代人看不懂，不是文言文的吗？

张学良：是。我看了一段，写得很好，虽说是写色情的，但不像现代的人写得那样粗哇，而是很文雅。

访　一：现在美国，这类书简直泛滥了，写得太露骨的，黄色的也满街都是。昨天吧，我路过一个书店，进去看了一看，很多黄色爱情故事都一本一本翻成中文了。美国的，都在这儿出版了。比如，一个多月前，在美国，我看了一本书，是男女爱情故事的书。所谓 paperback，就这么大，厚厚的平装书，两三个月前在美国出的，都译成中文了，在这卖了，说是爱情故事，不是像美国有一本名叫"Playboy"（即《花花公子》）的杂志，不是那样露骨，但比琼瑶的爱情故事露骨得多。刚才我们说到印色的事②，当初学写字的时候，你也非常研究这个了，你说最好的应怎样决定印色的好坏？

张学良：不知道，我当年买的印色买到的是假的，不是好的。但是我当成好的买。最好的印色还得是水印，不是油的，现在没有。

访　一：不是油的？

张学良：不，油的打上它不凸，我打过。那很贵，很讲究，现在我也不用那种好的，张群送了我一点。嘿嘿，现在我也不干了。你拿着印色，那手往那是这样沾上，沾完了，这手挺脏的，再晚了，墨汁就干了，得赶快把这手再擦干净。从前搞那玩意儿，就是那张大千啊也是旁人给他搞的，侍候的人帮他搞的。打的时候也常常把它给打歪了。要看得很正很正的，打上去你也不能动，一动它跑了。要用劲，我不干那玩意儿了。

访　一：这儿没有卖的吧？

张学良：没有，那古画上你看这图章就知道不会假的。也有假的。看什么时候？明朝时假的，我手上有一张画，一次张大千说，"你手上这画是假的，但是它非常好，我断定［做］假画这个人也是明朝有名的人，是［仿］元朝的画，这做假的人也很厉害。"我们没那么高，不过张大

---

① 骆宾王，唐初诗人、文学家，婺州义乌人。曾任临海丞。后随徐敬业起兵讨武则天，起草了著名的《讨武曌檄》。兵败后下落不明，或说被杀或说为僧。其诗以七言歌行见长，多悲愤之词。与王勃、杨炯、卢照邻合称"初唐四杰"。

② 印色，也叫印泥，是用来钤盖印章的色料。使用印色盖印，是印章的封泥时代从东晋宣告结束以后产生的新的钤印方法。从古至今，盖印所用的颜色分为墨印、青印、朱印三种。

千他自个吹，"人家说我画画怎样，但是我鉴定辨别非常真"，也不一定。因为他会画，他看法和我们不一样啊，他知道哪笔对，哪笔不对。

访 一：西洋书的鉴别比较科学化一点，他们用光透视来分别真假。

张学良：现在也是这样，这个画假不了。现在差不多没有人做假画了，可以看它纸的年代、颜色呀什么的。从前的人没有这头脑，清朝王石谷①的画，大多数都是假的，都是杨埰②画的。就像张大千的假画，都是他的徒弟画的，他加上几笔，盖上他的图章。比如王石谷，我就说，杨进的画比王石谷的还好呢。

访 一：名气没他大就是了。

张学良：杨进专画小女子，就比王石谷画得好。我现在不怎么弄了，原来我很用心研究，现在我很后悔很后悔。

访 一：您后悔什么？

张学良：我把那东西卖了，画，卖了。不过后来他们说我那画不是假的。不是仇十洲③画的。是残的，不是整个的，当年那册页有四五张不完整的，是拆开了，画得好。

访 一：画的什么呀？山水？

张学良：春宫。

访 一：仇十洲是画人物的？可是断定那是他画的？

张学良：他们断定，说可能是他画的。画得好。所谓的春宫，他不是画的那种，只是那种形式，那种动作。

访 一：春宫是不是就是裸体画？

张学良：也不一定。有的是搞那个事儿的。比如说我那有一张它是说事情——古时候的事情。说昭君出塞④，它上面没写，人家一看就看出来了。

---

① 王石谷，清初著名画家。本名王翚，字石谷，号耕烟散人、剑门樵客、乌目山人、清晖老人等。江苏常熟人。弟子甚众，称为"虞山派"。与王时敏、王鉴、王原祁被并称为"四王"，加上吴历、恽寿平合称"清六家"。其画在清代极负盛名，受到康熙皇帝御赐"山水清晖"四字作为褒奖。

② 杨埰，字钟麟，号樵谷，又号竹虚子，浙江海盐人。清代著名画家。山水师王石谷，喜讲皴法，能作寻丈大幅，有十万图。少失怙恃，以画自给，海船至每购其画以去。

③ 仇十洲，明代有代表性的画家之一。名英，字实父，一作实甫，号十洲，又号十洲仙史，江苏太仓人。与沈周、文徵明和唐寅被后世并称为"明四家"、"吴门四家"，亦称"天门四杰"。擅长画人物、山水、花鸟、楼阁界画，尤长于临摹。

④ 昭君出塞，中国古代历史上一个广为流传的真实故事。王昭君，名嫱，字昭君，原为汉宫宫女。公元前54年，匈奴呼韩邪单于同西汉结好，三次进长安入朝，并向汉元帝请求和亲。宫女王昭君听说后请求出塞和亲。昭君到匈奴后，被封为"宁胡阏氏"（王后），象征她将给匈奴带来和平、安宁和兴旺。后来呼韩邪单于在西汉的支持下控制了匈奴全境，从而使匈奴同汉朝和好达半个世纪。

还有，杨贵妃洗儿①。

访　一：洗儿？

张学良：你不懂？我又要给你说春的故事了，这是历史上的大事。我会唱杨贵妃的，安禄山，这事在历史上没有百分之百正面说得那么确实，但书上说安禄山干过杨贵妃。大概，他是她干儿子，也很奇怪，历史上写得明白。我那画上是她给他洗澡。

访　一：谁给谁洗澡？

张学良：杨贵妃给他洗澡。

访　一：她给安禄山洗澡呀？

张学良：那张画很好，画上杨贵妃给安禄山洗澡。唐明皇②还给赏洗儿钱呢。四张画我卖了三千块钱，我真后悔。昭君出塞的画更有意思，上面画着昭君和一个番人③。［和］男的坐在一起，衣服盖着，那你明白那是做什么，叫你自个儿猜。还有一个，没写谁谁，但一看就能看出来，好像是宋徽宗④的，皇后叫人给房去了。还有谁，四张，我忘了。

访　一：那拉氏？⑤

张学良：你知道那拉氏，这人可真佩服她，洪承畴的事。她叫洪承畴搞了，她舍身要洪承畴投降。……这人（指孝庄太后）为她的国家、为她的儿子。……头一句是"三军皆缟素，将军一怒为红颜"⑥，因为听

---

① 对于此事后世均有记载。据唐元稹的《连昌宫词》载："禄山宫里养作儿，虢国门前闹如市。"唐人姚汝能的《安禄山事迹》记载："（安禄山生日）后三日，召禄山入内，贵妃以绣绷子绷禄山，令内人以彩舆异之，欢呼动地。玄宗使人问之，报云：'贵妃与禄山作三日洗儿，洗了又绷禄山，是以欢笑。'玄宗ови观之，大悦，因加赏赐贵妃洗儿金银钱物，极乐而罢。自是，宫中皆呼禄山为禄儿，不禁其出入。"

② 唐明皇，即唐玄宗李隆基，公元712—756年在位。开元年间重用姚崇、宋璟等贤相，整顿吏治、发展经济，被史家誉为"开元之治"。天宝四载，杨玉环被李隆基册封为贵妃。在位后期则任用李林甫、杨国忠等执政，政治腐败，官吏贪渎，加之升平既久，武备空虚，玄宗又耽好声色，奢侈怠政，最终引发了安史之乱。756年，他在逃往四川的途中，扈从官兵在马嵬驿（今陕西省兴平市西）兵变，诛杀杨国忠、缢死杨贵妃。

③ 番人，旧时对外族人（含外国人）的泛称。番，通"蕃"。

④ 宋徽宗，名赵佶，北宋第八代皇帝，1100—1125年在位。是北宋最荒淫腐朽的皇帝。靖康二年（1127）被南下攻宋的金兵所房，押解北上后亡。徽宗在艺术上有多方面的成就，能书善画，书法字体被称"瘦金书"。

⑤ 那拉氏一般特指慈禧。这里是指清太宗孝庄文皇后，本姓博尔济吉特氏。

⑥ 出自明末清初诗人吴梅村的"圆圆曲"。全句为"恸哭三军皆缟素，冲冠一怒为红颜"。

说李闯王把陈圆圆①给拿去的,他才打。现在好像在云南有陈圆圆的庙,她到那儿出家了,当尼姑了。吴三桂②死了,她出家了,详细的我不太知道。

访 一: 我说一个故事,小时候我不懂得是回事。我家一个亲戚,这位老爷的儿子进宫,就是他的第二代。老头是在宫里做事伺候慈禧,当大臣。他的儿子大概长得相当漂亮,进宫,不知是召见呀还是怎么。慈禧召见他,再没让他出来,就着急了。他家里知道有问题,就许愿,给穷人舍棺材,一直舍到民国初年。为什么舍棺材,老头许愿假如他儿子能出来,那他就继续舍。我们说如果听从了慈禧,是欺君;要是不听呢,是抗旨,两个都得死。我想大概是慈禧喜欢他要跟他在一起待一会。后来他真的被放出来了,所以他们家就一直舍棺材。更有意思的是,慈禧虐待年轻人的太太,让她穿着花盆底儿的鞋爬台阶上排云殿。我们这个亲戚慈禧要他进宫伺候她,一直不让他回家。这是真事。

张学良: 我想这不太对,假如这年轻人真和慈禧有关系了,他肯定没命了。那时,我那个姐夫开玩笑对我说,"那进宫可不行,那就完了。"都出不来都给弄死了。怕他到外头说去。当时那会儿慈禧是西太后,那时没什么权,权在东太后手里。有过这样的事,东太后发现一个男人在西太后的被窝里,她不是有意,是去看她。结果发现后把他拉出去杖打至死。后来她有了权就不一样了。那据说杨小楼③搞过她好几回。她喜欢杨小楼。杨小楼唱完戏后,李莲英④赏给他银子,并低声对他说老佛爷没穿裤子。你还不让老佛爷高兴高兴吗?不是,是快活快活。真假不晓得。可是大家都知道这件事情。可是杨小楼绝对不说,否则

---

① 陈圆圆,明朝末年苏州名妓,善歌舞。江苏常州人,本姓邢,名沅,字畹芬。初为田畹歌妓,后被明辽东总兵吴三桂纳为妾。吴三桂出镇山海关,李自成农民军攻克北京,陈圆圆被俘。吴三桂降清,清军攻陷北京,仍归三桂,从至云南。晚年为女道士,改名寂静,字玉庵。民间传说称吴三桂降清是为了她。

② 吴三桂,字月所,明朝辽东人。锦州总兵吴襄之子,明崇祯时为辽东总兵,封平西伯,镇守山海关。1644年降清,引清军入关,被封为平西王。1673年叛清,发动三藩之乱,1678年病死。

③ 杨小楼,清末民国初年京剧武生演员,杨派艺术的创始人。名三元,安徽怀宁人。和梅兰芳、余叔岩并称为"三贤",成为京剧界的代表人物,享有"武生宗师"的盛誉。

④ 李莲英,清末宦官。直隶河间人。咸丰时自宫入宫。性机警,善伺人意。以善梳新髻得慈禧太后宠信,由梳头房太监擢升总管太监。后又赐二品顶戴。在宫五十余年,怙势弄权,卖官鬻爵,广植私党,干预朝政。内自军机,外至督抚,多与之结纳。戊戌变法时,随慈禧太后逃往西安。慈禧死,退居宫外。

没命。那古代乱七八糟的。有一说，这个光绪是她的儿子，生出来就被送到她姐姐家里养大的，真假不知，姐姐嫁给醇王了嘛……

访　一：珍妃、瑾妃和溥二奶奶是不是都是某一旗的？

张学良：不是，她的父亲很有地位的。本来溥二奶奶，她选后就没选上，当年做姑娘时她的名誉就不太好。有人说她那时跟人家有关系了，说是跟她的马车夫。因为她的名声，否则她能选上宣统的皇后。瑾妃是她的姑姑。……她这人没什么好玩的，很假。……我认识她，是因为她是我五弟的太太她们家的亲戚。我们在北京饭店吃饭，我倒不认识溥二爷溥二奶奶。她要我五弟太太介绍认识我。我想，这证明她，溥二奶奶对我早就有心了。她请我到她家吃饭，这个东西不是做假的，她给我看一个册子，粘的报哇，粘的一年多。上面都是有关我的一年多来的消息的报纸，剪报。使我感动了，想她对我怎这样感兴趣。吃饭，过两天之后又请我到她家吃饭，……她说喜欢我。

访　一：我也跟您说个笑话，那个时候您就瞧见她一个人贴您的报，现在呀成千成万的人都在贴您张学良将军的，看您怎么办？（笑声）

张学良：我那时并不出名。

访　一：后来她呢？

张学良：呐，她到我家，我对她很好。冯玉祥进北京，我让她夫妇俩住在我天津的一个房子里，我那两栋房子原来是我的一个姨太太住的。后来溥杰被他们家的人追回去了。……就没要她回去。她住在我的房子里跟我的朋友卢小嘉搞上了。他们怎样搞上的我不知道，但卢小嘉也不是喜欢她，卢小嘉有钱。卢小嘉这人我最看不起，因为他有钱，后来他大概不多日子就把她甩了。她会画也会写，后来就卖画，再到了香港，跟一个姓阙的丈夫。我不知她后来的下落。她有个姐姐，姓唐的（录音不清），我很想问她姐姐关于她的妹妹的下落哪儿去了。她这为人啊总是做假。她总是在一个某人的势力下，不是北京政府，比如说奉天在这儿，就在奉天的势力下。冯玉祥在那儿，那就在冯玉祥的势力下，所以我要躲开这个，不要她控制。比如说上北京，有冯玉祥的势力下，我们怎能在那儿活动呢？

访　一：您所谓的活动，包括政治上的活动、经济上［的活动，是吧］？

张学良：连玩都是。

访　一：连玩都是，当年不在政府所在地，可以轻松些。

张学良：我当年，当少爷时还好，后来有点地位之后，我玩就得留神呐，怕惹着政治问题。有时她也许与政治有关。……要是有问题就麻烦了。

9. 我不同交际花交往

访　一：另外，是不是大家有钱有势的，天津与北京相距很近，还有租界，可以在天津安个家。等于官邸在这儿，还有是不是［因为］北京的气氛严肃［些］？

张学良：也不是严肃，我们在北京也随便玩。北京也有什么八大胡同之类的，比如说，张宗昌到北京随便叫姑娘，北京也有交际之花的活动。

访　一：当时有名的交际花都是哪些位？

张学良：因为地位的关系，我不同交际花交往。北京有个唐太太，叫胶皮糖。找北京的交际花都通过她们。

访　一：上海也有个姓唐的，唐瑛。

张学良：唐瑛是她本人，我说那姓唐的丈夫有些地位，她丈夫当参谋次长的。她这个人呐是很喜欢拉皮条的，我说有一次她请我吃饭，但一到那儿，发现全是女的阔小姐，就我一个男人，不是阔小姐，是有名的交际花小姐，那这儿也不是卖的。

访　一：好些高阶层的人，如果有这些活动里都有一两个知名的女士作陪。从外面看，比如我们的地位来看，也不一定是什么交际花，只是些活跃的人，您说老帅那会儿？

张学良：我父亲他不懂这套，他是旧式的。

访　一：那时候，赵夫人故去了，老帅出去带谁呢？

张学良：带我的五姨，我父亲喜欢她。我四姨跟我父亲也不错的，她这个人很正直，不像五姨会哄他啊。

访　一：我们也想不到那政治生活，那时老帅出来进去开酒会什么的也没有女士作陪的？

张学良：没有。也没有喝酒，也没什么酒会，他也不懂。请客，叫的是姑娘，或叫唱戏的。我知道，有些我父亲的朋友也睡，但叫来唱戏的主要是唱，一面吃饭，一面有人给唱。也有奏乐的，也有乐队。

访　一：那时，大元帅请客的规矩是不是很讲究？比如说那个请帖怎么写？

张学良：这要分开说，一种很正式的请客，没有叫姑娘；另一种是普通玩的，就叫姑娘。我父亲客厅有很多房间,晚了就不走了,睡在那儿。那时候没有交际花,即使到了我的时代在那奉天也没有。一次泰国的王子来了,泰国的亲王,晚上跳舞,我请部下的很多太太也来了。他就看中了一个女的,就跟我招待那人说,可不可以今晚上行不行?在他的国家是可以的,但在中国是不可的。那招待说,"这可不行。你可别表示呀!她会打你耳刮子的。"

访　一：是否从您那时代开始,才慢慢地有了酒会呀什么的?

张学良：那时我父亲也开酒会,但那是政府的国庆大典才开。那种大典没有女的。他那时请外国的领事呀什么的都没请他的太太。就是在我那时代,国庆大典也不请他们的太太。只是我生日、开舞会才有女的。

访　一：您是首创的带着于夫人和赵一荻上南京啦?去是首创哇。

张学良：其他人都带太太,但不像我这样带了一大群。别人也有他的姨太太,不过都是不公开的,都是秘密的。我个人做事就公开,我要这样做就这样做,不像别人。那会很多人责问我,你这是带了一个什么人?姨太太不是,是什么人?怎么带个小姐,四小姐呀?甚至还有报纸批评我。

访　一：是吗,上海的报纸吗?

张学良：我这个人不管这个,我就是我。

访　一：您知道马鸿逵吗?他不是到美国带了四太太嘛,她叫穆霞,又带了第五个姨太太。这个美国的护照啊很难办,他就认她做表妹。后来这五姨太太要跟别人结婚,他就不许,因为她是表妹,他又没有办法,没有资格管人家。

张学良：这个马鸿逵我认识他。

访　一：马鸿逵的父亲做过青岛的市长吗?

张学良：不是,马福祥①做过热察绥②那三个小地方,他做过绥远的都统,就好像主席。

访　一：等于省长?

张学良：省长,地位小。

---

① 马福祥,晚清、北洋政府和国民政府三朝官员。字云亭,回族,甘肃河州人。1900年8月,与兄马福禄率兵与八国联军激战于北京正阳门。京城陷落后,慈禧挟光绪帝西逃,马福祥随驾扈从至西安,担任宫廷警卫。翌年,补为甘肃靖远协副将。民国九年(1920)7月任绥远都统。

② 热察绥,民国时期热河、察哈尔、绥远三行政区统称。1914年,北洋政府设立热察绥都统府统管,作为三行政区最高军民政机关,设都统一人作为最高首长。1928年后三地由特别行政区改为省,都统府取消,仅保留了热察绥这一惯性称呼。

访　一：您也认识马步芳吧？他是比较年轻的，是青海的，他也是回回？

张学良：没见过，但他我知道，是回回。与马鸿逵不一样，马鸿逵他们这个回回汉化了。马鸿逵的哥叫马鸿宾。他们真正的回回是不用我们用过的茶碗喝酒的。真的，我和他们很好，他们洗脸也和我们不一样，用手浇着，水洗的。……当年皇帝搞了那些不是他的妃子的女人，叫幸。这是尊严，很得意的事情。书上有记载，我也记不清了，什么被龙珠一点。被他搞了的女人要有了孩子，真是不敢动的，不能不给他搞，完了又不敢跟自己的丈夫搞那事情，怕万一那孩子成了龙种了。所以很苦。

张学良：张耳①，汉高祖征楚霸王胜利归来，本来张耳已经封王了，他的王妃出来端水捧水给刘邦洗手。她就往刘邦手背上撩水。被皇上看中了。张耳没办法，只好让他们发生关系了，还生了孩子，就是后来的汉惠帝嘛。换句话说，只要皇上喜欢，他谁都能要。卢小嘉，他说"我什么都不要，只想要当皇上，因为皇上想干谁就干谁"。我说，"你要当了皇上，我头一个革命把你的脑袋给砍了。"（笑声）

访　一：您是很民主，要在那时候，您也许是被皇上抓起来了？

张学良：抓起来了。

访　一：因为您和别人的想法不一样。

张学良：我这人就是，真的，蒋先生就几乎把我杀了。蒋先生就说蒋夫人和她们宋家人有不合作的血缘。

访　一：大概是说宋子文，蒋夫人有时跟他吵。

张学良：跟他吵。那谁，王新衡就说蒋先生是奴才命。

访　一：皇上当然要人们听话。

张学良：皇上的话是上谕。

访　一：也有李世民那样的皇帝呀。

张学良：李世民也够瞧的，把他哥哥、弟弟都杀了。那时他爸爸仍是皇帝，没有办法他跑到他的爸爸怀里哭了，他爸爸要杀他啊。你们晚上看看历史，他也喜欢他弟弟的媳妇，就是在说，"我是胜利的。"我看了一幅春宫，很好。现在还记得里面两句话，话说元朝一个大长公主，收藏了很多东西，我怀疑她跟一个人有关，她的东西上批的文

---

① 张耳，大梁（今河南开封西北）人。秦末汉初人物，曾参加秦末农民起义军，楚汉战争时被项羽封为常山王，后归汉成为刘邦部属，被加封为赵王。

字都是这人批的。我记得两句诗："江南只有李花开，也被君王强得来"①，旁边是宋太宗②幸小周后③图。小周后，她姐妹两个，大周就跟他哥哥。

访 一：说小周后走路时把鞋脱了，用手提着鞋子，怕走路发出声音，把鞋脱了提着走。

张学良：不知道，但小周后在历史上是很有名的。那时是战胜者对战败者的征服，也是对战败者的羞辱。

访 一：跟您分析的一样，第一，当时男女不平等；第二，女人是某人的财产，是发泄性欲的工具。

10.《金瓶梅》写得好

张学良：我很想找这本书，找不着，我看旁的书引的，这人是个侍郎，一定长得漂亮，跟武则天的姑娘搞上的，就是太平公主④。她对武则天说，"我是公主，身份和太子一样，太子可以幸妃子，我怎就不行？"武则天问公主，"你有这么多男人，有没有好的给我介绍介绍。"她把那侍郎带给武则天睡了，第二天人家问侍郎，侍郎说一晚都不能睡，她的劲头儿大得很，搞了一宿。我累死了。这人把武则天的女儿搞了，还把那武三思⑤的老婆上官婉儿⑥也搞了，还有皇后韦氏⑦。……历史上有记载。这书现在买不到，也许是禁书。

---

① 应为元人冯海粟在宋人画《熙陵幸小周后图》上题诗。完整诗为"江南剩得李花开，也被君王强折来。怪底金风冲地起，御园红紫满龙堆。"

② 宋太宗（939—997），名赵炅。北宋第二代皇帝，976—997 年在位。初名匡义，后因避其兄宋太祖匡胤讳改名赵光义，即位后改名炅。

③ 小周后，《南唐书》未记载其名。小周后生于 950 年，死于 978 年，方享年 28 岁，是五代十国后期南唐国主李煜的皇后，闻名于天下的绝色美人，因娘家姓周而称为周后。其姊周娥皇，史称"大周后"。

④ 太平公主，唐高宗李治与武则天的小女儿，唐中宗和唐睿宗的妹妹，生平极受父母兄长尤其是其母武则天的宠爱，权倾一时，被称为"几乎拥有天下的公主"。下嫁薛绍，再嫁武攸暨。生前受封"镇国太平公主"，后被唐玄宗李隆基赐死。据记载，太平公主与朝臣如薛怀义、张昌宗、张易之、高戬、崔湜等人淫乱，并将自己中意的男宠进献给母亲武则天。

⑤ 武三思，唐并州文水（今属山西）人，武则天侄子。武则天临朝后，封梁王，参与军国政事。中宗复位后，进开府仪同三司，私通韦后，次子崇训娶中宗女安乐公主。专事排斥张柬之和桓彦范诸大臣，神龙三年（707 年），与韦后母女谋废太子李重俊，被重俊所杀。

⑥ 上官婉儿，唐代女官、女诗人。陕州陕县（今属河南三门峡）人，上官仪孙女，仪被杀，随母郑氏配入内庭。十四岁时因聪慧善文为武则天重用，掌管宫中制诰多年，有"巾帼宰相"之名。

⑦ 韦皇后，唐中宗皇后韦氏。

访　一：比如《金瓶梅》当年是禁书，现在《金瓶梅》也有卖的，是大陆出的，我可以买来给您。

张学良：不好，你大小姐去买《金瓶梅》。

访　一：不要紧，在美国没有关系，我买来做文学研究。

张学良：这书有两种版本，原来只有七十回，后来有人加上了三十回，成一百回了。

访　一：您知道这本子是怎么回事？是从日本的图书馆、东北的图书馆，还有哪儿的，这样凑起来的。真是古版的。

张学良：《金瓶梅》是这样的，金是潘金莲，瓶是瓶儿，梅是素梅姐，三个主角。

访　一：以前的把不好的地方都删掉了，现在都补上了。

张学良：我以前看的并没删掉，他是要紧的地方都画上方块。

访　一：现在都公开了，是原版的。

张学良：到底谁写的不知道。这书写得很好。

访　一：现在美国不知哪一个大学研究中国文学，有一两个人拿《金瓶梅》得博士论文呢！您要看的话，她可以给您带来。现在这版本里有插图，木刻的图，挺好的，印得不错。

张学良：我在美国请贝太太找呢，里面的文字写得很好的。

访　一：里面还有食谱。以前人们研究红学，现在是研究金学。我觉得《红楼梦》好。您说《金瓶梅》比《红楼梦》写得好吗？

张学良：《红楼梦》写得娘娘腔，《金瓶梅》不同。《红楼梦》写那个事只在写贾宝玉那一点点，而《金瓶梅》那里写得很多。书里很多话我不懂。男主角西门庆跟女人搞了以后，他说"我烧得她那儿还留有余份"怎样烧呢？我不明白，有些地方我懂。就是写的把女人的腿往床上挂起来，这我懂，但烧什么，怎么烧，我不懂，也许是烧香吧，是否明朝时有一种令女人思春的方法？所用的香啊还是药哇，很贵重，增加气氛。也许是烧的一种香。

访　一：等于您喜欢有音乐一样。那书上写的是否都以男性为出发点？

张学良：不是。从书名你知道是三个女人为主角了。西门庆是配角，里面描写他和潘金莲的活动写得非常生动。

访　一：写动作方面是否以男的为主？《红楼梦》则写的女孩子多，很含蓄。

张学良：《金瓶梅》写得好，例如它里面写武松杀嫂那一段就写得很好，人家说武松可以杀嫂，给哥哥报仇。杨雄可不能杀嫂，因他嫂子并没害死他哥哥，你那嫂嫂是偷和尚了，你多管闲事。

访　一：这书写的人物都是普通人家的，《红楼梦》则写贵族之家的事。

张学良：那《水浒传》也写得很好。"少不看水浒，老不看三国"嘛。中国没有版权，要不这些书呀，要是有版权呐，一个是《金瓶梅》，一个是《西厢记》，一个是《红楼梦》。我看中国没几个人没看过这些书的。要是有版权，这个（指作者）那可了不得了。

访　一：多少代了，都在研究这些书，还没研究完呢。

张学良：我家里有的《金瓶梅》百回的带插图的，那不知道要卖多少钱。

访　一：我给您带一套有图的来。

张学良：有图的？

第四十次访谈
做人之道　笑骂由人
《大公报》风波

访谈者： 张之丙（简称"访一"）
　　　　　张之宇（简称"访二"）
被访者： 张学良
访问日期： 1992 年 7 月 27 日

1. 人一定要知道自己是谁

访 一： 昨天是星期天，陈立夫先生的九十四岁寿辰，中午张先生去赴宴，特别由台北赶回来，已经是下午三点多，并同时带回了生日蛋糕和大家共享。陈立夫先生比少帅年长两岁，席间宾主共欢，少帅的笑语连珠赢得大家非常的欢迎，他还给我们重述了，今天安师傅把蛋糕又拿来给我们品尝，真是谢谢他的好意。今天您没有出去吧？外面很热的。

张学良： 不知道，我一直躺床上。我真是不大欢迎你们俩来。你们要不来，我就光着屁眼子待着。

访 一： 赵一荻一走整整两个礼拜了。

张学良： 我也记不清了，我对日子向来记不清了。

访 一： 这冰激凌好甜。只有这家有这种小豆的。

张学良： 这冰激凌是美国的，不是台湾的。我又要讲笑话了。

访 一： 您说呀，我们最喜欢听您讲笑话了。

张学良： 一个人的老丈人来了，他开门，老丈人就问他："你爸呢？"他说："我爸到山上和和尚下棋了。"老丈人就问多咱（什么时候）回来，他说："走一会了，不能回来了，他就在那儿跟和尚睡了。"老丈人进到院子里看见拴着一头毛驴，就说："哎，这驴很好哇。"那人说："小小畜牲，何劳大人过问。"老丈人再走进屋，看见一张画，便说："这是什么画？"那人说："唐伯虎的画。"老丈人说："你知道我来为什么？"他说："不知道。"丈人说："你爸该了我几个钱，我现在想要他还钱。"他说："老父经手，小婿概不知。"老丈人很高兴回家来，把自己的儿子大骂了一顿："你看人家孩子，你看你。"那孩子说，你等我老丈人来。那人在家等了几天，老丈人没来，丈母娘来了。问他："你妈呢？"他说："我妈和和尚下棋去了。"丈母娘问："什么时候回来？"他说："不知道，晚上不回来了，同和尚睡了。"丈母娘问："你爸爸呢？"他说："小小畜牲，何劳大人过问。""这是什么话呢？""唐伯虎的画。"丈母娘再问："你知道我来为什么？""不知道。"丈母娘说："你老婆有孕了，我来看看什么情形。"那人说："老父经手，小婿不知。"（笑声）

访　一：编笑话的人真是损呢。

张学良：我的笑话多了。

访　一：您再说几个能把我们肚子都笑疼了。您说编笑话的人都是绝顶聪明啊。

张学良：是。有些笑话没什么意思，我说的笑话来自那《笑林广记》①。

访　一：您怎能有那样多时间还能看这个？您说这本《笑林广记》那是民国的出版物吗？这书现在有卖的吗？

张学良：不知道，上回有人问我哪来这么多笑话，我就说这个《笑林广记》。他去找，不知找没找着。我再说，我们家里从前有两个老佣人，是用他们打理院子的，晚上打更。有一天呐，俩老头打起来了，打得很厉害。是为了争一个丫头。那丫头是我们家买来分给三姨家的，她跟那两个老头都有过关系。她喜欢一个老头，不想跟另一个老头。

（音带没有声音约十分钟）

访　一：家庭环境就是这样的。

张学良：出身也是这样，这种事我说也是命运。她有一个好处，不像其他我

---

① 《笑林广记》，一部流传久远、影响深广的清代通俗笑话总集。清代署名"游戏主人"收集而成。语言风趣，文字简练生动，形式短小精悍，表现手法十分成熟。此书分十二部，每部皆有独特主题。一古艳（官职科名等）、二腐流、三术业、四形体、五殊禀（痴呆善忘等）、六闺风、七世讳（帮闲娼优等）、八僧道、九贪吝、十贫窭、十一讥刺、十二谬误。

所认识的女人那样不肯讲过去的事，她什么事儿都跟我说。她说她这碗饭吃得好难呀，问她原因，她说……因为不敢得罪，不知道来的是什么人。她是当班姑娘，还是自由身，不是卖身的，可是因为没钱。我就说这个苦啊。她姊妹四个，她是老四……

访 一：您说曾经想给她钱让她去念书？您为什么喜欢她呢？

张学良：也不是喜欢，我看她怪可怜的，她人很好，虽不是长得好看，她不是很下流那种人，不过她也喜欢一个男人，她是不喜欢弄风情的人。

访 一：她是您第一个女朋友吗？

张学良：不是，我不大喜欢到班子里去。我去吉林时没带我的太太，那时还没有交际花。

访 一：第一次是在吉林，不是天津？

张学良：是吉林。不是天津。在天津也没有，那时的女孩子不会和你交际的。

访 一：后来您说想拿钱给她念书？

张学良：她住在天津我的另外的一个家里，我请先生让她去念书，所以她能写上几个字念念书。

访 一：您还让王小姐到美国去念书？

张学良：那个人她本身要念书，王小姐是上海的，她正经是家庭的关系。

访 一：是否可以说您的心底认为一个人生活贫困命运很苦的话，可以借念书培植培植？

张学良：应该是这样。

访 一：她比您大吗？谷瑞玉比您大吗？

张学良：我给她起的名，谷瑞玉。不比我大，比我小。不过这人是粗人，她要是能细腻些，稍微脑筋活动点，我四姨母、五姨母都见过她，喜欢她，要不是我太太那段，那我就要让她进家了，连我父亲都知道了。

访 一：她是"聪明一世糊涂一时"啊。

张学良：她后来有点娇气，有一个我的部下到她家，我的一个团长她要人家陪她打麻将，人家不陪她打，她骂人家。我为这事骂她，我说你要知道你自己是谁，你有啥资格骂人家？她自以为是张某人的太太，不知道自个儿是谁。我常告诉人们，你一定要知道自己是谁。在社会上做事，你知道自己是谁，在社会上做事要做到能屈能伸。

访 一：我们多一半是屈，很少伸。

张学良：就说我吧，我现在能摆很大架子，但我看情形。比如对李登辉，他对我很客气，很好。那我见他是很恭敬的。有时到他家做客，他说你不必这样客气。我说："我不是对你呀！您是总统，是国家元首，我必须这样。"就是说，人，要知道自己的地位，一定要知道自己是谁。

访 一：在您这儿，我们学到好多东西。

张学良：这个我又要说了，要是太太在，又要骂我了。这个别录哇。

2. 心照不宣就是了

访 一：是不是经济上的。

张学良：不，比如说我吧，我父亲死了，我见人就要跪。因为什么呢？因为我父亲死我有罪。不是给他跪，是我自己要见人给别人跪。这是那时代的礼节。

访 一：有多久时间？

张学良：一百天，真正的是三年，三年守孝。叫丁忧。①

访 一：那会儿做大官儿最怕丁忧，只要丁忧就下来了，不管是多大的官。

张学良：是这样的。

访 一：从电视上小说里可知，以前人见大官见大元帅时要下跪的。

张学良：看你的位置，很多规矩，不同的规矩。那个时候都有一个当差的，这个当差的都很厉害。

访 一：他哪儿学来的这一套？

张学良：拿手本，献什么礼，都管。我父亲那个当差好厉害。他还有徒弟。是专门职业。

访 一：就像现在外交部的礼宾司似的吧？穿什么衣服，行什么礼。

张学良：这人聪明得很，脑袋特别好。

访 一：是不是那个您说他打麻将跟人家吹牛就是说他的。

张学良：我们在一块堆儿打麻将，我溜他不溜。

访 一：那就更麻烦了。

---

① 在中国古代，父母子女按礼须持丧三年。其间不得行婚嫁之事，不预吉庆之典，任官者须离职称丁忧。后多指官员居丧。丁忧源于汉代，丁忧期间，丁忧的人不准为官，如无特殊原因，国家也不可以强招丁忧的人为官，因特殊原因国家强招丁忧的人为官，叫作"夺情"。

张学良：（录音不清）

访　一：您说您的办公处，女孩子来，外头卫兵不管，就让她们进来？

张学良：我的部下当然知道我这儿来人了。（笑声，录音不清）他姐姐不错，姓张，家是在上海开药房的。

张学良：我这个人真是怪脾气，不爱钱不爱地。

访　一：胡天胡地。

张学良：（录音不清）

访　一：这是不是说是姻缘，说时间长了，机会丰富了什么的。

张学良：有的人搞一回就完了。有的人时间长一点。没有什么理由。

访　一：萍水相逢？

张学良：（录音不清）

访　一：很多机会。

张学良：怎么说呢？心照不宣就是了。原来开始的时候，我不知道她（墨索里尼的女儿）喜欢我。她来北京的时候是我招呼她。那完全是政治性的礼节性的，因为她既是墨索里尼的女儿，又是外交官。所以说，我招呼她完全是公事公办。我不知道她喜欢上我了。她当姑娘的时候，墨索里尼还没有起来。她就跟一个意大利军官有来往。那时她十六岁，她们先是逃走了，后来又回来了。她丈夫齐亚诺娶她是为了名誉，他要巴结墨索里尼。

（录音中断）

访　一：他们家没有受什么破坏？

张学良：他有个姐夫叫章文晋是大陆中国的驻美国的大使。

访　二：章文晋我认识他，他还请我吃过饭呢。章文晋的太太是他的姐姐？①

张学良：除了他，天津有三个家伙，我们管他们叫三剑客，一个是他，一个是他的四哥，还一个姓丁，叫小丁。他专门搞人家的姨太太。天津有名人家的姨太太。那个小丁的家里有汽车。他爸爸是天津公安局的督察长。他专门在汽车上搞女人。小丁专门搞小姐。他哥哥专门搞姨太太。那个老铁是什么人都搞。谁来都行。他们有钱有势，长得又帅。老铁是我的学生。

访　一：他是他们家最小的？

---

① 此处谈论的应是曾任张学良副官的朱海北的家事。朱海北的姐姐朱淇筠是章文晋的母亲，章文晋是朱海北的外甥，张学良和访者的说法有误。

张学良：他是男孩子。那他们家的朱四小姐、朱五小姐都风流。都招蜂惹蝶。朱七小姐长得最漂亮。朱九①小姐嫁姓吴的，吴泰来②，朱十小姐嫁（录音不清），为什么嫁他你知道吗？何柱国当年作战的时候，军队在平型关，那个军医院的院长。

访 一：啊，是军医？

张学良：朱三小姐很奇怪专门喜欢医生。

访 一：他不是娶的朱十吗？

张学良：有一个我现在记不起来，是一个美国来的外国医药援华的主任。这个朱三小姐看上他了。两个人打起来了。后来是娶的朱十小姐。

3. 骂我就骂我吧

访 一：哎哟，吃饭了。这是谁写的这本书？《盛京时报》③，是中文报纸吗？

张学良：（录音不清）

访 一：他们有人说《北洋画报》④是您的？《盛京时报》是日本的吗？

张学良：是日本的。叶菊池。这个人写中文写得很好。

访 一：说是中国通……您待会儿给我们说说《北洋画报》吧！……啊！研究中国的真到家！他们比外国人做得都到位。

张学良：他们有一个日本人……

访 一：是关于什么的？梅兰芳的吗？

张学良：很多人的传（录音不清）

访 一：啊，就是这个人写的？

张学良：（录音不清）

---

① 指朱启钤的第九个女儿。
② 吴俊陞的儿子。
③ 《盛京时报》，日俄战争后，日本人在中国经办的汉文报纸。由中岛真雄于1906年10月18日在沈阳创办，接受日本外务省和满铁株式会社资助，是日本官方在东北地区的喉舌，1918年曾发行蒙文周刊《蒙文报》，1926年改组为股份公司。至1944年9月14日终刊，历时38年。该报收罗泛博，对当时我国各方面重大事件，均有详略不等的报道。是研究近现代史极为珍贵的资料。
④ 《北洋画报》民国时期中国北方有影响的画报之一。1926年7月7日创刊，天津北洋画报社出版。创办人冯武樾，主编吴秋尘。该刊四开4版，初为周刊，继改三日刊，最后定为每周二、四、六出版。内容以介绍戏剧、电影、人物、书画和风景为主，并刊登少量时事新闻，图文并用。该刊曾得到张作霖、张学良的资助，后冯氏因经费拮据，将画报售与同生照相馆经理谭林北继续出版。1937年抗日战争爆发后停刊，先后出版1587期。该刊对于研究中国近代史和"九一八"事变前的华北政局，具有重要的参考价值。

访 一：您办那个《北洋画报》主要是为什么？

张学良：因为我喜欢办报。

访 一：不是每天[都有]？

张学良：不是每天[都有]。（录音不清）

访 一：哟！那可真奇怪！不是被杀？

张学良：不是。

访 一：奇怪！

张学良：（录音不清）

访 一：啊！也许，也有可能。

张学良：可是为什么呢？后来两个人都死了呢？

访 一：自杀？

张学良：为什么要自杀？也许那两个人很感激他，也许是这事情很奇怪。

访 一：爱情至上。就像罗密欧和朱丽叶一样。

张学良：（录音不清）

访 一：这是少有吧，自愿殉情，以前都是陪葬。

张学良：（录音不清）

访 一：大概是觉得对不起他。

张学良：（录音不清），很奇怪。

访 一：这真是，人跟人，她平常也不怎么在乎他，是吗？她平常也不怎么考虑她先生的事情？

张学良：（录音不清）

访 一：他们有小孩儿吗？

张学良：没有小孩儿。（录音不清）

访 一：她丈夫是军人吗？

张学良：是军人。

访 一：我觉得特别的是姊妹俩嫁他一个，他能够这么放，让她们去。

张学良：当时那个人呐，也不是乱七八糟的。

访 一：还是时代背景的关系。《盛京时报》是不是时常弄一些个内幕新闻？它是怎样性质的报纸？这在日本办的这报纸。

张学良：（录音不清）为日本污辱中国。

访 一：啊！污辱中国！

张学良：北京也有，也是日本人办的。北京的报把我父亲写得很好，把我的

　　　　　事情，写了一篇像小说一样。

访　一：它用真名字登了？

张学良：公开办的。我爸爸看见了就骂起来。

访　一：结果您有解释吗？

张学良：那怎么解释，骂我就骂我吧。我爸爸说，看我没有了你怎么办？

4. 怪事是会有的

访　一：您想那会儿为什么心情不好？

张学良：（录音不清）

访　一：他有预感呀？

张学良：情绪也不好。

访　一：您是不是迷信？觉得有时候很灵，是吗？

张学良：事先有预感。

访　一：那您说皇姑屯的事情也有预感呀？

张学良：（录音不清）

访　一：心情不好。

张学良：（录音不清）

访　一：平常不是这样的？

张学良：（录音不清）

访　一：情绪不好，真奇怪！

张学良：我是基督徒，人有三魂六魄。有人说，到死之前这个人的阴魂附着在人身上。我自己亲身知道的一件事情。我记得我母亲死前两天晚上，我们房子两层，那外层供着佛。（录音不清），那地方有一声大叫，好大一声我听见了。不但我听见了，大家都说我妈妈怎么的啦。所以怪事是会有的。

访　一：没法解释的一种情况，什么闹鬼的，您说那庙里的事是怎么的？说有人来看您了，真奇怪！

张学良：我在医院，我病重的时候，看到我的床上躺着个人，我看半天，那躺的人是我自己啊。

访　一：病重，发烧。人都不会相信。您不是病得很厉害吗？伤寒，在当时是很厉害的病，是种传染病。

张学良：那是在南京吃樱桃。我的秘书跟我得的一样的病。不过没有我厉害。我吃的比他多。

访　一：您买来就吃？没有洗？

张学良：洗是洗了。南京的樱桃是有名的。

访　一：您是在南京得的病？

张学良：［当时］不知道。回到北京发作。

访　一：您的体质跟人家不一样的。

张学良：我在医院还得养着，病算好了。在协和医院有两个护士看着我，一个姓董，一个姓李。另外，我在协和医院有四个护士。另外有一个护士因为没带她就吃醋，就造谣言。她说我跟这个护士有关系。那个姓李护士的父亲在教会里做事。

访　一：您这稀饭等于没吃。你把这个老玉米扒在稀饭里，怎么吃呀？这土芒果是长不大的吧？

张学良：过时候了。有大的，但不是这时候，［一斤］要两百多块。

访　一：两百多块一斤？在美国吃桃子比这便宜。北方有枣，您吃吗？

张学良：我不大吃。

访　一：只有四棵树？卖给谁呀？这么贵？结不了几个果。

张学良：我都提前给他钱。

访　一：啊，都给包下来了。

张学良：那我父亲喜欢吃枣。

访　一：他们不知道是给老帅的？东北有枣吗？

张学良：有大有小，很好的。

访　一：还有一种小黑枣。

张学良：东北最有名的水果，那个是山楂①。

访　二：啊，山里红，真想吃！美国没有。北京也没有，冬天吃最好。

张学良：东北山里红真好吃。我不知道他们怎么做的，叫蜜饯山里红，用糖做的，一罐罐地卖。

访　一：那是用糖水煮的。海棠也好吃，海棠您在美国吃过吗？美国人把海棠看成花，种出来供观赏，不让它结果了。

---

① 山楂，别称山里红果。蔷薇科落叶小乔木，高 6—8 米，是果树，也是观赏植物。核果类水果，质硬，果肉薄，味微酸涩。能防治心血管疾病。

5. 在台湾找佣人很困难

张学良：现在找人找不到，没有办法找新人。

访 一：没有人？

张学良：没有人，根本找不到人，像我们住的地方谁也不愿意做。

访 一：您住的地方还是怎么的？

张学良：我们住的地方不自由，不像在外头。雇人很难呀。

访 二：在这儿啊？

张学良：他们大概找一个男人［做事］，到家里做一会儿就走了，一个月都四五万块钱。

访 一：哎哟！四五万做什么事呀？

张学良：［做］家里的事儿。

访 二：啊，您得找，对对对。

访 一：这只有四五万到底干什么活？

张学良：就是一天来干那么一两个钟头，一个人一天干好几家。给你干干这儿，给你扫扫那儿。想他一天总在你这里待着那是很少。

访 二：很少啊？那以后我们到这儿来找事儿，我们回来找事儿做。

访 一：在美国，我们这些事都自个儿干。

张学良：我现在也没办法，没有人！没办法！不是钱的问题。

访 一：有钱也找不到人！出高价怎么样？

张学良：不是钱的问题，他两个男孩一个女孩。那两个男孩子好像一个月挣好几千万。

访 二：真的有钱。

张学良：现在台湾找人不容易找，懂吗？

访 一：懂呀！就是男的陪女的。

张学良：现在还多。我要去干这个。（笑声）

张学良：不是来一宿，只是来一下，六千块。

访 一：六千块！谁给谁呀？

张学良：什么董事长呀，总经理呀，什么的。

访 一：哦！老太太。

访 二：公开的呀？

张学良：公开的。半年前，我在广播里听见。

访　二：（录音不清）

张学良：不是，这是等于广播广告。

访　一：哟！台湾太开放了！

张学良：［是］我在广播里听到的。

访　一：就像那佣工介绍所？

张学良：说是我给你介绍，你给我好多钱，说是没有性病什么的，完全给女的介绍，这个男人，干净，漂亮。

访　一：台湾发展的也真是，第一是速度快，第二也是太膨胀了。

张学良：什么？钱呐！太有钱了，太有钱了！现在台湾王永庆还不是［太有钱的］。

访　一：第一名姓蔡，第二名姓徐，第三名是辜振甫①，第四名是王永庆，第五名是姓吴，第六名我忘了，落了一个。

张学良：还落了一个，不是台湾人，是咱们大陆人。我一下子想不起来了。

访　二：姓张？

张学良：不是。

访　二：姓翁？

张学良：不是。

访　二：大陆人呀？那天华视报道发表的。

张学良：不是，我说这个人是十个人之一。纳税纳得最多。

访　二：啊！纳税的最多就是挣得最多了。

张学良：原来他很穷很苦。大陆公司，姓什么我现在说不出来，就在嘴边上我说不出来。现在台湾的人实在有钱。

访　一：话说回来，像他们工作了这么多年，现在可以退休了，拿很多退休金，家里人也都很好，他们本可以不工作了，但他们还是愿意继续在您这儿工作。

张学良：不，不，不是工作。

访　一：不是？

张学良：他们愿意在我这儿帮忙，本来我们也找不到人。退休金也拿了，现

---

① 辜振甫，字公亮，台湾彰化县鹿港人，祖籍福建省惠安县。台湾知名企业家，首任海峡交流基金会董事长（1990—1996），1993年4月赴新加坡与汪道涵举行"汪辜会谈"，推动两岸关系的发展。

在政府方面给他们一部分钱，我们是政府管呐，我们也给点津贴，他们一点也不在乎钱，就是帮忙。

访 二：不在乎，有钱。

张学良：就是在这儿帮忙。所以，你看我，我也不拿他们当佣人了。彼此就是感情的关系。

访 二：对，对，对！

访 一：两位都跟您几十年啦？

张学良：是，几十年。念书也念得很好，这个人很正直，那个人有点傻不拉叽的。

访 一：啊！很正直。这样的人少哇。

张学良：我去美国都把他带着。

访 一：啊！那么安师傅也是很小就上您这儿来了？

张学良：他是山东的。原来我们家一个管事的人，跟他是亲戚。

访 一：您的司机开车的也是？

张学良：司机就更好了。这个司机的爸爸叫杨亮。他爸爸原来是日本人的警察，日本人警察都是军人。他们很穷，到我们家就为了吃碗饭。他爸要卖他的一个弟弟。

访 二：那原来的司机呢？

张学良：他当副司机，给司机打下手哇。那个司机开车也开得很好。

访 二：旧感情，觉得您这儿找不到人，都差不多六十岁了。

张学良：在台湾佣人很难找。

访 一：很奇怪！

张学良：人们都有钱，愿意做这个。一般台湾人，不像咱们内地人，不愿意给人服务。

访 一：可能是以前受日本人的欺压，现在生活好了，都不想做侍候人的工作。

张学良：也许是因为我们是大陆人，不会说台湾话。

访 一：您这儿还有一个专门做饭的太太。

张学良：她只是做饭，不住这儿，她家离我们这儿很近，做完就走。她主要是离着近，下班就回家。回家后给孩子们做饭呀什么的。

访 一：对面是另外的啦？门口那个卫兵？

张学良：不是我们的，是一个宪兵警备区的，房子是我们当年盖的。别的是宪兵盖的。

访　二：他们都很年轻啊。

张学良：都是征来的兵。他们愿意当宪兵，因为不用去打仗。

访　二：哦，找了一个好地方。他们不归您管吧？

张学良：（录音不清）

访　一：这北投为什么有那么多宪兵呢？

张学良：不是北投，台湾有很多宪兵区。

访　一：在国外，宪兵不管老百姓的事。

张学良：在中国，宪兵也不管老百姓的事儿。但是，他帮助警察。你比方说，街上示威游行暴动什么的，哪个事情严重了，警察维持不了，宪兵就出来了。警察没有开枪的权力，宪兵有开枪权。所以，他一看宪兵来他也知道，就跑了。

访一、二：哦，所以觉得还是宪兵厉害。

张学良：我让你站下，你不站下，那是有一定规矩的。现在我不知道，我们那时，你不服从，我警告你三声；你还来，我往空中打一枪，再给你警告；你还来，我就要对你［开枪］。那他要打死他，否则就是失职。换句话说，不到严重的时候，宪兵也不来。

访　一：在美国［也一样］。

张学良：美国也一样。美国更厉害。宪兵更不用来了。因为美国警察的权力很大。所以他们看宪兵来了，他们就老实了。

访　二：到底还是怕枪。

张学良：我再另外给你们说一个笑话，一个人喝醉了躺在马路上。人家说车来了，他不动，说让它轧，车子不敢，绕过去了，一会儿又有车来了。什么车？motorbike，摩托车也绕过去了。待一会儿，又待一会儿，又有车来了，什么车？计程车，他不敢轧。救火车！他站起来就跑了。人家问他，你怎么跑了。他说因为救火车轧死人不偿命。（笑声）

访　二：还是怕死，是发酒疯还是怎的？

张学良：谁知道！只是个笑话。

6. 我不能乱写呀

访　一：您说说《北洋画报》的事吧！您怎么开始的？

张学良：不是我开始的。那是她大姐夫。我在她大姐家。他是我的秘书。他姓冯。

访 一：啊，好像听过。

张学良：他们冯家很厉害的，他爸爸好像是当过哪国的外交官。

访 二：外交官。

张学良：很厉害的。他就办《北洋画报》。他叫冯武樾①。

访 一：我在哪儿看见过冯武樾这名字呢！

张学良：他在法国留学，学的是空军。不过回来后，在我的航空处。后来办《北洋画报》。我喜欢办报。

访 一：那么《北洋画报》是在奉天还是在天津？

张学良：在天津。我喜欢这玩意儿，没有什么旁的意见。我喜欢画报。

访 二：除了《北洋画报》还有些什么？

张学良：好多。除了《北洋画报》，还有《大公报》，什么的，好多报纸。还有《益世报》。

访 一：啊，《益世报》？

张学良：那不是我办的，那时《益世报》②是直系方面的，但是它替我宣传骂直隶方面。

访 一：啊！真也奇怪。

张学良：不是说骂直隶，是批评。还说什么奉天有力量。我很会利用宣传的。办《益世报》的那个人跟我们奉天有关系。

访 一：《益世报》，好像在北京。

张学良：不是北京，在天津。

访 一：我们在北京的时候好像还有。

张学良：《益世报》是当时相当有名的报纸。

访 二：就是说那时候很多文笔好的人都希望能［在《益世报》上刊载文章］。

张学良：也不能说都希望。而是与他们常常有来往。你比方说有名的冯绍武。他那个时候也是办报的。

访 一：《大公报》是不是，好像很多次要紧的时候社论都对您。

---

① 冯武樾，《北洋画报》创办人。为当时中国银行总裁冯耿光之子，赵一荻的姐夫，法国留学生，曾任张学良的法文秘书。
② 《益世报》，民国时期一家隶属于天主教教会的报纸。由比利时籍神父雷鸣远于1915年10月10日在天津注册创办。1937年，社长生宝堂被日军杀害，停刊，次年在昆明复刊，后迁至重庆。1949年1月停刊。与《大公报》、《申报》和《民国日报》并称民国四大报刊。

张学良：[是]天津有个姓王的办的①，很有钱的，不知怎么说了。我这个人一着急就说不出名字来。[好像]叫张季鸾②。

访　二：啊，张季鸾，对！吴达铨③、胡政之。

张学良：他好像后来办了一个《国闻周刊》④。

访　二：哦，《国闻周刊》。

张学良：他们办的。把《大公报》办起来的。这三个人写文章很厉害。

访　二：啊，张季鸾，好像他对您的批评还是很公正的。

张学良：他们三个都写文章批评过我。吴达铨跟我父亲认识。他是段派的，皖系。吴达铨是徐树铮的秘书。徐树铮是"小诸葛"，他是诸葛的诸葛。

访　二：小诸葛！里面两个小诸葛，一个杨宇霆，一个是徐树铮。

访　一：那这三个人就把《大公报》办起来了？

张学良：他们三个人写社论，你看看我看看。看好了就发表。我跟你说胡政之⑤。我们在一起开会。开会回来，他在那儿等着。问我，你们是怎么决定的。我说怎么决定的还告诉你呀？你打听什么新闻。我能告诉你吗？他说你真是个傻瓜。我说你打听干吗？他说我不是写新闻的，是写社论的。我打听这事是为了写社论，我若不知道事情我不能乱写呀。他说你是个傻瓜，把我想象成那么样的一个人。那个邵飘萍是我枪毙的。为什么枪毙他，我始终没有说。他们联合问我。我说是这个样子的，我把他枪毙了，他就成名了。我说他成名，他就成名了。

访　一：您也是非常的尖锐的。

---

① 《大公报》创办之初，富商王祝三（郅隆）是该报的主要经济资助人。1916 年 9 月，英敛之将报纸盘售给王祝三。王时为安福系财阀。

② 张季鸾，名炽章，字季鸾，笔名一苇、老兵。祖籍陕西榆林。民国时期著名报人、政论家。1926 年 9 月，吴鼎昌、张季鸾、胡政之合组新记公司，接办《大公报》，此报以"四不主义"（不党、不卖、不私、不盲）出名，成为当时中国新闻界的翘楚。

③ 吴达铨，名鼎昌，笔名前溪，原籍浙江吴兴县，生于四川华阳县。早年留学日本，其间，加入中国同盟会。1910 年回国，执教于北京法政学堂。后任中日合办本溪湖铁矿局总办、江西大清银行总办、中国银行总裁、内政部次长兼天津造币厂厂长。1926 年盘购天津《大公报》，自任社长，并兼《国闻周刊》社及国闻通讯社社长。

④ 《国闻周刊》，民国时期著名的综合性时事周刊。1924 年 8 月由胡政之创办于上海，附属于国闻通讯社。编辑和撰稿者大都由国闻社成员担任，创刊初期的政论、时评多由胡政之执笔。在当时是出版时间最长、发行量最高的期刊。1937 年停刊。

⑤ 胡政之，名霖，字政之，以字行。四川成都人。民国时期著名记者、报人，新记《大公报》创办人之一，任总经理兼副总编辑。

张学良：我们在奉天的时候，就利用他这个《京报》①。我到了北京的时候，他希望我给钱。他要钱。今天我没给他钱，他明天就写文章骂我。我给你钱，你却涨价。你拿脑袋来忽悠我。我当时就火了。

访　一：您比战国时代那针锋相对的还厉害！

访　二：你知道为什么？因为您说的话很有逻辑性，答复他的问题，是嘛，没有可再说的地方了。

张学良：我这个人的嘴呀相当的刻薄。我嘴巴很厉害。

访　一：您说话很有逻辑。在美国政界对答的时候，有的人就陷到泥坑里不能自拔。您说有一个办报的人很会写，本来一个姓邵的人来跟您讲有个朋友也是很会写。

张学良：姓张，叫张勋，是《申报》馆的记者，上海《申报》。这个人很好。那个时候，我们跟直隶作战，他以记者的身份来访问，我们正在打仗，你现在不能出稿你现在也不能走，否则泄露消息呀，你可以到前线看也行，但不能发表评论，过后，你再怎么写是以后的事。那时候炮也在打，他钻我屁股后面去了。（笑声）我说你怎么的？他说你命大打不着你。我在你后面。后来我们就在一起待了一个多礼拜，成了好朋友了。

访　一：这么说，他是个战地记者了，文笔也很好？

张学良：后来我办报，他就帮我的忙。办报哇，办宣传呀，都有他。我就说我难过什么呢？他们管他叫两条腿儿的电话。有什么消息呀，千万别让他知道。我有一个部下，和一个小姐开房间去了。正好他也在那个旅馆。他俩也倒霉。人家还没出来呢，这事儿大家就都知道了。那么我说我难过什么呢？他的太太呀，和他的一个姓袁的朋友好。因为他（指张勋）看见了，他抓住了。就把他给害死了。我心里很难过。可是没有证据呀。

访　一：他死的时候有三十几岁？他的文笔很好了。

张学良：他不是文笔好。他是搞宣传的。

---

① 《京报》，邵飘萍创刊于1918年10月5日，在民国初年影响很大，注重对政局、战局的报道和评述，讲求新闻时间性，反帝反军阀的旗帜鲜明。1926年4月，《京报》惹怒了当权军阀，招致邵飘萍被杀害而停刊。1929年，在邵飘萍夫人汤修慧女士的主持下复刊，1937年"七七事变"后正式停刊。

访　二：宣传。您还记得是哪一篇吗？
张学良：记不起来了。有一篇是跟曹锟作战的宣战书，还有一篇那年北京学生运动时同情学生的文章。
访　一：他不但会写，还懂得您那会儿的心情。
张学良：他不是写得很好。他是江苏奔牛人。他用的笔名是奔牛。江苏有个奔牛镇。
访　二：美国有战地记者，他是否算战地记者？
张学良：不能算战地记者，没有战地记者这一说。那战场很苦哇。那个王庚①请来当参谋，住了一宿就不干了。
访　二：受不了？
张学良：不是受不了，是没有多少 money（钱）。是说他们美国 West Point（指西点军校）的学生。
访　一：啊！作战还要 money 呀。
访　二：撤退了？
张学良：所以，我说他们美国 West Point 学生呀……
访　二：那还打什么仗呀？
张学良：West Point 的学生还有一个叫王承志。这人到底哪儿去了？以后都没有消息了，我不知道，有人说他更名改姓了。
访　二：不要原来的名字。
张学良：他给我当过管家。他当第一税务区区长是我建议的。后来郭松龄倒戈了，他走了。我把他关起来了，因为他把人家的钱都带走了，不辞而别。
访　一：拐带？
张学良：这点有点不大好。这个人哪！他就把同学的太太给搞了。他的同学的太太是谁呢？是陆小曼②。

---

①　王庚，江苏无锡人。1911 年清华毕业后保送美国，先后在密西根大学、哥伦比亚大学、普林斯顿大学就读，后转入西点军校，毕业时为全级 137 名学生中第 12 名。回国后曾任职北洋陆军部，并以中国代表团武官身份随陆徵祥参加巴黎和会；后任交通部护路军副司令并晋升少将。王庚和前妻陆小曼以及徐志摩之间的感情纠葛在当年是热门新闻，王以优雅的绅士大度主动退出了感情纠纷，并一生独身。

②　陆小曼，近代女画家，江苏武进人。1915 年就读法国圣心学堂，19 岁因病退学与王庚结婚。三年后与王离婚。曾师从刘海粟、陈半丁、贺天健等名家。1926 年与徐志摩结婚，1931 年徐志摩遇难后，即在家中从事国画。她擅长戏剧，深谙昆曲，也能唱皮黄，曾出演《春香闹学》、《思凡》、《玉堂春》等剧，在北京和上海名动一时。

7. 陆小曼很风雅

访 一：对，陆小曼，您说过。

张学良：陆小曼后来就嫁给徐志摩①了。……所以陆小曼看见我就跑了。（笑声）你看过陆小曼这个人没有？

访 一：我们哪儿看过呀！

张学良：她长得相当漂亮，相当漂亮，文笔也太好。我看过她给他写的信。我也知道他们是怎么回事。所以陆小曼看到我就［跑了］。

访 二：就跑。

张学良：不是跑。是不敢理我。就躲呀。

访 二：对，写东西写得好。

张学良：（录音不清）

访 二：真的，真的好漂亮。

张学良：很风雅，不是风流。

访 一：您说拿她比谁，我们知道的。比胡蝶②漂亮？胡蝶是艳。是哪一派的美？

张学良：不，她是很风雅的，不是那种风流的。很潇洒。同时呢！她的文章也写得很好。她给那个王承志的信我看过。王承志的英文学问很好。他先是麻省理工学院的学生。麻省理工学院毕业才考的西点［军校］。这是很少很少的。

访 二：对对对，很有学问的那种样子。

张学良：文章写得很好，她给王承志写的信呀，我都看过，王承志也是有学问的人，陆小曼喜欢他喜欢得不得了。陆小曼给他写的信，是说要跟他逃跑，他把那信给我看了，王承志不是一个很专一的人。

访 二：朝三暮四。

张学良：不是朝三暮四，就是干一下子的事儿。

访 二：不是真有感情。

---

① 徐志摩，现代诗人、散文家。浙江海宁人。名章垿，字志摩。曾用笔名南湖、云中鹤。是新月派的代表诗人。1930年任中英文化基金委员会委员，1931年因飞机失事去世。留下了《再别康桥》、《自剖》、《翡冷翠山居闲话》等多部诗文名篇。

② 胡蝶，电影明星，在中国电影史上占有重要地位。原名胡瑞华，生于上海。其表演生涯从20年代末一直延续到60年代。曾因传"九一八"事变之夜与张学良跳舞被报纸中伤为"红颜祸水"。

张学良：我说他们不应该，陆小曼是王庚的太太。王庚他俩是最好的同学。

访　一：好像纪晓岚呐，谁她都要（笑声）。

张学良：（录音不清）

访　一：陆小曼不是张嘉璈的妹夫吗？噢！不是。徐志摩①……

张学良：他太太我也认识。

访　二：您认识，是吗？

访　一：听说他太太很有学问嘛。

张学良：很有学问，很会喝酒，我们怎么认识呢？是在上海，我把她们灌醉了。

访　一：您给灌醉的？

张学良：有好几位太太。她们要在一起。

访　二：要跟您赛一赛。……

访　二：您是怎么跟张嘉璈的妹妹拼一拼，赛一赛？

张学良：我说我不干。

访　二：其实他原来的太太在文笔上也并不比陆小曼低吧？

张学良：（录音不清）

访　一：就是徐志摩的太太呀。

张学良：（录音不清）

访　二：是正式离婚的？

张学良：不是正式的。什么事儿我说不出来。后来徐志摩跟陆小曼，他跟［她］说那词儿我忘了。

访　二：哦！

访　一：那他很喜欢她了？

张学良：（录音不清）

访　一：要知道您是这么风流。

张学良：（录音不清）

访　二：对对对，所以就躲着您。

张学良：这个王承志，我的部下，他的汉文不好。她给他写的信（指陆写给王）写得真好，文字写得好、文章也写得好。

访　一：字体也美。

---

① 张嘉璈的二妹嘉玢（张幼仪）是徐志摩的第一位妻子。

张学良：这种风流的事儿人家写那个不是像我的那样粗。甚至王承志看不懂陆小曼的信。

访　一：那不等于是对牛［弹琴吗］？

张学良：对牛弹琴。

访　二：所以她才找上徐志摩。

张学良：跟徐志摩有家属关系。

访　一：对呀，对呀！

张学良：那个姑娘后来很不好。

访　一：为什么不好？

张学良：不是什么不好，后事很可怜呀！徐志摩摔死以后，她嫁给了一个商人。

访　二：哦，对对对！

张学良：最后嫁一个商人。这个人岁数也不小了，大概是有俩钱儿。后来她大概也抽鸦片烟。

访　二：哦，对对对，心领了。（笑声）

张学良：他大概有钱。

访　一：他们不怕您吗？

张学良：（录音不清）（笑声）

访　二：《大公报》，而《大公报》在咱们中国的报界是［很有名的］。

张学良：《大公报》现在还是最好。

8. 我不知道蒋先生有什么命令

访　二：现在还是头一份，您记得我跟您说过一件事，后来我姐姐来说她看到一条消息是说中央社。中央社也是党部的了，是政府的吗？《大公报》是私人的是吗？说中央社和《大公报》打起来了。

张学良：现在？

访　二：什么事让中央社和《大公报》打起来了？

访　一：是西安事变前的事，您在西北时的事。

张学良：（录音不清）

访　一：那新闻应该先给中央社的，没给，给了《大公报》。

访　二：有一张相片在您那儿，是蒋先生寄给邵力子的，说有些什么消息，让您交给《大公报》，没给中央社。您觉得有这回事吗？结果中央报就跟《大公报》吵起来了。

张学良：有这么回事。

访 一：您说是那新闻其中两篇给《大公报》，因为它是比较民间性。

张学良：好像不是政府的消息，蒋先生很看重《大公报》。

访 一：怎么会是《大公报》？

张学良：《大公报》支持他。吴达铨、张季鸾［支持他］。

访 二：他给他这些职务是不是想买他好哇？

张学良：他很注意它。

访 一：舆论。不是有时候会作假？

张学良：（录音不清）

访 二：是不是写什么东西得罪他了？

张学良：（录音不清）

访 一：他也不能把所有的报纸都控制，简直是想入非非……

张学良：（录音不清）

访 一：就说总是要漏网呀。

张学良：（录音不清）

访 一：我把这个记录下来。这首诗。

张学良："（录音不清），往往谦恭下士时"，这话怎说呢，后来两个人都不怎样，周公不是那么坏，王莽不是那么好。①

访 二：不是那么好。

张学良：人呀，死了之后盖棺论定呀。

访 二：对对对，盖棺论定。

张学良：假如王莽那个时候死，那就了不得。

访 二：对，对，对，那是很了不得的。

张学良：换句话，我这人乱七八糟就是乱七八糟，所以我说这纪晓岚［也是乱七八糟］。

访 二：对，我就是这样说。

张学良：人不能道貌岸然。所以我对纪晓岚很赞成。我这个人是什么样就什么样。

访 一：总不让人方便。

---

① 应指白居易诗：周公恐惧流言日，王莽谦恭未篡时。向使当年身便死，一生真伪有谁知。

张学良：我这人就是这样。

访　二：所以您真是个怪人。

张学良：（录音不清），我太太说（录音不清）

访　一：所以有的人"聪明反被聪明误"，欲盖弥彰。越掩饰越容易露出马脚。

访　二：而且如果以前没有所谓的报纸，还无所谓。现在有所谓的报纸，简直是胡说八道，等那若干年，历史自有公论呀。

访　一：所以我姐就说为什么《大公报》跟中央社吵起来了，我就去查您那个，果不其然，他给邵力子的那信说这个东西，什么叫蒋鼎文去做前线指挥？

张学良：（录音不清）

访　一：哦，对，对，对！

张学良：（录音不清）

访　一：我说这命令有什么不可？什么中央社发的？① 既然他已经发了这命令，蒋鼎文做了这事。

张学良：我不知道蒋先生有什么命令。或者将来辟谣哇。给他留个余地，也许是这样。他也许将来不承认。

访　二：啊！这可能。

访　一：您说他不承认这个命令？

张学良：不是，也许他不想做，也许是作为一个宣传，我不知道，蒋先生会耍着玩，这人还得盖棺定论。

访　二：会耍人。

张学良：我当年对蒋先生忠心耿耿呀，后来他的说话也不靠谱了。

访　二：不一定的，不一定的。

张学良：他是为了宣传。另外有用意，他不是说那句话就是那句话，所以人呀，做事情，你慢慢地，谁说一句话，哪个美国总统［说的……］。

访　一：林肯。

张学良：他说你呀，可以欺骗一个人一个时间，你可不能欺骗所有的人所有

---

① 指1936年12月9日，蒋介石给邵力子的信函，嘱《大公报》发表委任蒋鼎文为西北剿匪军前敌司令，卫立煌为晋陕绥宁四省边区总指挥之事。文中有"可密嘱驻陕《大公报》记者，发表以下消息。但此消息不必交中央社及其他记者，西安各报亦不必发表为要"等语。1936年12月12日，《大公报》以《陈诚指挥绥东军事；蒋鼎文负责剿共，任西北剿匪军前敌总司令；卫立煌为晋陕绥宁四省边区总指挥》为题，刊发了该报驻陕记者的专电。

的时间。

访　二：对。

访　一：这对劲儿。这是跟邵力子说任命蒋鼎文什么事情……（录音不清）换句话说，这中间太复杂了。

张学良：蒋先生（录音不清）

访　一：也许作一个姿态。

张学良：也许作一个宣传，做给我们看的，也许他又想吓唬一个人。

访　一：这不一定是您。

张学良：但是与我也有关系。

访　二：这本来是您指挥的军队。

访　一：蒋鼎文本来在您的手下吗？

张学良：不不不！因为蒋鼎文跟我很好。

访　二：哦！私交那是，感情很好。

张学良：中央的军官里面我跟蒋鼎文两个的私交很好，他跟陈诚的关系不合。

访　二：哦！哦！

访　一：这说明他思想太复杂了！

张学良：事情都是那么复杂，哪有不复杂的事情？事情越大就越复杂。（笑声）

访　二：您就是敢说敢做，对什么人都［一样］。

张学良：（录音不清）（笑声）

访　二：所以到现在我还在教书。

张学良：可是教书也有一定的困难。

访　二：也有竞争。

张学良：但是，你教书的困难少一点。没有什么一帆风顺的。就是你丈夫，夫妻两个人也没有一帆风顺的。（笑声）

访　二：对，没有不吵架的夫妻。

张学良：我现在已经九十多岁，我把这个男女的事情看得很清楚了。我说除去我妈妈，我没看见一个女人真心对待一个男人的。你在背后，不要看他的外表。我爸爸有一句话说，眼力是其观别看背后（音）。我这个人就好研究。你要研究社会，你就真的要动脑筋，你要是研究各方面，更要研究后面的看不见的那个方面。

访　二：否则那一定吃亏。

张学良：一定吃亏。

访　二：唉！实在是这样，不过政治上是更可怕点！您说是不是？

张学良：（录音不清）

访　二：从历史上来说，没有一个［人］不是为权力的。

张学良：儿子要孝顺父亲，部下要听从长官，说你忠心，但后来怎不忠心呢，他时代不同！对我最忠心的是谁呢？郭松龄。可他叛变的时候最不忠心。林肯说的话，一个时代他最忠心，但是他不是永远的忠心。时代变了环境变了他就变了。努力向前，忘却背后。（笑声）

访　二：她（指赵一荻）给您很多的评语，说您嘴大舌长。

张学良：她是对的。其实有好多话不应该跟你们说。我跟你们说呀，我太太说了有好多的事儿不能告诉你们。"你不知道什么是保密的什么不是。你一高兴了什么人都骂，什么话都说。"（录音不清）

访　二：我倒想借此机会跟您说，您放心，您说的话［我们不会说出去］。

张学良：我说出来心里舒服。那没有什么，我也不怕。

访　一：我觉得您好像心里很坦荡的。

9. 佛教讲的是社会学

张学良：我个人如此，对旁人也如此。既然你做这个事儿就不要怕。

访　二：爱人如己。您说赵一荻，很不赞成您研究佛学。要不是夫人来了，您是沉沦在佛教里头了。

张学良：我这不叫沉沦。佛教不是坏的。佛教不讲神，（录音不清）不讲神学，讲的是社会学。在教义上比基督教高。

访　二：比较高。

访　一：佛教里有"爱人如己"吗？

张学良：没有。佛教的思想，分好多派，大乘，小乘，最大的两派。那么大乘里边也有旁的派，小乘里也有，各有不同说法。

访　二：佛教里哪个派别更高一点，讲得更深刻点？

张学良：看怎么说，看在哪一方面。对人呢，对社会呢，还是对国家。

访　二：密宗。

访　一：噢！那个西藏就是密宗了。

张学良：大半是禅宗。

访　二：禅宗，西藏是不是禅宗？

张学良：西藏不是。班禅①、达赖②本来跟我很好。……正月十五日，他们做法事。你看过吗？

访　二：跳神是吧？小时候看过，不过不让进不让看的。

张学良：有一种佛你们看过吗？叫欢喜佛③。

访　一：没有。

张学良：他们就四个字，就是生、老、病、死。头一个讲生，那么你没有这个事情怎么会生呢？那个雍和宫的神叫欢喜佛（又称"喜乐佛"）。人没有孩子可以到雍和宫去摸摸欢喜佛。我不能随便说。正月十五、十六，是他们跳……是这么个意思。不分大小，不分他是谁，（录音不清）主要的就是生。

访　一：您说的欢喜佛，就在北京呀。是不是所有的喇嘛庙都有？

张学良：都有。我们奉天喇嘛庙分四方面，东城、南城、西城、北城。

访　一：哦？

张学良：生，在南边。

访　二：是不是凶相？

访　一：面目狰狞？

张学良：不是我们人的样子。

张学良：（录音不清）

访　一：听说故宫也有，还有那雍和宫。

张学良：（录音不清）

访　二：这真是宗教的关系。

张学良：[就说]尼姑，[我]讲个故事。

---

① 班禅，即班禅额尔德尼，是西藏佛教格鲁派中与达赖并列的两大宗教领袖之一。班禅是梵文"班智达"（意为博学）和藏文"禅波"（意为大）的简称。1713年清朝康熙帝封五世班禅为"班禅额尔德尼"，"额尔德尼"是满语词，意为"珍宝"，并加封以前各世班禅，从此这一活佛系统得此封号。其驻跸地为日喀则的扎什伦布寺。班禅的影响主要在后藏，以日喀则为中心。此处应指第九世班禅额尔德尼·曲吉尼玛（1883—1937）。

② 达赖，全称"达赖喇嘛"，是西藏佛教格鲁派中与班禅并列的两大宗教领袖之一。达赖是蒙古语"海"的意思，喇嘛是藏语"上人"的意思。顺治十年（1653），清世祖福临正式册封达赖五世罗桑嘉措为"达赖喇嘛"，承认达赖在西藏的政治和宗教地位。此处应指第十三世达赖喇嘛土登嘉措（1876—1933）。

③ 欢喜佛，是印度密教与西藏当地信仰结合的藏传密宗的本尊神，它是在对生殖崇拜产生的性力思想的基础上产生的，认为阴阳两性的结合是宇宙万物产生的原因，代表法的男身与代表智慧的女身交合的欢喜佛只是某种意义的象征性的表象，更能够利用"空乐双运"产生了悟空性，达到"以欲制欲"之目的。

访 一：您说的是山东泰山呀？

访 二：……所以说这些地方不可能说是如何守清规。

张学良：换句话说，食色，性也，和吃饭一样！我这个人说话很粗俗。你们俩也别介意。（笑声）

访 二：对，上帝的旨意。

张学良：这又有个笑话。

访 一：西方也是。这个笑话总是涉及那个问题。

张学良：我们一般宴会晚饭什么的，完了就是讲笑话的时候，我们男人呐聚在一块堆儿，喝点酒就开始说笑话了。

访 一：再给我们十分钟好吗？谢谢。

访 二：她找到苏联大使馆的人名，有两个女的。一个叫张挹兰①。

张学良：我认识。

访 二：您认识，是吧。另一个叫作李银莲②。

张学良：两个人都处死了。那个李不知道，张我知道。

访 二：是李石曾的学生的朋友是吗？

张学良：不是，是我们奉天的一个人认识她。他替她求过情。我也去求情不好使。

访 二：她是北京大学教育系的学生。

张学良：我没见过她。

访 二：一共是20名。

张学良：我记不得。

访 二：明天我们什么时候来，您说？

张学良：还是照样没关系。

访 二：明天是星期三，您什么时候去接？

张学良：你们照样来吧。他七点半才到。

访 二：那我们仍是两点半三点来，然后您是七点钟去接吗？

访 一：那我们可以早点走。明天见！

---

① 张挹兰，湖南醴陵人。北京大学肄业，1925年加入国民党，参加创办《妇女之友》杂志，同共产党关系密切。1926年春，任国民党北京市党部执行委员，兼任漫云女校校长。积极参加群众集会，演出话剧，受到李大钊、刘清扬等的表扬。1927年初，接替刘清扬任国民党北京特别市党部妇女部长职。同年3月，被奉系军阀逮捕，4月与李大钊等20人一起遇害。

② 李银莲，是李应良的化名。李应良原名李培基，陕西西安人。1922年夏，入西安水利道路工程专科学校，1924年春转入西北大学工科学校。1924年秋加入了共青团。1925年加入中国共产党。1927年3月初，组织派其到北京给李大钊送信。4月6日，在苏联大使馆与李大钊同时被捕，李化名"李银莲"。4月28日，与李大钊同时就义。

第四十一次访谈
收藏　屠杀　戏剧

访谈者：张之丙（简称"访一"）
　　　　张之宇（简称"访二"）
被访者：张学良
同座者：赵一荻
访问日期：1992 年 7 月 28 日

1. 收藏与鉴赏

访　一： 昨天我们以为今天是星期三，其实是星期二，我们说错了，把日子都说糊涂了。

张学良： 我太太在家时，每礼拜三她把我送到弟弟①家，送托儿所去。（笑声）她请几个人打牌。

访　一： 我们早上到中央图书馆，因那里书比较多，看到一张您跟胡若愚的照片，他留着胡子。

张学良： 那是很早的。

访　一： 他是个方脸。您坐在那儿，他站在后面。

张学良： 那是很早的照片。

访　一： 是他做北京市长［时照的］？

张学良： 是青岛市长。

访　一： 我们本想印下来给您看看，［但是］不清楚，很黑的。原来的照片就不清楚。

张学良： 那什么意思？

访　一： 啊——，后面写着一篇大概是［写关于］老帅［的文章］。您穿着

---

① 指张学良五弟张学森。张学森于 1948 年到台湾。

西装，不是军装。

张学良：我不大喜欢军装，有事情时才穿。

访　一：您穿的鞋上带着鞋的盖子，很讲究的。

张学良：没人穿了。

访　一：现在没人这样穿了。

访　二：我们小时候看见我们老家穿的皮鞋就有那盖，神气极了，是外国派的。

张学良：那当时是英国派。

访　二：哦，英国绅士派的。

张学良：那时都多少懂些外国的礼节。

访　二：好像我父亲穿那个。

张学良：那种鞋在冬天会暖和一点。

访　一：那时青年会也是比较洋派的。（笑声）

张学良：我有几个朋友保卫，三个保卫。（笑声）

访　二：对，走的路不一样。

张学良：我最好的朋友是韩麟春，其次是宋子文，还有一个胡若愚。

访　二：三个不一样，完全不一样。

访　一：韩麟春好像在军事上一直跟您在一起。

访　一：宋子文，真可惜，突然间死去了。不然的话，他应该有些东西留下来的。

张学良：他有东西。

访　二：他也经历过很多。

访　一：他也是收藏家吗？他好像没有您收藏［的］那么多吧。他不太懂。

张学良：他也喜欢，我有两张画给他。他没有儿子的。

访　一：他没有小孩呀？

张学良：有闺女，三个姑娘。我到美国的时候，他闺女的儿子，她说有一两张画在我手里。

访　一：您还记得是什么画？

张学良：一个是恽南田①画的罂粟花。

---

①　恽南田，名格，字惟大，后改字寿平，号南田。江苏武进人。明末清初著名的书画家，他开创了没骨花卉画的独特画风，是常州画派的开山祖师。与王时敏、王鉴、王翚、王原祁、吴历合称为"清六家"。

访 一：您的收藏里，除了字画之外，您还喜欢收藏什么古玩？

张学良：我教你这个术语，收藏家认的是软片①。

访 一：哦，软片。

张学良：软片还分好多种。

访 一：您教我们。

张学良：最高的软片叫黑老虎，印出来的，拓的。拓片是真实的，那很值钱。

访 一：那就是国宝了。

张学良：国宝是没有了，只有一两件。现在台湾的规定100年的不给出口。

访 二：大陆是180年不给出口。清朝嘉庆以前的木版书不让出口。

访 一：您说最高的是黑老虎，第二种呢？

张学良：那太多了，也有几个字的，以缺的为贵。

访 二：独一门才好。

张学良：你知道邮票吗？（录音不清）

访 二：他收藏了？

张学良：他有两张，有人想买，他当着那人面把其中一张烧了。

访 一：那剩下的更值钱了。（笑声）

张学良：那他就烧了。

访 二：您不是有一套大帅的邮票吗？

张学良：那是人家送的，人家集的。

访 二：哦，不是您自己留的。

访 一：这套邮票也很值钱，当初发行量很少是不是？

张学良：发行时间很短。

访 一：在小妹②家里我看到了一套。除了画、拓片之外，还有什么我们通常想不到的？

张学良：软片就是字画、拓片。那除了软片，就是跟瓷器有区别的铜器呀。

访 一：您收不收藏瓷器？

张学良：不收藏，我父亲那时收的宋瓷给我，我都不要。（笑声）

访 二：那瓷器更贵了。

---

① 书画未经装裱叫软片。
② 指张学良六妹张怀敏。张怀敏，张作霖六姨太马月清所生。1924年出生，1947年毕业于北京辅仁大学，后与翟文选（曾任辽宁省省长）之孙翟元坤结婚。1948年随母去台湾，先后在台北师范大学和辅仁大学任教授。

张学良：我们当年在北京，这种风气都是从大使馆传来的。请客吃西餐，那大菜最讲究的就是盘子。那时几千块买一个，现在几万、几十万都说不定。雍正年间的，就几百块钱，摆面包什么的。还有唐朝的银盘子。中国的古董太多了。

访　一：大帅收藏的所谓的宋瓷里［都是什么样的］？

张学良：那现在留着也值钱。那都是江西瓷都烧的，烧得好呀。

访　一：大帅除了喜欢瓷器之外，还喜欢什么？他抽烟的烟嘴儿［是什么做的］？

张学良：不，不，不，他抽烟不用烟嘴儿。他喜欢那些小玩意，小娃娃啊，水晶那个啊。

访　一：那时抽鸦片的烟枪也很讲究吧。

张学良：那烟枪有的很不讲究。

访　二：那什么的好？

张学良：甘蔗。

访　一：甘蔗！不是竹子呀？

张学良：那甘蔗烟枪［好］。

访　一：大概把尼古丁拿下去了。

张学良：那时烟斗很讲究。

访　二：还有烟嘴儿。

张学良：还有那烟签。张泮的烟签最有名。那是钢的。

访　一：烟斗是什么做的？

张学良：泥做的。

访　二：鸦片很香，烟里头最香的是鸦片。有点儿甜的味。很远就可以闻见了。

张学良：我给你讲个真事。有个人抽鸦片他不让人看，人们奇怪为什么不让看呢。后来人们一看才发现他在地上翻跟头。小时候他爷爷开他玩笑，他爷爷说："你翻个跟头我给你烟抽。"后来这人就上瘾了。他一直到大都是这样，边抽鸦片边翻跟头，所以他不让人看。我告诉你，这个人啊怪脾气的人多了。

2. 很有鉴赏力

访　一：您说您的收藏跟您的鉴赏很有关系，人们都说您很有鉴赏力。

张学良：我当年在北方算是第二名的。我没像人家张大千那么厉害，不过我眼力很强，我看着东西就差不多了，那假的一看就觉得不对。他们都说我这个鉴赏力很厉害。我不是研究这个的，不过我眼力很强，大家都很佩服我的眼力。

访　一：是不是因为您看的东西多？

张学良：也不是看得多，我大概有这种特长。我也会画，但是我这个画和张大千没法比。

访　一：他的鉴赏能力怎么样？

张学良：他鉴赏比我高明，他研究。

访　一：您是从哪儿学来的呢？

张学良：当年我有几个钱，我买那个画我看着。

访　一：现在都到哪儿去了？

张学良：都给人家卖了。那可不是随便的古董。

访　二：是不是纽约那个王季迁①？他手上有您的东西？

张学良：那，那［也许有］。

访　二：他的东西怎么样？您认为？

张学良：那好。

访　二：比您的还好？

张学良：我，我没有［他那好］。

访　一：您不是有四张吗？

访　一：他的收藏比您那四张还好？

张学良：人家［的］成［套］。

访　二：成套的。

张学良：我有那个［是］我父亲一个部下买的焦秉贞②的画。他是清朝一个有名的画家，不是一个大画家，不是头等画家。我手里一张是他画的《夜宴桃李园》。

访　一：啊！夜宴。

---

①　王季迁，原名季铨，又名纪千，江苏吴县人。东吴大学毕业。先后随顾麟士、吴湖帆习画，善山水。40年代历任苏州及上海美术专科学校教授。1949年定居美国，致力于推广中国书画的研究与鉴赏。1962—1964年任香港新亚书院艺术系系主任，讲授国画及书画鉴赏。其收藏之富，在海内外皆有很大的影响。

②　焦秉贞，山东济宁人。清朝前期宫廷画家，为天主教传教士汤若望的门生。擅画人物，吸收西洋画法，绘有《仕女图》、《耕织图》等。

张学良：我看那人跟真人一样大，是张大画，很难画。还有一张春宫图，画的那个动作真是那个样儿，现在照相还不如那个好。

访　一：您说这些从前是不是都给皇宫里画的？民间也有吗？

张学良：河北省有一个县，离北京很近，那里女孩画春宫图。［当时不是贵族都上那里画。］你一稍微说逗她的话，女孩子就会立刻骂［你］。

访　一：为什么要女孩子画呢？

张学良：都是女孩子画，是传统。

访　一：您说的焦秉贞的"秉"是"秉承"的"秉"，那zhen呢？

张学良："贞洁"的"贞"。［他是］清朝末年［的人］。

访　一：《夜宴桃李园》是个什么故事？

张学良：你老先生没念过古文吗？古文里有《夜宴桃李园》①。

访　一：有呀。哦，画的就是那件事？

张学良：就是。

访　一：原来收藏着的，您也卖了？

张学良：也卖了。我有的东西卖了，有的留着。我有一个很喜欢的《孝经图》，也是画院画的。

访　一：整个把那故事都画出来［了］。那是二十四张吧？

张学良：二十四张。

访　一：您认为您的收藏里还有哪些是比较得意的？

张学良：我当年收藏了很有名的、相当有名的［画］。我喜欢一个清朝画家，叫新罗山人②。他姓华，叫华嵒。他不是中国人，是朝鲜人，住在中国。

访　二：他是画人物的。

张学良：我这张画很有故事。我很喜欢这画，这画我不会卖的。

访　二：画的什么？

张学良：他画的［是］大的手卷，有这么高，这么长。上面他画的花鸟、金鱼，各种花都有。可惜画的中间有点水印。

---

① 应指李白的《春夜宴桃李园序》。此文生动地记述了李白和众兄弟在春夜聚会饮酒赋诗的情景，抒发了作者热爱生活、热爱自然的欢快心情，是李白行文的代表作之一。自古以来，许多画家都以此为题材，创作《春夜宴桃李园图》，描绘李白与其众兄弟，春夜于桃李园中设宴，斗酒赋诗的情景。

② 新罗山人，清代画家。名华嵒，字德嵩，号秋岳，又号新罗山人、新罗生，福建上杭人。擅长山水、花鸟、人物故事画，以花鸟画最负盛名，形成了工写结合、清新俊秀的花鸟画风格，对后世产生了积极的影响。张学良以为"他是朝鲜人，住在中国"，有误。

访 二：啊，脏了！

张学良：严襄——从前这人都很风趣的——请他在家里做客，做很久的客，一直也没说你给我画画什么的，怕他要走啊。临走时他请华喦给他画一张画。这事儿书上写过的，叫注录。

访 二：见过记载的。

访 一：收藏家加上几句话。

张学良：夏天，画完了，在外面晾着，突然下起雨来了。赶快往屋里端，那中间就有了个水印。

访 二：这就是掌故。那您后来［呢］？

张学良：后来这东西我就不知道哪儿去了。我跟你说，我不是太喜欢的东西就记不住了。我最喜欢的是明朝的四大家①。

访 二：沈周。

张学良：沈周②的字我喜欢。

访 一：您还有［什么］？

张学良：都给卖了，去年卖的，卖很多钱。一个收藏10万美金。

访 二：以前您家中有裱工吗？

张学良：没有。我不像张大千［家中还有裱工］。

访 二：他也是太多了。

张学良：我有机会呀，一定给张大千办一个展览。一个是他早年画的，一个是我跟我太太结婚纪念他送的两张画。张默君③说，我看张大千的画呀，这两张挺好的。

访 一：为什么不挂在外面？

张学良：我一挂它，就［是怕它变色］。

访 二：有硫黄！

访 一：啊！

张学良：他的画都是青绿。

---

① 指明代画家唐伯虎、文徵明、沈周、仇英。
② 沈周，明代杰出书画家。字启南，号石田、白石翁、玉田生、有居竹居主人等。江苏苏州人。不应科举，专事诗文、书画，是明代中期文人画"吴派"的开创者，与文徵明、唐寅、仇英并称"明四家"。
③ 张默君，中国现代诗人、学者、女权运动著名人物。中国同盟会会员。曾任上海神州女校校长，国民政府立法委员。1924年与邵元冲结婚。西安事变时，邵元冲中弹身亡。她工诗文，善书法，懂教育，书法作品以行草为主，笔法苍茫浑厚，一洗女子纤弱习气。

访 二：到时候会变色。

访 一：那怎么办呀！

张学良：别挂，别挂。我这房间有很大一块地。张大千找房子的时候，我说我送你。他一看，说这地儿我可不敢挂，这地儿有硫黄。

访 二：怕铅粉了什么的产生化学作用，颜色都会变。

访 一：那您现在这两张画都得收着。不能挂。

张学良：挂一下也可以。反正得赶快收走。红颜色变，绿的也变，张大千的画它不是百分之百的绿。你知道原来那绿颜色，它是宝石。比如宋画，是真的话，很容易鉴别，拿到太阳下会发光的。

访 一：那会儿用的颜料都是矿物质，没有化学颜料？现在他这些画里有没有化学颜料？他后来也用吗？

张学良：他也有。我在北京买的，一大块一大块的。

访 一：您带出来的？

张学良：后来买的。我买挺便宜的。

访 二：那您真够眼光。

张学良：刚到台湾时，市场上有。

访 二：那时大家还不懂得收藏这些事儿，这是近两年［才兴起来的］。

张学良：再说大家也认识。

访 一：您现在出去会不会有人追着要给您照相？

张学良：我现在不敢活动呀。

访 一：他不是摆在外头，放在底下卖。

张学良：不摆外头。你要，他才给你拿出来。他要看看你是不是跟着警察。

访 二：看看是不是要捉他去。

张学良：我买的是认识的人，两个人，都是老太婆。

访 二：美国也是。

访 一：美国每个报摊都有，杂志都有玻璃纸包着，封好了，买之前不能看。

张学良：中国也有，包好了，不能看，买了才可以拆开看。结果你买来了，里面没什么玩意儿。

访 二：怕你看了觉得没意思不要了。

访 一：说到收藏啊，当年的很多东西现在您都丢了，所谓丢，是说不在您的手里了。

张学良：有的我卖了。

访 一：奉天的家啊，北京的家啊，您西安的家大概也有吧？

张学良：西安没丢，不会丢的。北京、奉天那［是因为］日本人来了［才丢的］。

访 二：在您的记忆里，最得意的一样东西是什么？

张学良：我最欣赏的是王羲之的帖，我收藏这个，我现在说不出来了。还有就是明朝的画。

访 二：可能在奉天的博物馆。

张学良：不知道。

访 一：您有没有一个单子什么记着，以后慢慢地找。

张学良：在我脑子里。我本来有本书［记着这些收藏品］。

访 一：这收藏的目录呀。

张学良：在我这儿。不是我写的，是他们给我［清］点的时候写的。是胡若愚写的。我这人，对这些事儿马马虎虎。

访 二：您收藏的东西有没有写上您的名字或者盖上图章？

张学良：有的有打上图章，有的没有。你知道打这个图章有多难。得把东西搁在那儿，恭恭敬敬地打，打歪了就不行了。张大千都是他太太专门打图章，不是简单的事。印打得不好，卖起来不值钱了，价钱掉了一半呢！打一个坏图章，等于把画毁了。

访 一：您题不题字呢？

张学良：无所谓有一两件手卷，我稍微题点字，就是讲怎么来的。结果那手卷因为有题还是卖得最多。

访 二：买卖的时候，您用什么名字？

张学良：不记得了。我有时候高兴了，就随便写；我不高兴了，才不管那一套呢。张默君就骂我乱写。我说我不管。

访 二：您不是说张太太写张草①吗？

张学良：现在不写了。

访 一：能不能给我们看看？

张学良：现在很少人能写。当年谁会写？记不起来了。

访 一：张默君。

张学良：对，邵元冲的太太。她写得还挺好，她写得比她还好。

---

① 指唐代书法家张旭的狂草。

访 二：是不容易，尤其是女的写。

张学良：她（指赵一荻）不写了。她脾气很硬，你不能指挥她的。她要干就干，她有时候挺［有］男人的性格。（笑声）我对她也很好。我就说，很多事情她就像个男人似的。她说把我吃透了。我说六十年，你怎么不吃透我。

访 一：您得让我们开开眼界，看看张太太写的张草呀。

张学良：不知放什么地方了。

3. 蒋先生杀了陈仪我伤心

访 一：您跟陈仪①很熟吗？他本人好像挺好的嘛。

张学良：我跟陈仪很好，蒋先生杀了他，我心里非常难过。像陈仪这样，没杀的理由。不光我这样说，旁人也这样说。陈仪这人，他看我那会儿，我很不走运。他给我一句话，他走之前给我写的："唯贤者能安之。"

访 一：他很了解您呐。

张学良：不是了解我，是劝我。他可以说和我父亲同辈。我不明白，他也许是死在汤恩伯的一句话，也许是汤恩伯告诉人家这句话，也许——我不知道——蒋先生后来不愿意。我对蒋先生是忠心耿耿的，后来对蒋先生也有看法。一个说话，答应旁人的事，到时候都不算了。

访 一：会不会是他底下的人，像毛人凤，他们来促成让他这样做？

张学良：不，不，不！那个老端纳说他是个驴子，他固执得不得了，很顽固。他有一个时期对我很好，是相当的好。但他很难改变。

访 一：您说他给人家的诺言老不兑现。

张学良：蒋经国有糖尿病，开始还能控制，到后来就没有用了。

访 一：到现在医学这样发达也没办法。

张学良：医生只准他吃两种东西，一种番茄，一种沙拉，糖分少，但是，我有一天到他家去，他拿着汽水在喝！那是糖水呀！还偷方糖吃。

访 二：那不是自己找死？等于自杀！

---

① 陈仪，1948年8月出任浙江省主席。次年1月，因策动京沪杭警备总司令汤恩伯投向共产党，事泄被免职软禁。1950年6月在台北被枪决。

张学良：不能那样说，男人喜欢女人也不是找死呀？

访　二：他的内分泌不对了，自己不能控制。

张学良：你们不了解，这是一种生理上的需要。

访　二：是生理问题。

张学良：要是没钱的穷人，更倒霉了。

访　二：这就越来越坏了。

访　二：没办法，也不是他自己控制得了的。

张学良：所以我是原谅人的。

访　二：人的性情和生理，懂人情。

访　一：关于陈仪的事情，他给您的信，也是可贵的收藏，有历史价值。他不是以前跟蒋先生关系很好吗？

张学良：不能说，蒋先生这人呀，对人说不上很好。

访　一：你对他（指蒋介石）有利用价值，他就对你好。

张学良：可以这么说。陈仪这人相当进步。他写信给那个［鲁迅］。①

访　一：写信给鲁迅②，思想是前进些。

张学良：是不是他们三个人谈论的事情泄露了呢，不知道，是我猜想。依我看，他不至于非处死不可。

访　一：如果说他手里有什么秘密，把他杀了也没用呀。怕他说？杀了就是灭口了。

张学良：没人知道。

访　二：也太狠了。

张学良：杀人灭口。

访　二：对。

张学良：你暴露了他就要把你杀了灭口。你知道是你的祸，躲着点好。

访　一：您那时候有没有这种感觉？

张学良：我才不管呢。（笑声）

---

① 陈仪是鲁迅的同乡和留日时期的好友。在鲁迅1921—1930年的日记中，关于陈仪的记载就有18处。鲁迅逝世后，他捐赠1000元，又跟郁达夫共同募集554元，共计1554元，作为"纪念文学奖金"。鲁迅逝世，陈仪深感悲痛，并当即电告蒋介石，建议为鲁迅先生隆重举行国葬，但没被蒋介石接受。《鲁迅全集》出版时，他购买数套，送给福建省各图书馆和重点学校，选择几篇作为教材，以激励后人，即便他被软禁于衢州时，还在阅读鲁迅的《阿Q正传》。

② 鲁迅，原名周树人，字豫才，浙江绍兴人，中国现代文学家、思想家和革命家，新文学的奠基人。

4. 蒋先生、汪先生、胡先生这三位

访 二：您知道外面有个东西，不知道您看过没有。说是当年您和于凤至夫人离婚啊，她拿走一部分东西，说是非常关键性的，说这些东西假若让人知道的话就是……您说会是蒋先生的主使吗？不会吧！

张学良：不会，不会。

访 二：那是一个左派的人。

张学良：有些事我知道，这人叫孙凤鸣①。他……

访 二：是爱国的。

张学良：他们是广东一个集团，要杀广东人。胡汉民（录音不清），他们认为广东人不忠，（录音不清）

访 一：啊！这种地域性的观念到这样的地步！

张学良：（录音不清）

访 二：就说外交辞令。

访 一：胡汉民被软禁在南京，是吗？

张学良：不是。

访 二：紧张嘛，心脏病。

张学良：胡汉民是被"炮"打死的。跟公家吃饭，这个老先生下棋［是］有名的。胡汉民争胜，要跟他下。旁人就跟老先生说你不要跟他下。没用。一下，输了两盘。还要下，旁人就让他们吃饭，不行，非赢不可。第三盘，他就要赢了，得意得很，说"将军"。那老先生有点意思，说"我这还有个炮"。一急，就［打出去了］。

访 一：那大概是脑出血，真的用心下棋。

张学良：而且这个老先生嘴也不让他，胡汉民说将军，他说还有炮。

访 一：这一炮命都绕里头了。

张学良：下棋，下归下……南京夫子庙，就出过一个人命案。也和下棋有关。

访 二：听说您也喜欢下棋。

张学良：我下不过人我不下。

---

① 孙凤鸣，又名孙凤海，江苏铜山县（今徐州市）人。1935 年 11 月国民党四届六中全会时，他伪装成记者，准备利用国民党中央委员合影之机行刺蒋介石，因蒋未到场，遂向汪精卫连开三枪，汪中枪倒地。孙凤鸣被卫兵击中，抢救无效死亡。

访　一：听说您和旁边服侍您的人下象棋，谁输了就挨三下手心板。

张学良：那不是。那是在同仁堂乐家。打屁股。下象棋，输了的打屁股。

访　二：那是在北京吧，北京的同仁堂吧。

访　一：他们好像有好几支吧。北京一支，上海一支，天津一支，好像同仁堂分为四支吧。

张学良：这我不知道。

访　二：您认识他们？

访　一：那时候好家伙，同仁堂乐家，还得了。

访　二：那时候咱们中国有几个大的药铺，同仁堂①，永恩堂〔等〕。

张学良：同仁堂的规矩呀，他们的药方自己不能配。

访　一：那他谁配呀？

张学良：同仁堂有些药，有的在这个〔人〕手里，有的在那个〔人〕手里。

访　二：在别人手里？

张学良：不是在别人手里，在他家里。他故意，他不说，怕药方走出去。同仁堂有很多特别的药，不是大家在这里你配不成，有三味的，有四味的，有五味的。

访　二：你少一个就没用。

张学良：他老人那是皇上的御医。清朝的。很早了。

访　一：他们有 200 年的历史了。那这是唯一的办法，能够让这几个兄弟永远在一起。

张学良：在同仁堂，是哪一个人卖的药，哪一个人拿回扣。所以你到同仁堂买药，卖药的急得拼命拉你。不像旁的地方，有点欺负你。

访　二：爱理不理。

访　一：是不是说，我是北京的同仁堂，我卖了我拿回扣；同样的药，是上海的卖了，上海拿回扣？

张学良：这你又错了。没有一样的。同仁堂没有分号，不许开，不许卖。他也不能卖，卖的假了，你也不会配。同仁堂他小孩一下来就有钱。

访　二：就有股东？他也是企业的思想。

张学良：他一下身就有。女人出嫁就是外头的了，男人都有。

访　一：上海的乐五爷收藏最多是吗？

---

① 同仁堂，中国中药行业著名的老字号。创建于 1669 年（清康熙八年）。

张学良：不，不，不。

访　一：他的父亲是上海同仁堂药店的乐五爷①，说他的收藏是全国第一家。

张学良：乐于平？

访　二：那是晚一辈的。

访　一：他父亲是［在］法国留学的，您大概认识他。

张学良：不是。

访　一：您认识的还要早？

张学良：早不早我不晓得谁是谁。我们［跟］认识的乐五爷扯淡。（笑声）

访　一：您的收藏，除了文物收藏，还有些什么信件有政治上的历史性价值的东西？

张学良：我父亲有几封信——最要紧的我记得，一是梁启超②给他的信，一个是段祺瑞给他的信，还有袁世凯签字的信。

访　二：哦，大概是他秘书写了他签字的。

访　一：有孙中山先生的信吗？

张学良：孙中山先生的信［是］他秘书写的。

访　二：孙中山的中文不好是吧？

张学良：孙先生大概不写文字，因为他是医生。

访　一：孙科是在中国念的书吗？

张学良：［我］不清楚。

访　一：大概还是汪精卫的好吧？

张学良：汪精卫的中文好，哪儿念的书我不知道。

访　一：胡汉民也不错啊？

张学良：他是前清［时候的人］。

访　一：中过举人的是吗？

张学良：他的中文很好，给人做过枪手。

访　二：哦，人家考试，他给人做［枪手］那不糟践自个儿。他脾气很强是吗？

---

① 乐五爷，即乐笃周，北京人。出身同仁堂乐氏家族，早年留学法国，1919 年回国后长期从事药材业。1931 年在北京创办宏仁堂国药号，后又在上海、青岛、天津等地开设分号。1949 年后，曾被选为上海市政协委员，南京市人民代表。乐笃周爱好收藏古玩，明清紫檀家具和瓷器收藏尤富。这些收藏在 1949 年后陆续捐赠给国家。

② 梁启超，字卓如，号任公，又号饮冰室主人等。广东新会人。中国近代维新派代表人物，近代中国的思想启蒙者、社会活动家，民初清华大学国学院四大教授之一、著名新闻报刊活动家。

5. 我老师对我很好

访 一： 后辈应该很忌妒，当初如果不是老帅逼着您上讲武堂的话，说不定在文学方面有我们这个少帅。现在我们的少帅等于让给军装和政治了，您有没有仔细研究过鉴赏？

张学良： 很可惜呀，我跟我那老先生念了八年呀，我也得了很多。那时念八股，什么玩意儿都念。

访 一： 您真的学过做八股？他真的要让您去考科举？

张学良： 爸爸和妈妈都希望家里出一个文人。要不是我妈妈死掉了，我就慢慢成文了。就当年我们奉天有一政法学院招生，好多人都在那读呢。

访 一： 您是投笔从戎了。

张学良： 我当年去念书不好好念，我们三个人，表哥、我和堂弟，我最淘气。

访 二： 您淘气有什么好招？

张学良： 多了！我老师对我很好，因为我母亲不在了，他照顾我，睡觉也在我旁边。那时，老师念书，我们得跟着念，我不好好念，老师就向脑袋打一下，现在我脑袋不好[使]也是因为当年给老师打的。我睡老师的被窝，我一淘气就要出去撒尿，因为出去了可以玩。几次之后，老师不许我出去，说没那么多尿，我说要撒尿，结果尿在他床上了！老师有个旱烟袋，他抽完了，我把它藏起来了，结果把我揍一大顿。我老师很痛苦，后来他对我父亲说："你这个儿子[太淘气了]！"

访 一： 您在他那学大楷字？

张学良： 当时我并没好好学，字写得不好。

访 二： 您还记得您小时候写的文章吗？

张学良： 当时老师给的一个题是"民主国之害，甚于君主"。我在文章一开始就骂老师，说这种话都是田舍翁说的话，最后我说"坐井观天，非天小也"。老师火了，后来不干了，不教我了。我父亲发火了，拿鞭子打我。白永贞他的儿子在我的睡房。

访 一： 他就这么一个儿子吗？

张学良： 是的。

访 一： 那会儿还没结婚？

张学良： 结婚了。

访 一：这白永贞老师来的时候教您什么，还是教的古文吗？

张学良：教做文案。

访 二：那就是开笔写东西了。

张学良：讲《春秋》呀什么的。

访 一：那些弟弟，和您一起念过的，他们还继续念书吗？

张学良：他们继续念书，就不是跟我念了。

访 一：听说后来您到了井上的时候，蒋先生还派人来跟您一块儿讲书。那些侍卫也跟您一块儿念？那是在哪儿？

张学良：那是局里头要书记员陪我念书。

访 一：那是谁？

张学良：他妹妹，姓周，叫周念行①。他们那局里就没有这种［读书人］，一个军法处处长，不念书，不是学校出身的。

访 一：那念什么呢？

张学良：明史。

访 一：哦，跟您研究。

张学良：他也不熟，他研究什么！

访 一：说是旁边的人都得跟您一块儿念，他们都烦死了。

张学良：没烦，不是念，是讲。

访 二：要是说，您过去的教育过程和您所做的事情，比例是这样的。

6. 陈仪和杨虎城不应该死

访 二：您觉得陈仪和杨虎城将军这两个人很不应该死的。

张学良：杨虎城多少还有点……陈仪更不应该。杨虎城的死我更难过，他死得很惨，太太、孩子都给杀了。

访 二：都给杀了。

张学良：不但他，他的秘书和秘书的孩子。

访 二：对，连秘书的孩子都给杀了，太狠了也。

张学良：我认为也许不是蒋先生，是毛人凤。

---

① 周念行，字树美，浙江省江山县人。1915年留学日本明治大学政治系，归国后参加北伐，曾任湖北黄陂县县长、浙江省遂安县县长、安徽省贵池县县长。后由戴笠介绍加入军统，曾任南昌行营调查科秘书，保密局少将秘书。1948年5月宋美龄专门派其到井上山中伴读，与张学良一起研究明史。

访 二：毛人凤现在还活着吗？

张学良：死了。

访 二：他杀了很多人。

访 一：跟以前的灭满门一样。

张学良：我很难过，连小孩都杀，秘书的小孩也不放过。

访 二：还有重庆撤退，政府没有地方去了，政府要退到台湾去，有一批人［都被他们杀害了］。

张学良：那不是，那不是，那更缺德了。那里有我的两个部下他们都不想走，都被机关枪给打死了。几百人都给杀了。

访 二：一个您的护士、听差的，还有您的副官。

访 一：不是副官吧？

张学良：不是在我那儿干开的，头一个是个姓黄的旅长①。那该杀，他犯罪很多。在重庆跟共产党游说呀什么的，这是他应得的。至于我的副官，原来我有两个副官，我到医院去，把他留在家里。他年轻啊喝酒就闹事了，把我的玻璃都拆坏了，后来把他关起来。我的男护士怕他跟外面通风，他们也把他关起来。很多人给他们关了起来。在他们撤退时，都给杀了，不是几十人，是上百人。

访 一：也不是牢狱，也不是犯了什么罪。

访 二：南京大屠杀也一样。

访 一：对，对，对！

张学良：一样。不过南京大屠杀是随便什么人都杀。

访 二：而且在那么乱的时候，大家都已经［很害怕了］。

张学良：这种小心眼呀。

张学良：不是小心眼儿，是残忍。

访 二：对！

张学良：《圣经》里有这样句话，"申冤在此，我必报复"。

访 一：对，您常说的。

访 二：真是，用不着嘛！

张学良：历史上没有。

访 一：您知不知道，杨虎城有一度住得离您很近？在贵州。

---

① 指黄显声。

张学良：有一个时间，我知道。

访　二：可是杨虎城不知道。

张学良：他的太太那时候有病，他来我这里找药。

访　二：退烧药消炎的。

7. 宋家和孔家

访　一：您那会儿，吃的东西都有，是不是？当时不是物资很缺吗？您还都可以？

张学良：我有两方面的来源，一是自己的，一是蒋夫人给的。

访　一：那时后方很苦，交通断了，运输断了。

张学良：是那样。

访　二：很危险呀！那个时候。日本人要是再打一打，会把您送到哪儿去？

张学良：西昌。

访　二：那怎么活呀？

张学良：没办法。

访　一：您那时有没有感觉，这仗是怎么打的？节节［败退］。因为您不能出去参加。

张学良：我管不了。

访　二：您知道消息吗？还有报纸，那是很晚才到吧？

张学良：我听广播。

访　一：哦，您还能听广播？有收音机，能收国外的？

张学良：还行，我［收听］那个广播。

访　二：那收音机还得有马达的？摇的？像留声机？电话也是要摇。

访　一：您可以听日本的？英国的 BBC①？

张学良：世界哪儿都行。

访　二：那是政府给的，还是您买的？

张学良：好像是蒋夫人给的，我忘了。

访　二：那时候买不到的吧。

张学良：蒋夫人对人很开通的。

---

① BBC 即英国广播公司名称的缩写。

访　二：这与她家族有关吧？

张学良：我现在觉得蒋夫人对我很好。

访　一：她觉得您是个英雄。

张学良：她说我是 Gentleman。

访　一：哦，绅士，在西方的文化里头，这字比君子的意义还要深广，Gentleman（绅士）。

张学良：在我们中国文化叫"尖头门"。（笑声）

访　二：宋家的三姐妹①，谁最宽厚？还是蒋夫人心胸宽阔？

张学良：大姐喜欢耍手腕，心怀叵测。

访　二：她们相差几岁？

张学良：她们三姊妹呀，宋庆龄我不熟悉。

访　一：只是大姐有小孩②，有后代，孔大小姐、孔二小姐、孔令侃、孔令杰。宋庆龄没有孩子，宋美龄也没有，宋子文有。

张学良：只有三个姑娘③。

访　一：那他还有两个弟弟④呢，有孩子吗？

张学良：弟弟有孩子。宋子安，宋子良。宋子安是老三，跟我很好，宋子良跟我没什么来往。宋子安的太太是我们一个很好的朋友。她爸爸姓吴，是个很好玩的人，他们家是买办。

访　一：也是广东人吗？因为那会儿买办多半都是南方人。

张学良：不知道。他怎么好玩呢？他太太跟老宋［有关系］，他也不管。他的小姐长得很漂亮，在交际场……后来嫁给宋子安了。

访　一：他们都是银行界的。

张学良：是的，宋子文原来就是汇丰银行的。后来［才离开］。

访　二：孔祥熙好像也是银行界的吗？

张学良：他办的是实业银行，不叫实业银行，叫什么……宋子安，宋子良把银行办没了。（笑声）

访　一：股份也没了？不是赌钱输出去的？

张学良：不是。

---

① 指宋霭龄、宋庆龄、宋美龄。
② 孔祥熙和宋霭龄共生有四个儿女，分别为大女儿令仪，大儿子令侃，二女儿令俊（又名令伟），二儿子令杰。四个子女性格作风迥异，孔家在大陆时的劣迹很多都是长子孔令侃和次女孔令俊所为。
③ 宋子文与夫人张乐怡共生有三个女儿，分别为宋琼颐、宋曼颐和宋瑞颐。
④ 宋氏三兄弟及其夫人为：宋子文与夫人张乐怡、宋子良与夫人席曼英、宋子安与夫人吴其英。

8. 在奉天讲武堂

访 一： 回去再说您念书的事。结果老先生教您都教不下去了,您就想上外国。后来老师一激——激将法,给您激得[上军校了]。

张学良： 那时候上讲武堂,不能叫激将法。

访 一： 您在军校念书时,在讲武堂,郭松龄是老师,教官吗？

张学良： 是。

访 一： 那时候他们对军校学生怎么样？也跟后来一样严格吗？

张学良： 那时叫讲武堂,不能说军校。那些学员都是些军官。

访 一： 哦,已经是军官了。

张学良： 等到我手里再办[讲武堂时],我就是一年是军官,一年是学生。第四期我当校长,第五期是军官,第六期是教官。

访 二： 有高级的,有初级的。

张学良： 那是我办讲武堂。一方面,前半段我父亲还在,不是我来管理讲武堂。

访 一： 在讲武堂的时候,教官们对您多多少少有些客气吧？

张学良： 我们当时请的教官都是有名的,日本留学的。

访 一： 上不上日文,外文有吗？

张学良： 不上日文。时间都不够。

访 一： 那时的课程都是新式的军事知识,是吧。

张学良： 大部分都是和日本一样的课程设置。

访 一： 您在纽约的时候说过一个故事,您说在跟他们一起军事训练的时候,一个人拿两个馒头就是一天。那是作战还是受训的时候？

张学良： 那是受训。我们那时演习,让他们受这些[苦]。

访 一： 哦,那是故意的。

张学良： 故意的,演习在困难的时候,没有饭吃你怎么办。

访 一： 饿可以,没水可不行。

张学良： 喝尿呀,我喝你的,你喝我的。

访 二： 苏武牧羊的饥食毡,渴饮雪。

张学良： 对,真的。

访 二： 他们说您参加演习,绝不落后人。

张学良： 是呀！那大家都一样。

访 一：您身体好，是不是跟锻炼有关？

张学良：我身体相当好，只是眼睛不好。有一次掉到坑里，在那儿睡着了。（笑声）

访 一：就是说出去一天只有一瓶水两个馒头？

张学良：不仅这样，说是撤退，跑！完了说那边要援助，赶紧往那边跑。完了又说打败了，撤退，马上往回跑。

访 一：会不会有意外受伤？

张学良：就说我自己，晚了回到讲武堂，等不到睡觉时间，在外面一块大石头上坐着睡着了。后来人家说到家了，我到家后倒床就睡，又累又困，累得很。

访 一：只两个馒头，这一天的训练，热量也不够消耗呢。

张学良：那才不管呢。

访 一：教官有没有教给学生，如果只有一点水你要怎么节省？

张学良：那他不管的，只告诉你喝完就没了。

访 一：我们住的旅馆旁边是一个宪兵司令部，我们那旁边大概是个旁门，不是正门。今天我看见宪兵司令部的电动门开着，里面一个兵在太阳底下两手托着枪。

张学良：那应该托着。

访 一：哦，大概是门开开了。

张学良：那枪里真有子弹，不是做样子的。要是有人进来，一枪给撂倒。

访 一：那真是帅啊，军装很漂亮，白手套。我的意思是把士兵训练得站在那儿好像木头人似的，那是什么意思呢？

张学良：你没看见英国皇宫前站的士兵，都是那样。我给你说个笑话，这给你俩讲当消遣了。有个人说，我是基督徒，我做每件事都是给上帝做的。他说我给人家做鞋，也是给上帝做的。简单地，换句话说，谁知道？上帝都知道。

访 一：另外一句就是，反正上帝有本账，只要你跟上帝交代清楚。

张学良：对。我也不给别人交代。我们基督徒，身［体］死了，灵魂不死。做坏事，你就不永生了。

访 一：您做什么都做得很彻底，您养花也很专业。

访 二：您应该写一本养兰的书。

张学良：你看我兰花了？我根本都不看了，开了就搬过来。

访　二：您这儿有的花很珍贵的呀，这儿变成临时花房了，兰可是不容易养啊。

访　二：要有耐心和细心。

访　二：您买这个有固定的地方买？是台湾做的？

张学良：有的是美国人的。

访　二：您这花盆是什么地方的？

张学良：日本的，现在很贵呀。

访　二：现在养花的人多了。以前的人饭都吃不饱才不会养花呢！

张学良：中国也做，但做不够薄。

访　二：薄好呀？

张学良：越薄越好，兰花是气生的，盆子要透气好。

访　二：真有学问。

张学良：说法太多。

访　一：您还有昙花，那天还开花呢。

张学良：开了的昙花可以治某种病的。

访　二：就是夜里开的？

张学良：夜里都开。

访　一：您这儿真有很多名贵的花呢。

张学良：没太多。

9. 相声和戏剧

张学良：我再给你讲个笑话。……他说"小小畜牲，何须大人过问？"走进屋，看见一张画，问"什么画？"他说："唐伯虎的画。"老丈人很高兴，说"你知道我来干什么？""不知道。""你爸爸欠我几个钱，你现家里方便不方便？"他说："老父经手，小的一概不知。"老丈人回家把自己儿子骂了一大顿："你看人家多会说话。"他儿子说，下回老丈人来你不要出去，我去打发他走。等好多日子，老丈母娘来了。"你妈呢？""不在家。""上哪去了？""往庙里去了。""什么时候回来？""不知道，在庙里跟和尚睡觉。"他老丈人觉得奇怪，又问"你爸爸呢？""小小畜牲，何用大人过问？""什么话！""唐伯虎的画"。

访　一：简直是张冠李戴了。

张学良：丈母娘说："你知道我干什么来了？"他说，"不知道。""听说你的

老婆有孕了，我来看看什么情形。"他说，"老父经手，小的不知道。"（笑声）

访 一：写这笑话的人也真聪明。

张学良：那有的人很会写笑话。北京有个张麻子的，相声说的比这更好。不但会说笑话，还会唱呢。

访 二：说、学、逗、唱。

访 一：有一段介绍，说两件事：一个是您非常平易近人，不因为自己是少帅和总司令而怎样；第二是您认为笑话和中国的这种幽默是能维系人心。您认识一个叫张寿臣①的，说相声的？曾经到奉天到您那儿做过堂会。

张学良：不认识，只知道一个"万人迷"②叫张麻子，很可能就是张寿臣。他们唱戏的人都不叫真名字。

访 二：啊，可能。

访 一：听说您还给他写了一段。

张学良：没有。

访 一：或是您给他指点了一下，后来他把它扩充了。

张学良：有时候他们来了，我给他们指点一下倒是有的。说相声的人，看什么情况来做什么事儿。比如说有家眷在时，他们说的笑话很规矩；否则，他们就说得很好玩。

访 二：他们也是聪明人。

张学良：那说相声，一边说，还会表演。干什么说什么，让你看了还想看，再看还是会笑。

访 一：那时家里有堂会时你们就请他们来？

张学良：不一定要有堂会，有时累了，想找他们，打个电话叫他们来，一次也不过100块钱。

访 二：已经算是很好的了，也不是唱大戏。

张学良：那一百就很多了。

访 一：除了相声，那时还有刘宝全的京韵大鼓，金万昌的梅花调，常澍田③的单弦。

---

① 张寿臣，北京人，相声大师兼评书演员，常在京津一带演出，开创了年轻演员单口相声的先例。
② 此外张学良记忆有误。"万人迷"为相声艺人李德钖。张寿臣曾与其搭档，为其捧哏。
③ 常澍田，北京人，满族，常派单弦创始人。声音高亢甜润，吐字清晰有力，既善唱豪放风格的曲目，也善演轻松幽默的作品，尤以运用声音模拟各种类型的人物见长，有独到的八角鼓敲击法，为后代艺人所继承。

张学良：那我父亲最喜欢。单弦，那是绝活，一面唱一面编。他唱的大多数是聊斋。他很聪明，是旗人，抽鸦片烟的。"羽扇纶巾，空前绝后"，是他常唱的。

访　二：他有那八角鼓，边唱边敲。

访　一：大帅最爱点哪一个曲子？

张学良：也不是最喜欢。

访　一：说书你们爱不爱听？

张学良：我最爱听刘宝全儿的大鼓，我会唱。

访　一：您会啊？

张学良：我会唱奉天大鼓。

访　二：您得打鼓呀？

张学良：那简单。唱大鼓的，想不起句子来了他就打鼓。

访　一：真好玩！那种悠闲的生活很有滋味，比现在的卡拉OK和电子游戏机有意思。

张学良：看过唱双簧吗？

访　一："万人迷"是单口相声多，是不是？

张学良：也不是。我再说一个，"劝人不要摘花，你要摘花上我家。"

访　二：占别人便宜。

访　一：为什么叫"刘宝全儿"而不叫"刘宝全"呢？

张学良：京话嘛，带儿字音。

访　一：金万昌您听过吗？

访　二：真好听！

张学良：好听。他在那儿唱，我在外头。他看见我了，说龙行虎步，看出来动作和别人不一样。

访　二：他们接触的人多了，阅历广。他唱得真好！

张学良：他自己讲吧，说这不是男人的。

访　二：但是他唱得更好听。

张学良：梅花大鼓只有他唱得好，现在台湾也有人唱，没他唱得好。他唱绝了。

访　一：刘宝全的您喜欢听哪些？

张学良：刘宝全唱大鼓是唱戏曲，很好听，京戏的腔。他的《柳 junzhao 托梦》——就是隋炀帝杀的 liujunzhao，我最喜欢听。他唱这个，完全等于唱京戏，用的戏词儿。

访　二：啊，那段可真好听，但不是京戏的调，词儿特别美。

张学良：美！唱得也好听。

访　二：调也好。而且他还有做派。

张学良：刘宝全这个人很有意思，跟通常的人不一样。他原来是学唱戏的，没学好，还想出头，于是改行唱大鼓。

访　二：他那架势也跟唱戏一样。这些艺人也很聪明。

张学良：并且他还会音乐，拉胡琴什么的。

访　二：他自己还会音乐！

访　一：我们已经听不着了，在您面前他可能表演得特别精彩，可惜没有电影。

张学良：我们给钱给多点。开会什么的请他来唱。

访　一：他也觉得很光荣嘛。

张学良：我有时请客呀，也请他来唱。他很懂事。

访　二：所谓懂事是［什么意思］？

张学良：懂规矩，不像其他那种要钱的。

访　一：我们现在到了国外，我们想听的就是家里的这些东西。

张学良：现在市场上一定会有的，他copy得好不好就是个问题了。

访　二：对，以前录音的声音也不好，以前的唱片比起现在差太多。

张学良：不过，现在他们能把唱片的声音重新弄得好一些，我不明白［怎么弄的］。

访　二：他们用杜比（Dolby），就是把杂音去掉。

访　一：您现在还听吗？刘宝全他们。

张学良：有时在广播里听，现在在台湾不被欣赏。

访　二：他们不欣赏。

访　一：奉天大鼓是不是有铁片，跟京韵大鼓差不多？

张学良：差不多，另外还有个名堂，叫什么？记不起来了。

访　一：您会唱吗？唱个给我们听听。

张学良：比如说《想珍妃》①。

访　一：啊，回忆的意思。

张学良：我跟你说词儿，头一句是"马嵬坡下草青青"。你看多好的词儿，

---

① 应是《剑阁闻铃》，清代韩小窗所作。描写唐玄宗在马嵬坡赐死杨玉环后，西行途中夜宿剑阁，思念惨死的爱妃杨玉环的情况。是大鼓艺人演唱的名篇。

这是开场白。

访　二：真好！大概是名人作的。

张学良："今日犹存妃子陵，入祠题壁皆抱恨。"①

访　二：觉得遗憾。

张学良："入祠无客不伤情。"

访　二：没有一人不伤心的。

张学良："三郎甘弃鸾凤侣。"

访　二：伴侣的侣。

张学良："七夕空谈织女星。杨贵妃梨花树下香魂散，陈元礼带领着军卒保驾先行。"

访　二：哦，她上吊，让皇帝走。

张学良：这里头的意思是，他不把杨贵妃弄死，军队不走。

访　一：奇怪，为什么不走？

张学良：杨贵妃和安禄山有关系。[这]也是安禄山造反[的]一部分原因，他是来想要杨贵妃的。

访　二：哦，来捉杨贵妃。

张学良：杨贵妃跟安禄山有关系已经是公开的秘密了，所以那军队的态度是，"你带着杨贵妃，我们就不保护你"。所以，为什么杨贵妃要死？就是军队不走。白居易诗中有一句，叫六军什么什么不前。反正，无可奈何了，叫杨贵妃死。安禄山为什么造反？为了杨贵妃。所谓我要知道半途而废又何必西行呢，是劝唐明皇的话。

访　二：对，何必走呢。

访　一：您可以给我们开唱了。

张学良：头一句是"马嵬坡……"有几句，唱不起来，"悔不该兵权错付卿义子，悔不该国事全凭你从兄"，讲杨国忠……

访　一：前面几句跟京韵大鼓很像啊。您比如，"说正是断肠人听断肠声"，这京韵大鼓里也有。而且音调也像。

张学良：很像，唱奉天大鼓，我在广播里听的，唱得还不错。

访　二：您是不是说刚从大陆来的一个女的叫魏喜奎②，是那个人吗？

---

① "入祠题壁皆抱恨"句应为"题壁有诗皆抱恨"。
② 魏喜奎，著名曲艺表演艺术家。天津蓟县人。她融乐亭大鼓、奉天大鼓、辽宁大鼓的曲韵精华为一体，创成奉调大鼓。

张学良：不是，那是个男的。

访　二：这词儿真美！

张学良：美！词很雅！

访　一：您可以找一个人来给您配个弦子，把这个录起来。

张学良：我还会唱蹦蹦①。

访　二：哎呀，"帽子"，唱哪一出呀？

张学良：我会唱这段蹦蹦，那时候大家在一起开玩笑。你听过蹦蹦吗？

访　一：北京就有啊。

张学良：蹦蹦有很多种呢。

张学良：这段很有意思，一个红袍，一个蓝袍，那个蓝袍是专门骂的，红袍给打圆场。红袍说，我把王公子好有一比，好比"黄连树下来看花"，此话怎讲呢，就是苦中取乐。另一个说，我也有一比，"望阳台上玩牡丹"。这是《玉堂春》②呀，《玉堂春》是真的事。

访　一：真有？

张学良：《玉堂春》真有，这个东西在山西洪洞县。档案让山西巡抚拿走了。

访　二：为什么呢？

张学良：那是历史上很有意思的事情，那档案很值钱。

访　二：一件佳话，而且是事实。

张学良：还有，我跟你讲，唱戏的那个《游龙戏凤》③，李凤……

访　二：李凤姐？

张学良：她叫李凤。在居庸关外有个李凤墓。

访　二：啊！真有啊！

张学良：那个谁带她……她没能进关，出天花死在那里了。塞外的人不种花（牛痘疫苗），很多不能进关，塞外冷啊，到热一点的地方要起天花。

---

① "蹦蹦"也叫"落子戏"，原为河北一带流行的民间歌舞，是评剧的早期形式。现代评剧是在民间说唱莲花落和民间歌舞蹦蹦的基础上发展而成的。

② 《玉堂春》中国戏曲中流传最广的剧目之一。此剧是清代花部乱弹作品，作者不详，故事见冯梦龙编订的《警世通言》卷二十四《玉堂春落难逢夫》。

③ 《游龙戏凤》，京剧传统剧目，又名《梅龙镇》。描写明武宗正德皇帝朱厚照微服巡行民间，在山西大同城郊抢得美女李凤回京，刚至居庸关，又遇上另一个绝色美女，就把李凤扔下走了。后来李凤在居庸关生下一男孩后，郁闷而死的故事。

访 一：梅龙镇不是在南方吗？

张学良：不！梅龙镇在大同旁边。李凤生长在梅龙镇。我还会唱两句，京戏我不会唱。这段很有意思，这戏编得很好。那个他（指正德皇帝）就去调戏她，她不理他。她后来决心了，唱这段戏，说我认识你。皇上奇怪说你怎么认识我？她说你是我哥哥的大舅子。

访 二：哈，占人便宜。

张学良：后面的词儿也很好。李姐问他："月儿弯弯照天涯，请问军爷你住在哪人家？"他说，我住在天底下。人不住在天底下，还能住在天上不成？他说，我住的天底下不同，我就住在一个圆圈圈里面。

访 一：大圈圈里面的一个小圈圈。

张学良：她说，我认识你。他说，这个丫头怎么认识我呢？她说，你是我哥哥的大舅子。完了，后来她说，你认识我吗？我是正德的妈妈，意思是，你吹牛，你是正德，我就是正德的妈妈。就这段，他就想，我看看有谱没谱，有谱呢，我就收她入宫；没谱呢，我打马就走了。他就给她看好，说，"你看，什么人大胆敢穿龙袍？"

访 二：哦，知道他是皇帝了。

张学良：她就讨封。他不封她。

访 一：不封就罢。

张学良：他说，你骂我是你哥哥的大舅子。她说，你封我呀，我哥哥就是你的大舅子。

访 一：他这戏写得[好]，这一小女孩很调皮，嘴很厉害呀。

张学良：那出戏唱得好呀，我看的是梅兰芳跟余叔岩唱的。梅兰芳装那小姑娘装得活了，他不是那妖冶的样子。完了，她看到龙袍了。他说，我不封你，你骂我是你哥哥的大舅子。她说，你封我，我哥哥就是你的大舅子。完了，他就封她了。

访 二：封她什么呀？

访 一：闲游嬉耍宫。

张学良：前头有一段，他调戏她，要她钱呐。她说，我怕，我怕我哥哥回来。后面，讨完封了。她完了说请，他说请到哪里，她说请到卧房。他说我害怕，我怕。她说，你怕什么？他说我怕你哥哥回来。［她说］，我哥哥这时候不回来就不回来了。

访　二：这词儿编得真是妙。

访　一：还是觉得她很俏皮，一个小姑娘。

张学良：我看梅兰芳和余叔岩唱的，那表情呀，表得那个恰到好处。逗着玩儿。

访　一：她也不怕他。

访　二：那个人家是卖酒的。

张学良：卖酒。她哥哥大概知道，叫她去好好照顾。好多戏编得非常好。那都属于旧戏，不是新戏。

访　二：您说，编戏的这些人也要相当有学问。

张学良：那当然。那个戏，杨小楼呀，谭鑫培呀，他们都是供奉［是赏钱］。

访　一：您说上宫里唱戏。

张学良：都是给皇上唱戏。下来给我们听那是给老百姓听。他们实际上是供奉。

访　一：那他们可以拿银子拿饷了是不是？

张学良：说是这么说，但是没有。供奉呀，他得到供奉是很荣耀的。

访　二：那供奉很多了。

访　一：王瑶卿也是。

张学良：都是。到宫里唱戏都是有供奉的。不过，那些最有名气的给西太后唱戏。

访　一：我来打个岔，《游龙戏凤》说的是正德皇帝，但也不一定是正德皇帝吧？我是说那情节呀。

张学良：正德皇帝是个最不好的皇帝，乱七八糟。他死得很奇怪，死在"豹房"里，怎么死的也不知道。他不是个皇帝的样，他喜欢当大将军，他觉得随便自由。当时这是真事，不是随便说的，这是历史啊。他喜欢一个吹鼓手的老婆，姓刘，后来人家叫她刘皇后。他走哪儿都带着她，她是个粗人。这人自封为大将军，他出门就叫这个大将军，不是皇帝。他不愿意当皇帝后来死了也不知是怎样死的，有说是被人害的，有说是他妈妈给弄死的，怕他太乱了，失节。这个皇帝老儿够瞧的。

访　一：正史上有没有对他的什么批评？

张学良：我没看见过。

访　一：《姑嫂英雄》①这戏也挺轻松的，是梅兰芳演的。

张学良：我不知道。啊，樊梨花，那只是个逗笑的戏。

访　一：《得意缘》②我也很喜欢。

张学良：啊！这戏我很爱看。

访　二：筱翠花③真好。我们赶上一次，那是胜利之后，筱翠花跟叶盛兰唱。

张学良：你知道那故事吗？筱翠花（饰狄云康之女狄云鸾），她一家是土匪呀。这男孩子，卢昆杰，是她爸爸（指卢昆杰的岳父狄龙康）捡来的还是怎的，反正带家来了。他（狄龙康）把闺女给他。看他是很好的一个孩子。他是想啊，家里出一个读书人。他家里最厉害的是那个老太婆。

访　二：对，她的母亲。

张学良：这戏后来还有呢，历史上真有那事情。后来他妈妈，他家全被抄家了。他爸爸帮着人家打官司。军队来把他们全家都烧了。唱得最好的是筱翠花。

访　二：我们那次不错，听的是义务戏。尚小云演妈妈。

张学良：尚小云我不喜欢。

访　二：孙普亭演老太太。那时候他演那种有威严的老太太，是第一把。然后筱翠花和叶盛兰，他们两个人这个逗呀，用京白说话，说说就普通话了，可逗笑了。

张学良：筱翠花最好的戏是唱泼辣的女人。

访　二：对。而且他的小脚跷，真好啊。

访　一：他跷④跷得最好。他演的戏大概都是跷跷。《坐楼杀惜》⑤里的阎婆惜……

---

① 《姑嫂英雄》，又名《樊江关》，中国戏曲传统剧目。讲述唐太宗率领薛仁贵征西，被困西辽锁阳城。柳迎春（薛仁贵之妻、樊梨花的婆婆）奉命到樊江关要樊梨花处搬兵。薛金莲亦押粮草来到，疑嫂嫂樊梨花按兵不动，妄加指责，二人遂动刀剑，柳迎春出面喝止，薛金莲向樊梨花赔礼，姑嫂和好一同出兵救驾。

② 《得意缘》，又名《雌雄镖》，中国戏曲传统剧目。讲述山东卢昆杰奉母命至四川投奔亲戚，后流落难归，卖艺糊口。侠盗狄龙康以次女云鸾妻之。卢因思母烦闷，云鸾教以雌雄镖法，为之遣闷。卢知久居绿林，终无结局，与云鸾商议一同离去。山寨有例，许入不许出。夫妻不避艰阻，连闯寨口，终得下山。

③ 筱翠花，即于连泉，京剧花旦演员。名树德，学名连泉，艺名筱翠花，河北衡水人。

④ 跷跷，高跷会十二个角色，每个角色脚下绑一根三四尺高的"腿子"（也称"跷跷"）。

⑤ 《坐楼杀惜》，中国戏曲传统剧目。讲述郓城县书吏宋江之妾阎婆惜与风流年少的张文远私通。久之，厌烦宋江。宋江与梁山头领晁盖来往的书信为阎婆惜所藏匿。宋江哀求将书信归还，阎婆惜置若罔闻。宋江怒不可遏，遂拔刀刺死阎婆惜，取书而去。故事见《水浒传》。

张学良：他专门做坏女人。

访　二：《翠屏山》①也是趾跷。还有《战宛城》②。

张学良：那时候男人也喜欢他。

访　二：他长得不好看。是同性恋吗？

张学良：也不是。前清政府有个规矩，也不是正式的规矩，反正是习惯，你不能携眷入府。你带个姑娘进去，御史可以参你的，会给官丢了。所以找男的没有关系。

访　一：这是个很大的社会问题。

张学良：也不是，是那时候的制度。

访　一：那［是］制度压制出来的。

张学良：那时我痛恨这个。那时候当大官的，文人，差不多都有这个。

访　二：我看那《聊斋》里，常常写着把书童当那种人了，还有唱戏唱旦角的也是。

张学良：那时候书童、琴童的……唱戏的都是。

访　二：所以说唱戏的是一种很低的身份。

张学良：是的。清朝有五种人的后代不能考科举，唱戏的、吹鼓手，还有什么……五种人。明太祖杀了好多文人，就是人家告诉他，给张士诚③起名的那人骂他，"士，诚小人也"。为了这话，明太祖记在脑子里，他挑字眼儿，杀了好多文人。他觉得人家骂他。

访　二：要是说和尚，说僧人，他就要杀人，认为侮辱他。

张学良：这是自卑感。

访　一：其实以和尚做一国元首，也没什么可自卑的。

张学良：好像说我当年是和尚嘛。

---

① 《翠屏山》，中国戏曲传统剧目。讲述杨雄与石秀结拜。杨妻潘巧云与僧裴如海私通。为石所见，告杨雄。潘巧云及婢迎儿反诬石秀戏己。杨雄不察，与石绝交。石秀愤而离去，乘醉夜杀裴如海，杨雄始悟，定计诓潘巧云及迎儿至翠屏山，勘问奸情，石秀逼杨杀死巧云等。故事见《水浒传》。

② 《战宛城》，中国戏曲传统剧目。描写曹操率大军攻打宛城，张绣因不敌曹军大将典韦，只好投降。一天，曹操微服出游，在侄儿曹安民的怂恿下，将张绣的孀居婶母邹氏劫到营中。婶母失踪，张绣到曹营探问，看出破绽后，又羞又怒，却又畏惧典韦的猛勇；便用参谋贾诩之计，邀典韦饮酒，将典灌醉，又命健儿胡车盗去典韦双戟，然后引兵夜袭曹营。典韦战死，曹操死命逃走；邹氏被张绣刺死。故事见《三国演义》。

③ 张士诚，元末明初的义军领袖与地方割据势力之一。1368 年 9 月，朱元璋进攻平江（今苏州市），张士诚被俘，后被押解至应天（今南京），自缢而死。朱元璋曾派儒士李善长劝降张士诚，没有成功。后来李善长叛乱，朱元璋不知如何发配李，时人即以张士诚本无名，儒者献名"士诚"，实语出经传"士，诚小人也"，暗讥儒者对皇帝之不敬，遂导致李善长遇害。

访 一：那会儿做和尚不是很光荣的？

张学良：不能说光荣。

访 二：他从前太可怜了，要饭的。

张学良：要饭的，没办法，无路可走了。

访 一：他心眼也太窄了。

张学良：他不是真想做和尚的，还有原因是那和尚尼姑并不是什么高僧，高僧就不同了。

访 二：哦，他也是忌妒，害怕……心眼儿很窄。

张学良：对。稍微文字上有点儿什么，他就［恨人家］，认为人家都在骂他。

访 一：而且他很侮辱读书人嘛，一来就廷杖，他时常打大臣。

张学良：那时候不光是他，就连哈巴狗都干这事儿。侮辱人是为了逗他威风。

访 二：对，对。

张学良：因为他自己不是文人，他大概［是］怕文人小看他。

访 二：那您认为中国是一种传统思想，文人都小看［粗人，是吗］？

张学良：文人都看不起粗人。看不起［那些］草莽出身的。

访 二：可历代帝王从草莽出身的［有］好几个。

张学良：那都是。

访 一：只有汉光武帝①不是。

张学良：你听我说，汉光武帝是西汉的，传下来的。

访 一：所以您看元、明、清，都是，宋还好。

张学良：宋朝是这样，宋朝黄袍加身②呀。他（指赵匡胤）是柴世宗手底下大将，黄袍加身，陈桥兵变呀，就是这样起来的。他弟兄两个把人家南唐姊妹两个——小周后，大周后……我看过一幅画，宋太祖——宋太宗的哥哥，就把她姐姐……宋太宗就把她妹妹……我看的是《宋太宗幸小周后》，我现在还记得题的两句诗。

访 二：谁画的您知道吗？

张学良：不知道。

---

① 汉光武帝，即东汉王朝开国皇帝刘秀。刘秀虽名为西汉皇族后裔，但属于远支旁庶的一脉，尤其是到了西汉后期，刘氏皇族的子孙遍布天下，到了刘秀已完全成了布衣平民。

② 黄袍加身，即指赵匡胤建立宋朝前夕所进行的一场政变。公元959年，五代时期后周皇帝柴荣（柴世宗）病死，八岁的恭帝柴宗训即位，大将赵匡胤与其结义兄弟掌握了军权。960年，赵匡胤借口北汉与辽联合南侵，率军出大梁（今河南开封），至陈桥驿（今开封东北）授意将士给他穿上黄袍拥立他为帝。此次兵变导致后周灭亡和宋朝的建立。

访 一：没有题名的。

张学良：没有。常常这种画不好题名。不是我的，人家给我看的。因为很值钱，这最少是元朝的画，元朝人题的。人家的画，我看的，让我给鉴赏。他们不认得，说是唐朝皇［帝］和杨贵妃。画得很细腻。

访 二：画的白描还是着色的呀？

张学良：画的真好呀。

访 一：你说过去唱蹦蹦是不是都是女的唱啊，像白玉霜①什么的。

张学良：那白玉霜是我们逼着唱，她不愿意唱这个不好的蹦蹦。

访 一：现在蹦蹦也都改良了，跟京剧似的，词儿也美了，服装也好看了。

访 二：不像以前那样了。

张学良：是不是管它叫评戏呀？

访 一：对。

张学良：原来我们北方，好多［戏］我不会唱，蹦蹦戏不许女人听的。［它］不登大雅之堂。

访 一：评戏，蹦蹦戏也叫落子戏，是吗？

张学良：《王二姐思夫》②，还什么来着？我忘了。女人不能听。

访 二：女的不许听是不是因为她们很少出去，外面的聚会都是男的？

访 一：我们小时候跟着大人到人家里做客，记得堂客都在屋里，男的在外面，不在一起的。

访 二：我们去西部听的常香玉③，河南戏，都让我们坐楼上，女的坐楼上。

张学良：你说的那是秦腔，陕西的。梆子戏好多种呢，跟河南梆子不一样，北方梆子很好听。

10. 赵一荻年轻的时候很会跳［舞］

访 一：您喜欢唱洋歌吗？

---

① 白玉霜，评剧表演艺术家，旦角。原名李桂珍，又名李慧敏。河北滦县人。莲花落艺人李景春之女。有评剧皇后之誉，白派艺术的创始人。20世纪30年代与刘翠霞、爱莲君、喜彩莲并称评剧"四大名旦"。

② 《王二姐思夫》，梅花大鼓传统曲目。又名《摔镜架》。故事源于明人小说《醒世恒言》中的《张廷秀逃生救父》。叙王二姐的丈夫张廷秀进京赶考六年，杳无音讯。王二姐独居房中，日夜思念、无比焦虑。

③ 常香玉，豫剧表演艺术家。原名张妙玲。曾任中国戏剧家协会副主席、河南省文联副主席、河南省戏剧家协会主席、河南豫剧院院长、河南省戏曲学校校长等职务。

张学良：洋歌？不会唱。

访 二：您喜欢古典音乐呀！

张学良：但我不会唱歌。

访 一："不怕死不爱钱……"

张学良：那不是歌，我随便写的，不是歌。

访 二：日本人的时候呀，教给我们的歌，日本人给我们编的歌。

访 一："不怕死不爱钱，丈夫决不受人怜。洪水纵滔天，只手挽狂澜。"日本人给我们编的歌，让我们唱。

张学良：我不知道，"不怕死不爱钱，丈夫决不受人怜"，后面就写"顶天立地男子汉，磊落余生度残年"。

访 一：您什么时候写的？

张学良：我不知道。

访 一："不怕死不爱钱"这歌您也不唱？

张学良：这是军歌，早就有的。还有三省的，我记不起来了，一省一省地唱。

访 一：您很喜欢西洋音乐，你不是有很好的音乐的唱片吗？

张学良：我喜欢听音乐。

访 一：也喜欢圆舞曲吗？

张学良：喜欢，但不会跳。她（指赵一荻）会，跳得很好。

访 一：那您喜欢跳什么呢？

张学良：我就会跳开步走，实在我不会跳。

访 一：Samba（桑巴舞）您会吗？

张学良：这些新的玩意儿我更不会，从前只会Foxtrat（狐步舞）。他们说我喜欢跳舞，其实我最不会跳舞。

访 一：不过在舞会中您总得要下池子开舞吧？

张学良：我不下去。

访 二：老帅去不去？

张学良：我父亲，他更不会去。

访 一：张太太很会跳吧。

张学良：她会，她会跳探戈。

访 二：那很不容易，跳起来美啊。会跳舞的人喜欢跳探戈。

张学良：她年轻的时候很会跳。

访 一：对，这一时期都是很欧化的。

访 一：我们看了些相片，张太太穿的衣服都很摩登啊。

访 二：都戴着大帽子呀，裙子呀，都是洋装，很漂亮。您也很洋派，穿皮鞋还带罩呢。

张学良：狗长犄角——羊（洋）式儿的。

访 一：您刚才唱的奉天大鼓，词儿相当的文雅。

张学良：奉天大鼓都是很雅的，我就会唱《忆珍妃》。

访 一：还很长的是吗？断肠人听的是断肠声。

张学良：我不会往下唱，到那儿为止。

张学良：底下还有，兵权错付卿安子，国事全凭你从兄。

访 一：现在流行的歌曲只有洋歌了，那词儿可没这个好。

访 二：没有。

访 一：不单雅，尤其是现在台湾［没有人会那些旧歌］。

张学良：就是我刚才唱的《忆珍妃》，那大鼓不知道谁编的。头一句是"马嵬坡下草青青，今日犹存妃子陵"。

访 二："题壁有诗皆抱恨，入祠无客不伤情。"

张学良："玉郎甘弃鸾凤侣，七夕空谈织女星。杨贵妃树下香魂散，陈元礼带领军卒才保驾行。"这个故事很有意思呀。安禄山［与杨贵妃有关系］，也是公开的秘密呀。

访 二：那也就是说唐玄宗没有注意到？他不会不知道吧？

张学良：他知道呀。

访 一：那他为什么纵容？

张学良：王八头就是王八头嘛，他赏洗儿钱呢。

访 二：是呀，把她衣服脱光了，还给她什么的。

张学良：那是洗澡嘛。我有张画，卖了，是杨贵妃洗澡的。

访 一：为什么她可以在宫中这么荒淫呀？

张学良：你不看历史。杨贵妃其实不是他的妃子，是侄媳妇。他侄子是河南一个小地方的小王，历史上的也记不清楚。一天，他打那儿经过，到那儿吃饭，看见她，就把她带走了。所以他们唐朝这个乱。带走了她，头一步就是进那个华清池，让她洗澡，他偷着看。

访 一：华清池不是为杨贵妃而盖的？

张学良：早就有了！什么样儿不知道了。侍浴华清池嘛，我想大概是皇帝在那儿洗澡的。

访 一：是露天的？

张学良：不是。

访 一：现在已经不是原来那位置？

访 二：现在盖得像宫殿一样。

张学良：你们去过？现在还有冷水。

访 一：是吗？我只知道是温泉。

张学良：不是光热水，还有冷水。

访 二：阳明山［温泉］① 只有热的嘛。

访 二：现在的西安把华清池改成公共浴室，大家排着队，好几千人在那儿等着。大家都要做杨贵妃。

张学良：那大家洗。

访 一：那个温泉和这北投的温泉不一样，这个［温泉］有臭味。

张学良：温泉有好多种，台湾最好的温泉是四重溪。

访 二：那在南部嘛。

张学良：这温泉呀，有一种是硫黄泉。

访 二：对，这是硫黄泉。

张学良：有一种是碳酸泉。所谓碳酸泉，日本话，就是清的。碳酸，就是 soda（苏打）。我跟你说，有好多种。

访 一：哪种最舒服？

张学良：还是碳酸泉，不臭呀，水也清。热度各有不同，哪一种都有热有凉。

访 一：华清池是哪种？好像没味儿的。

张学良：很清很清的，大概是碳酸的。中国像华清池这种，内陆上多得很，在奉天也有。奉天的温泉大部分叫日本人占了，日本人男女一起洗。

访 一：日本男女就是在一起洗澡，是吗？

张学良：一块儿洗澡。

访 二：那是怎么回事儿？

张学良：是他们的习惯呀，我头一回可真不舒服。普通旅馆住着，那就一个木盆，那是日本人的艺术呀。男女都一个房里，衣服脱光了。你看不见的，拿一块什么挡着。他们的洗法，男人的洗法，先洗下面。洗干净了，水倒了，再换水，洗上面。在那儿，大家脸都烫的，很热的。洗

---

① 台湾著名的四处温泉是北投温泉、阳明山温泉、关子岭温泉、四重溪温泉，被称为台湾四大名温泉。

完了，在那儿泡。你挨着我，我挨着你，这个澡盆差不多有四个人。头一回真不舒服，后来也习惯了。我最佩服的是那个女的，她洗，你绝对看不见她。她手就这样。男人也这样，人家洗你什么也看不见。

访 一：从小训练的。

张学良：习惯了。

访 二：不认识的人也这样男男女女一个池子里洗呀？

张学良：在外头已经洗好了，都在一个池子里泡。

访 二：不认识嘛。

张学良：不是，不是。是一个木头箱子，泡一箱热水，四个人在那儿［洗］，开始的时候，你真是不太方便，不太舒服的。后来就好了，无所谓。

访 一：这有点像我们在美国那里的健身俱乐部，有个热水池，水是动的。大家做完运动都往那里坐，男男女女的。我们都穿着泳衣去的。让那水冲冲，我也不知道有什么好。

张学良：俄国人洗澡也不穿衣服的，男的女的都光着的，在河里。我们在那儿，他们搭了个有篷的台子，男男女女到那把衣服脱了，在篷子底下钻到水里。我们住在那儿，觉得很麻烦，我们的兵跑到河边去看那些完全不穿泳衣的女人洗澡。洗澡的人好像无所谓。我想这是他们的风俗，不是买不起游泳衣，在水里，完全看不见的。

访 二：各地的风俗不一样。

张学良：俄国人那个时候不是那么乱，现在是不是这样我不知道。日本女人现在怎么样我不知道。［那时候］日本女人不穿裤子的，在日本我看见日本女人就蹲在马路旁小便。

张学良：俄国人啊不那么［样］，那时候雇的人都是俄国人。

访 二：不都是白俄吧？

张学良：白俄，我说的都是白俄。我认识一个白俄女人，她丈夫是俄国公主的卫队长。后来那公主呀什么的都被打死了，一家人，都在西伯利亚。不是护卫长，反正是什么长的。

11. 王亚樵和戴笠

访 一：您知道最近发现斯大林原来是杀人如麻的。台湾前两天有段电视片，说他是有史以来杀人最多，害人最多的。

张学良：我看过一篇记载，说他在一个地方一次就处死一万多人。杀人最多他是一个，他比希特勒还厉害。希特勒杀人是集中营。

访 一：咱们中国还没有像他那样的人吧？

访 二：日本人杀中国人杀很多。

张学良：日本人不用说了，中国历史上也有杀人很多的皇帝。

访 一：秦始皇？焚书坑儒。

张学良：秦始皇没有那么一说。

访 二：朱洪武①杀人很多，一万一万地杀。

张学良：中国的皇帝实际上也不是这种厮杀。

访 二：暗杀。中国有个暗杀大［王］，姓王叫亚樵。

张学良：王亚樵②是现在的，他是杀人工具。

访 二：他真的是职业杀人的？

张学良：是，是。他［是］没有仇人的杀，谁给他钱要他杀他就杀，杀人公司的。那时候我到上海去，杜月笙说，你谁也不用防备，我给你个电话，你得防备王亚樵。王亚樵不是他要杀人，有人要买杀。王亚樵就是这么个人。

访 一：等于他是职业的［杀手］。

张学良：［他是］杀人公司的。这个人也是一个怪人，他是个文人。说起王亚樵呀，我们就说王亚樵［杀人］的故事，孙凤鸣是他的部下，是他派出来杀汪精卫的。

访 二：是他布置的。后来我看书上，说不是这么回事。有人说孙凤鸣杀人的头天晚上跟他姨太太睡觉。这王亚樵呀，最后叫戴笠给杀了。

访 一：哦，一物降一物。他得罪他了？

张学良：戴笠要抓王亚樵呀。

访 一：为什么呀？

张学良：因为他杀汪精卫，打算把宋子文他们都杀了。戴笠是受指派去抓他。

访 一：真抓住了？

张学良：把他打死了。是一个女人，这女人后来就跟了周子如。这个女人叫戴

---

① 朱洪武，即明朝开国皇帝朱元璋，1368—1398 年在位，年号洪武，庙号太祖，人称朱洪武。

② 王亚樵，字玉清，安徽合肥人，民国时期著名刺客。曾策划谋刺宋子文、蒋介石等，未能成功。1935 年 11 月他派孙凤鸣行刺汪精卫后，蒋介石震怒，令军统戴笠缉拿王亚樵，王逃到梧州。戴笠买通了王亚樵部下余立奎的小老婆余婉君，剩余婉君约王亚樵见面之机枪杀了王亚樵。

笠买通了，怎么［买］通的我不太清楚。反正这女人让王亚樵强占，她有个小孩。在王亚樵住宅后头有一条河，河里有条船，戴笠带人把王亚樵打死了。后来这女人在戴笠手底下招待客人，美国人什么的。

访　一：哎哟！
张学良：戴笠训练这女人，让她陪美国人呀。这女的不干，戴笠说，我让你陪你就得陪。那时候戴笠给美国办事。
访　一：拍马屁。
张学良：那时候美国人给戴笠两身军装呀。英雄难过美人关，戴笠他死就死在胡蝶①手里。
访　二：死在胡蝶手里呀？
张学良：他那时候迷上胡蝶了。
访　一：他比胡蝶小呀？
张学良：胡蝶有丈夫。怎么说他死在胡蝶手里呢。那天戴笠从上海回南京，胡蝶在那儿，他要去见她。其实那天的天气很不好。他从南京本来可以坐汽车回来的，但时间久呀，他非要开飞机。回来因为下着大雨，下降看不准。戴笠死前两天，他给了我一封信，说很困难，焦头烂额的。
访　一：他有预感。
张学良：不是有预感，只是应了他自己那句焦头烂额的话。
访　一：接替他的人是谁？
访　二：毛人凤。
张学良：比戴笠还坏，毛人凤是戴笠的亲戚。
访　二：［毛人凤］是不是也是蒋先生的亲戚？毛夫人的？
张学良：不，不，不！他是戴笠那个家的亲戚，什么亲戚我不知道。
访　一：为什么蒋先生这么信任戴笠？
张学良：他（戴笠）是学生呀，一直给他（蒋介石）当副官，后来又办那特务［组织］。戴笠跟我很好，相当好。陈仪把戴笠部下枪毙了，为陈仪的事他跟蒋先生吵起来。戴笠跟我讲蒋先生骂他，他说我（指戴笠）很孤独要自杀。后来他说我想了半天，蒋先生在我无所谓，如果蒋先生不在，我一定要自杀。后来戴笠给蒋先生跪下叩头，蒋

---

① 胡蝶，原名胡瑞华，广东鹤山人，生于上海。民国时期著名电影女演员，有"电影皇后"之称。

先生说他无耻。①

访 二：他做事［狠毒］。

张学良：戴笠是个怪人。

访 二：他后来好像跟美国合作得还不错。

张学良：他希望在美国［人支持下做事］。

访 二：啊！对，对，对！

张学良：要是戴笠不死的话，我判断他一定跟蒋先生过不去的。

访 二：啊！对！可能！他们是两派。

张学良：不是两派，是争权。戴笠有两个师的军队呀。他到处想办法，想抓钱，跟宋子文好，跟贝太太也好。

访 二：啊，有这财源。

张学良：要打财源啊，这个人要是不死，我猜，他一定跟蒋经国有冲突。

访 二：也是个野心家。

张学良：当然，有些事蒋先生也有责任。这个人不善，这个人野心很大，他甚至要把台湾拿到他手里。那时候因为他没有部下，他就拉拢人才，对我说，"我给你推荐到什么到什么。"那是有野心。

访 二：对，安排自己的班底。

张学良：他班底也有了，但不满意。他班底都是干那个的，不是正经的。

访 一：他和经国先生的年龄也差不多。

访 二：他比较大。

张学良：他若不死，我判断，他会争权，绝对不会服从蒋经国。

访 二：假如他和蒋经国争权的话，可能他的技巧更多。

张学良：可能比不过他（指蒋经国）。蒋经国这人，我很佩服他，他到台湾对军队的整顿很有办法。经国这人很厉害，我非常佩服他。他很有远见。他对军队的整顿，现在这些人［都他培养的］。

访 二：都是他的人？

张学良：不能说是他的人，都是他用出来的。

访 二：奇怪！他为什么［能这样］？

张学良：这话是王先生说的。

---

① 1938年夏，戴笠派往福州的特务、福建保安处科长张超张贴标语，声称福建省主席陈仪有汉奸之嫌，要把陈仪赶出福建。陈仪忍无可忍，命令保安处长逮捕并处决了张超。张超为戴笠亲信，戴笠到蒋介石面前下跪喊冤，与蒋争辩，蒋骂其无耻。

访 二：他怎么知道？

张学良：有一次他（蒋经国）到我这来，我要知道他有这毛病我就早点躲开。他在我这儿，喝酒，抽烟。

访 二：女朋友很多。

张学良：很多，旁人跟我说我不相信。

访 二：一个做顶尖儿领导的人，他一定精力充沛，思想很灵敏的。

张学良：自古英雄多好色，未必好色都英雄。自古那些厉害英雄，你看他厉害，都这样。

访 二：那是，尤其是所谓开国的皇帝呀，都是这样。

12. 我父亲把东北统一了

访 一：明天我们不来，因为您要接张太太去。代我们问候她，我们再等您的电话。

张学良：你们礼拜四来就行了。

访 二：张太太回来会很累的，要休息吧？

张学良：她休息，我们聊，你们照时候来好了。礼拜三不要来，她要打牌呀什么的，把我送托儿所，她们打完牌再去接我。

访 一：那我们礼拜四来。她（指访二）是礼拜六要走了，一直在关心签个字。她得跟张太太联系一下，看我们以后怎么联系。我呢，是四号走，就是说我礼拜六，礼拜一还在这儿，再和您和张太太谈谈。关于大帅的事，我们收集了很多资料，仍在收集中，您看您心目中还有什么？

张学良：还是那样，你们要我诉说我不诉说，你要看资料上对不对呀，[我告诉你]，人家对我爸爸的历史很少能真正知道的，都胡说八道。

访 二：特别要强调的是您刚才提到的草莽，好多地方没人了解，所以我们想 [了解一下]。

张学良：我父亲很多事情我很佩服。你知道历史上汉高祖这事儿。

访 一：汉高祖什么事儿？

张学良：韩信呀，在跟楚霸王打完了，他底下的人都封王了，就他没封。他求汉高祖封他假王，这底下这么多王，好指挥他们那些人。汉高祖气了：你怎么自己让我封你王呢？这时张良踢他一脚，汉高祖说，"什么假王，我封你真王！"

访 一：真厉害，反应快。

张学良：转得很快，你很难骗到他。他们这些大人物呀说话很简单，不要和他啰唆。你马上去办，要再他解释，他就变了。有一回，我爸爸把我骂得要死。晚上有个电报，他要我回这电报，人家秘书下班了，我写不出来，他骂我。我说："爸爸，我写不出来。"我没有这个能力。他自己写不出来，你写得不好他也不愿意，他看着不好。

问 二：所以说这真是可贵的人才，假如时间、地点都……

张学良：我父亲要倒退两百年，就成为皇帝了。①

访 一：东北那地方多不好弄。

张学良：那不是不好弄，他整个把东北统一了。

访 一：那几个把兄弟也不是好惹的，还有俄国呀、日本呀［都不好惹］。

张学良：那时吉林是孟思远②，黑龙江是许兰洲③，那不是他的部下，［可是］都［被］我父亲［"征服"了］。

访 二：还有两天，您和我们说说大帅和吉林孟恩远的事？

张学良：那不是我父亲的事。孟恩远在吉林和日本人冲突了，他就下台了。

访 二：孟恩远本来不想走，是吗？

张学良：没法子呀，出事了。

访 二：大帅和您都有很多地方令人感到非常奇怪。

张学良：是上帝给的机缘。

访 一：天时地利人和。

张学良：孟恩远和日本打起来，不是他成心打的。我跟你说，那是上帝的安排。我跟你说个他的笑话。孟恩远的太太和一个最出名的梆子戏子有关系。

访 一：明天我们不来，我们会把资料收集一下，关于老帅的事情后天来再和您核对。

访 二：我们一直在找大帅的资料，找了很多，日本的，外国的都有。

---

① 张学良在自传体遗著《杂忆随感漫录》中，曾称其父"生非其时，他确有刘邦、朱元璋之风度；亦具有项羽、陈友谅之气概；英雄豪杰也!!"

② 孟恩远，字曙村，天津人。1895年袁世凯创办新军时入伍，民国初年为吉林督军。1917年支持参与张勋复辟，任吉林巡抚。失败后，东三省巡阅使张作霖以此为借口，软硬兼施迫其离开吉林，回天津寓居。

③ 许兰洲，字芝田，河北南宫人。湖南陆军学堂毕业。1908年任黑龙江省巡防统领。1914年后，任黑龙江陆军暂编第一师师长，黑龙江省督军兼省长，东三省巡阅使署参谋长。1922年后，任东北骑兵第一师师长，东北陆军整理处顾问，安国军大元帅府侍从武官长。1928年后落职闲居，长期居住于天津，并一度任河北省国术馆馆长。抗战期间曾一度出任伪职。

第四十二次访谈
西安事变　基督教

访谈者：张之丙（简称"访一"）
　　　　张之宇（简称"访二"）
被访者：张学良
同座者：赵一荻
访问日期：1992年7月30日

1. 有这么个人，不是这么回事

访　二：现在差一分钟是三点，准备开始录音，张太太今天可能也会参加。
张学良：我太太血压很高，又不能吃药，因为心脏又坏了。
访　二：高血压吃东西也很要紧呢！您昨天去接她，今儿报上都登出来了。
张学良：昨天我在五弟家打麻将，从那直接走。五弟有个朋友也在那里，是中时报①的记者。他打电话给他们，好家伙！去了好多记者。
访　二：这一个电话力量这么大。今天所有的报都登出来了。
访　二：昨天晚上六点，日本报道了一个新闻，说您要去大陆，一个礼拜。
张学良：刚才伦敦就来了个电话，问我是不是要去，我说我不知道，奇怪得很。
访　二：不知这消息从哪儿来的。
张学良：那是记者，听说有这消息，好抢这块新闻。
访　一：您要不要吃蛋糕？
张学良：我不要，你吃吧。
访　一：他们那消息说得有眉有眼儿的。
访　二：大概首先是日本来的新闻，然后就全世界都知道了。
张学良：不是，那说是八月。

---

① 即台湾《中国时报》。

访 一：是八月。

张学良：嗯。

访 二：昨晚那日本广播是不是说您到哪儿去到哪儿去呀，编呀应该编详细点。

张学良：也不是那，不知是香港还是哪儿出来的。

访 二：你看这伦敦都来电话了。

张学良：我刚接完。

访 一：大陆大概也会给您电话，问您"来不来呀？"

访 二：还有一个消息，是美国的，说邓颖超①死了。您给您弟弟打电话，叫您弟弟给她送花儿。

张学良：那是这样的，不是弟弟，是我弟弟的闺女②，她在大陆做事，我并没给她电话，她自己就替我送了花。

访 二：所以美国就说是您打的电话，是哥莉娅（Gloria）吧？

张学良：嗯。

访 一：您和邓颖超见过面吗？

张学良：没有。你知道邓颖超是干什么的吗？

访 一：不知道，教书的？不是。

张学良：在共产党里头。

访 二：她做的事不是挺高的吗？

张学良：嗯。像他们这个很有地位。（录音不清）

访 一：（录音不清）对。

张学良：（录音不清）

访 一：好像有一个人姓潘③，后来查出来是共产党的什么人，蒋总统很生

---

① 邓颖超，原籍河南，生于广西南宁。早年在天津直隶第一女子师范学校读书。1925加入中国共产党，同年与周恩来结婚。历任中共中央妇委代理书记，全国妇联副主席、名誉主席，全国政协主席等职。1992年7月在北京病逝。邓颖超曾致信重获自由的张学良，邀请张来大陆访问。

② 指张学良五弟张学森的女儿张闾衡。关于此事，《张学良年谱》的说法是1992年7月12日，张学良委托张闾衡向邓颖超灵堂敬献花篮，花篮缎带上写着："邓大姐颖超千古 张学良赵一荻敬挽"。

③ 潘文郁，名东周，号文郁，湖北襄阳人。1925年加入中国共产党，同年赴苏留学，任中共驻共产国际代表团秘书长。1928年底回上海任中共中央宣传部秘书。1931年任中共河北省委宣传部干事，被捕自首，被保释出狱。1934年张学良自欧洲考察回国后，黎天才将潘推荐给张学良。1934年张学良在武昌以潘文郁为机要秘书。潘文郁将国民党"围剿"苏区计划秘密提供给中共河北省委，因河北省委被破获而暴露。张学良在蒋压力下，将潘逮捕处决。在处决前，张与潘深谈。张按潘的遗愿送潘的妻子、儿子和女儿回湖南，赠川资5000元（另一说是50000元）。在武汉时期，潘给张讲解了国际共产主义工人运动史，使张对共产党有新了解，这些对他日后联共抗日有一定影响。

气。这是您在湖北的时候。那人会很多国的文字的，会很多外国话。

张学良：不知道。

访　一：好像您很稀罕这个人，蒋先生很生气非要把他杀了，结果您也没办法。

张学良：有这么个人，不是这么回事。

访　一：在我们收集大帅的资料中，有两三篇都提到一个叫刘鼎①的人，您记得刘鼎吗？原来他不叫这名，真名儿姓阚。

张学良：我不大认识这姓。

访　二：他们都不用真名字。

访　一：他到您这儿来的时候叫刘鼎，然后第一次见到周恩来时，周恩来说，"噢！原来是你！"他马上说"我是小刘"，反正是赶快掩饰住了。

张学良：不是这样。见周恩来时，我在旁边。周恩来不认识他。之前他给周恩来一封信，内容我不知道。他报告周恩来说"我是小刘"，周恩来点点头。

访　二：他们都有暗号的。

张学良：他也没说姓名是谁，周恩来点点头。

访　一：周恩来和邓颖超没小孩。李鹏是他们领养的。

张学良：他们收养了很多［高级干部］的遗孤。那还有一个人，不是执法的，叫康什么人。

访　一：您说的是康克清，朱德的太太吗？

张学良：不是，我一下子说不出来。

2. 端纳不是这种人

访　二：吃点西瓜马上就凉快了，从心里凉起来。

访　一：我想起来了，我们小时候在北京吃的西瓜都是黄的，美国没有，都

---

① 刘鼎，原名阚尊民，四川省南溪人。1923 年加入中国社会主义青年团。1924 年到国外勤工俭学，年底在柏林经孙炳文和朱德介绍，转为中共党员。1926 年到 1929 年进莫斯科东方大学和空军机械学校学习、任教并兼做翻译。回国后在中央特科工作。1934 年进入方志敏闽浙赣苏区，边区失败后回上海。1936 年 3 月被地下党组织安排到西安做张学良的工作。4 月延安会谈后被中共中央任命为驻东北军代表，对张学良的思想转变起到很大的作用。抗战和解放战争时期领导军工生产和研制，成为我国军工事业的创始人。晚年著有《西安事变札记》。

是红的。

张学良：台湾这还有白的，不好吃，酸酸的。

访　二：不好吃，我们不爱吃。中国西北的西瓜很好吃。

张学良：是的，西瓜要沙地，那叫旱瓜涝枣，没有雨的地方西瓜好。

访　一：您在西安时吃过什么特别的瓜？

张学良：没什么，西安的柿子出名，有好多种，蒋先生喜欢吃。尤其是那种小小的扁的①。

访　二：北京的柿子都很大的。我们冬天吃冻柿子，因为北京不好留果子，只能把它冻起来，吃时往凉水里一泡，外面的冰就出来了。

张学良：我们奉天也有种冻鸭梨子②吃，好吃。

访　二：是那黑色的嘛。

访　一：想请教一下，您小时候吃得特别的小吃，现在没有了的是什么？

张学良：我爱吃香瓜，我父亲爱吃，不是现在台湾的这些。

访　一：啊，深绿色的。

张学良：青色的，长长的，过五月节吃，这个瓜叫谢花茄。台湾有名的是黄茄，黄色的，很甜。

访　二：是长圆形的，不是圆的。

访　一：您说的那谢花茄是脆的，还是酥的？

张学良：不脆也不酥，软的。还有一种叫杨鸟蜜，有些怪味儿。

访　二：也是黄的，有种香味儿。

访　一：那会儿您在北京顺承王府时，天热了怎么办？那会儿没有冰淇淋，吃什么？

张学良：吃西瓜。又没有冷气，实在热了，床底下放冰。

访　一：有用吗？

张学良：有用。把冰放在风扇前面，吹出来的风是凉的。最热的是在武汉，简直像火炉。汉口那是洼地，多数都是水、湖，太阳一下去，那热气都起来了，真难过！英国一个外交官什么的，在汉口热得受不了，提前退休呀。我在汉口做事时，带去的都是北方人，热得受不了，我一个卫士热疯了，没有办法把他给送回去了。

———————
①　即火晶柿子。
②　即冻梨。这是东北地区主要冬季水果之一，由花盖梨、秋白梨、白梨冰冻而成。食用时，把冻梨放在冷水中浸泡，待化透后捞出可食。化透的冻梨，甜软多汁，清凉可口。

访 一：这伊雅格是很聪明的呀。

张学良：是的，他在中国念的书，能念中文，不能写。

访 一：他太太会英文吗？

张学良：他太太是俄国人，国际家庭。

访 一：上次我找到一个就是说您给端纳写的一封信，从贵州发出的，您看来看去不像您写的。张太太看了也说不像是您写的。这封信寄到端纳手里，他把它宣布了。这封信不是您写的，也不是张太太写的，那就可能别的人用您的名字在外面造的。

张学良：什么事情？

访 一：是哪一年的10月20号，说是您给端纳一封信，内容只说，我这一切很好，你不用挂念，但很希望你能帮助我们的朋友，来好好爱护中国人。就是这么一封很简单的信。"我们的朋友"就是指蒋夫人和蒋先生了。信是用英文写的，端纳把它保存起来，很珍惜，因为信是辗转到他手里，自从南京事变①之后他就无法和您联系了。

张学良：你看到信了？

访 一：我从端纳的书上抄来给您看的。我想会不会因为大家不知道您在哪儿，没法儿跟您联系，就有人拿您的名字造了一封信，在宣传上造些舆论。

张学良：端纳不是这种人。

访 一：我想端纳不会吧？

张学良：我判断，这种玩意儿好多人偷着造的，也许是为了卖钱呀什么的。你知道，我不会写英文信，说英文我是可以，假如要写，都是一荻写完我给签上字。大部分都是打的。

访 一：我猜会不会是军统局的什么人想利用您的名字拉拢端纳，和向外国人表示他们对您的照顾。

张学良：那也用不着。我想那都是人家假造的。不光是英文信，好多中文信也是假造的，我根本就没写。那时有一个写张汉卿，我从来就不写这些。

访 二：根本没有那回事。

（访者与赵一荻、张学良聊口述历史工作约20分钟）

---

① 指西安事变后张学良在南京受审被关押的事。

3. 阎宝航与冯玉祥

张学良： 我看到过一个报纸，说一个记者写份东西大骂我。

访　二： 以为您写的。

张学良： 我看了笑一笑，你没学我还骂我。

访　二： 我问一个阎宝航，他原来是共产党吗？

张学良： 不是，他是［基督教］青年会的体育干事。

访　二： 他后来在中央的位置是什么？跟蒋先生的关系怎样？

张学良： 不，他给蒋夫人做事。

访　二： 这人您觉得怎么样？

张学良： 他跟我是很好的朋友，后来大概是共产党。当年他是不是共产党那我就不知道了。而在他当青年会干事时我们还根本不知道有共产党。后来给蒋夫人做过事情。

访　二： 一个叫朱海北①的人说6月4日皇姑屯事件，您正在临洺关。您在6月6日又回到北京，是吗？

张学良： 不知道，他是我的副官。

访　二： 他是您的副官，那他所写的应该是对的了。说您6月5日又回北京，在崇文门上车的时候，鲍毓麟②给您送行。您在滦县一个小庙待了两星期，布置撤退。

张学良： 差不多。

访　二： 6月8日鲍毓麟在北京，他的军队在经过通州时叫冯玉祥给缴械了。

张学良： 是这样。他什么时候写的？

访　二： 不久以前是别人访问他给他写的。6月17日您回到沈阳，说您先住在伊雅格家，没回大帅府。到夜里，伊雅格开车把您送回大帅府。

张学良： 不是这样，乱写。

---

① 朱海北，朱启钤的次子。生于辽宁铁岭。早年在天津读书，1928年3月起任张学良的副官。其六妹朱洛筠嫁给张学良胞弟张学铭。1933年春任东北军一〇五师第十旅副旅长，同年6月脱离军界长期经商。1979年被聘任为中央文史研究馆馆员。1981年参加民革，1988年任民革北京市委文史委员会副主任委员。

② 鲍毓麟，号书征，辽宁海龙人。东北陆军讲武堂毕业后，进入奉军。1926年8月任第四十七旅旅长。1928年5月张作霖退往东北时鲍留守北京维护治安。1930年9月任北平市公安局局长。1934年辞职，在北平、天津等地从事工商业。1949年后任北京市红十字会会员、天津文史馆馆员、民革成员。1984年移居美国。

访　二：也许他（朱海北）记不清楚了。

张学良：绝对不是这回事，他（朱海北）当时没有跟着我。

访　一：您是直接回大帅府了是吧？

张学良：我直接回了。这家伙是朱启钤①的儿子，朱士杰的兄弟。他胡写！胡说八道。

访　二：我再问一个您的决定，比如您跟日本人说，"我要把旅顺和大连收回来。"

赵一荻：这根本没有常识，咱们跟人家有条约的，怎能说［收就］收回来呢？

张学良：也是他（朱海北）说的？

访　二：不，这不是他说的。我就想问您，他说您讲啊有一天能把旅顺大连拿回去的话，您想跟他们说，我们要采取公民投票的做法。

张学良：是有这回事，我说的不是这样，跟这差一点，我跟日本人说旅大的问题。

访　二：您还［有］实行自治区的理想。

张学良：是我说的，记得我说旅大要是收回了，要变成自治的，市长要由民选。简单地说，主权是中国的，但是那时候他们日本居民多，可以公民投票选市长呀什么的。

访　一：您这新思想从哪儿来的？

张学良：我就是想怎么解决，结果他们一句话就把我打发了。

张学良：他（指日本人林权助）说，"我们日本有句古话，'城是箭射来的，你要箭射回去'"。这意思就是我武力拿来的，谈判呀说那些条件都没有用，你也要用武力拿回去。

访　二：还有一件关于郭松龄的事。他和冯玉祥有没有一个郭冯的文件？他们订过合同吗？是怎么合作的？

张学良：那我也不知道。他们俩勾结呀，郭松龄的太太和冯玉祥的太太李什么是同学。

---

① 朱启钤，字桂辛，号蠖公。祖籍贵州开阳，生于河南信阳。清末曾任京师大学堂译学馆监督、北京警察总督、蒙古事务督办。民国时期历任津浦铁路督办、交通总长、内务部长、代理国务总理。1915年任袁世凯称帝筹备处办事员长（处长）。1918年8月当选安福国会参议院副议长。1919年任南北议和北方总代表，和谈破裂后退出政界，先后寓居津、沪。1930年创办营造学社，从事古建筑的整理研究。1917年经办中兴煤矿等企业，任董事长直到中华人民共和国成立后。1953年5月被聘为中央文史研究馆馆员，曾为全国政协委员、古代建筑修整所顾问。

访 一：李德全①？
张学良：那叫燕京大学②。
访 二：叫作协和女子［大学］……以前的燕京［大学］。
访 一：还有一个跟郭松龄一起被杀的好像是林宗孟，一个文人。
张学良：林长民，那是他的号。它是这样的，郭松龄啊，很有名的，很有学问，他们在政治上一派。郭松龄起事时，大家以为他成功了，都来了，完了郭松龄失败了，大家又跑了。在跑的时候，军队追着就在半路［把他］打死了。也不知道他是谁，他半路反正让［人］打死了。中国最有名的文人饶汉祥先生，黎元洪的秘书，也在里头。
访 一：那饶汉祥事情完了以后，您给他写了封很长的信。
张学良：那我忘记了。他是很有名的，黎元洪能起来很多方面他起了作用。我现在还记得饶汉祥的两句话。（录音不清）那时有八个军队来反对黎元洪，我父亲也在里面，他说"一豺当道八方称兵"。
……

4. 徐树铮和冯玉祥

访 一：我想问蓝天蔚的事。他后来被人打死了。曾自杀过一次。
张学良：那我不知道。
访 一：人家把他押到重庆，他就自杀了。
张学良：那我们也不知道，我们查也没查出什么。
访 一：他算是革命党吗？
张学良：当时他就是现在的师长，很大的官。
访 二：徐树铮被暗杀是怎样的？说是在河北廊坊。
张学良：不是被暗杀的，是冯玉祥［派人］杀的。
访 二：说是他的父亲被徐树铮杀了，所以他来报仇。

---

① 李德全，河北通县（今北京通州区）人。冯玉祥的夫人。华北协和女子大学毕业。1924 年 2 月与冯玉祥结婚。1949 年当选为中华全国民主妇女联合会副主席，同时任北京师范大学保育系教授兼系主任。同年 10 月任中华人民共和国第一任卫生部部长。1958 年 12 月加入中国共产党。1965 年 1 月当选全国政协副主席。

② 燕京大学，1916 年由美英基督教会在北京开办的著名教会大学。由汇文大学、华北协和女子大学、通州协和大学三所教会学校合并而成。设有神学院、法学院、医学院，以及文科和理科相关专业学系。1952 年院系调整，其法学院、社会学系并入北京政法学院（中国政法大学前身），文科、理科并入北京大学，工科并入清华大学，燕京大学校址燕园成为北京大学校园。

张学良：事情是真的。冯玉祥起来啊是［依靠］他舅舅。冯玉祥的舅舅是冯国璋一派的，和段祺瑞是两派。那时徐树铮是奉天奉军的副司令，参谋长是杨宇霆，就为这件事情杨宇霆离开奉天。那我父亲是总司令，我父亲很不愿意。因为这个事情我父亲就把徐树铮免职了。

访　一：冯玉祥好像没跟任何人合作过。

张学良：徐树铮自己找死，他从外国回来，那时段祺瑞和他说，你在北京不要走，因为你走要经过廊坊，知道有隐忧。他就告诉他（指徐树铮）你要小心。

访　二：后来就不了了之了？

张学良：没办法。徐树铮的儿子徐道邻，他很有学问。

张学良：徐道邻在东海大学教书。有很有意思的一件事，他太太死了，他要再娶个太太，他有个学生就出来，说，"老师你看我怎么样？"

访　一：毛遂自荐。他特别提倡旧派，和台大后来的新派［不同］。

访　二：您看这里说了冯玉祥的事。说工厂里头学做裁缝，做鞋。他特别喜欢讲演。他说他要扫除土匪，禁止鸦片。

张学良：那不知道了，他扯淡的事太多了。

访　二：冯玉祥说他和基督教的关系，说他时常教士兵唱圣歌。

张学良：嗯，那这是。我说这个人，完全是假的，没有一件是真的。

访　二：您说这是谁写的，是史迪威。他说他（指冯玉祥）很会作秀，说他说话多于修路。他说他经常把新武器介绍给他的士兵。

张学良：那不是介绍了，那是让学习。

访　一：张先生，有一个人叫汪树屏，在大帅府做过家教，教过您的弟弟妹妹，教家馆。他是奉天一个中学的教员，给大帅府做过家教和秘书行走，什么叫秘书行走？

张学良：是的，这是从前古人的官名，你要是秘书就能到这个秘书厅来，就是一个官衔。

访　一：上威将军和镇威将军有什么不同？

张学良：那是袁世凯后来的时代。他那时候是内威外武。按他的意思，将军府的一切高等军人都是将军。以我父亲为例吧，假如他在奉天掌军权，他就是武，就是镇武上将军；要是调回去了不在奉天，就是镇威上将军。

访　一：您是［什么将军］？

张学良：良威将军。
访 一：等于现在的什么阶级？
张学良：后来就不值钱了。乱七八糟的。
访 二：良威将军和现在有什么关系？
张学良：那没有什么。
访 二：皇姑屯被炸之后，东北军从北京向关外撤退，说您是最后一个撤退的。列车经过火车站的时候，所有火车站的水塔都被常荫槐所属的交通队占着。
张学良：不是那回事，这是郭松龄之变。伊雅格出的主意，怕军队追上。
访 二：说您对人很好，虽然常荫槐做了这么大的错事，您以后仍让他做了黑龙江省的省长。
张学良：没这么回事，写这些事的人把年代都弄错了。完全不是那回事，而且常荫槐也没那样的权力去干那事。
访 二：皇姑屯以后，张宗昌失败了，想向东北撤退，您不让他们进去，而白崇禧在这时候并没有想消灭奉军，这原因是什么？
张学良：那我不知道。不过他（指白崇禧）没有太逼他（指张宗昌）。
访 二：不是因为和您的私人交情？
张学良：不是的。那时白崇禧和中央不好，他也不愿意使出他的力量。

5. 西北马家和邵元冲

访 二：还有关于西安事变的。杨虎城在12月9日或10日这两天去接马鸿逵，没接到。大家奇怪的是马鸿逵已经说好了要去吗？
张学良：不会，马鸿逵也不会来，他也不会参加这个，躲还躲不开呢。他这个人很跛扈啊。
访 二：滑头？
张学良：也不是滑头，和我那个二弟一样，有好事就出头，有坏的事就躲开。他就是这么起来的。没出息，没有胆量。
访 二：您是说他比马步青、马步芳要差多了。
张学良：他们不是一样的，马鸿逵是马福祥的儿子。
访 二：他们都是马家军？
张学良：很远的。

访　二： 马鸿逵好像很少待在宁夏，常在北京。[他与] 马鸿宾①是亲兄弟吗？

张学良： 好像是堂兄弟。

　　　　……

访　二： 他［胡若愚］在青岛做市长，做得好不好？

张学良： 不怎样好。

访　二： 他不是个很好的行政人员？后来到西安去了吗？

张学良： 我说不出来。你说哪个时候。

访　一： 说是在西安有枪把他打了？

张学良： 那是在西安事变，是这样。第一枪没打着他，他大声一叫，第二枪把他打着了。

访　二： 奇怪，天下真有这么巧合的事情。

访　一： 那会儿他在西安做什么事？

张学良： 什么事都不做，是来看我的，住在西安旅馆②。

访　一： 啊，西京饭店。

访　二： 最近胡光麃出了一本书，把那从前犯罪的事情［都写了］。

张学良： 是，胡光麃这个人呀，很能干这个事情，我就是看不惯他的品德。我要看看这书，他送给我一本。

访　二： 最近才出嘛。张默君原来是邵元冲③的太太。

张学良： 是。她还骂我。

访　一： 怎么骂你啊？

张学良： 他（指邵元冲）在西安事变被打死了。他死得冤枉，在屋里待着就没事，他跳窗，外边有兵，结果［被打］死了。

访　一： 后来她来跟您算账？在哪？

张学良： 在南京，她说应该把我处死，给他偿命，说我应该负责任。

6. 政治的事情哪有对错

访　一： 有一个人叫刘心皇④，写了很多关于西安的和您的事情，您认识这

---

①　马鸿宾，曾任国民政府甘肃省主席。1949 年率部起义。
②　当时叫作西京招待所。西安事变时，胡若愚被误捕并受了枪伤。
③　邵元冲，曾任国民党中央宣传委员会主任委员。1936 年 12 月初，应蒋介石电召去西安。西安事变时，从西京招待所跳窗逃遁，被士兵击伤，两天后死于医院。
④　刘心皇，河南叶县人，曾任《幼狮文艺》、《阳明》等杂志主编。著有《张学良进关秘录》，王铁汉对此书作了校注。

人吗？

张学良：不认识，听说过。没看过他写的东西。

访 一：另一个人是王铁汉。

张学良：这人我认识，是我的部下。他和刘心皇有关系？

访 一：刘心皇写的书，王铁汉校正的。

张学良：王铁汉做过辽宁省主席，是我的学生，也是我的部下。后来在中央做得很高，在东北中最高的是他不是我。他现在还在台湾。刘心皇一定也是东北人。

访 二：可能是您的学生呀什么的。

张学良：王铁汉之所以有些小名气，是因为"九一八"事件。他当团长，就是他那个团首先跟日本人打起来的，在北大营。

访 一：他当时是属于荣臻的？

张学良：不，你把它弄颠倒了。荣臻属于王以哲，后来他是我的参谋长，那时候很高的。

访 一：有一份东西叫《张作霖小传》，作者是关国轩。他收集了很多东西写的，说您的祖父叫有才。

张学良：是的，祖父叫张有才，我们家很穷。

访 一：说是被仇家所杀，这大概跟您说的故事一样。

张学良：不是被仇家杀的，也不是仇家。我的祖父好管闲事，人家打他，让他赔罪，把他打伤而死的。因为这样，我父亲和我伯父就要报仇去，没有把姓王的打死，结果把一老太婆给打死了。

访 一：您那天说到，好多好多过去做领袖的人，不见得说话都算话。可是我们看了好多老帅的故事——只能说是老帅的故事，因为我们也没法儿跟您证实——好像他说什么是一定做［到］的。

张学良：我跟你说，因为曹操说过一句话，他讲的是《孙子兵法》里的一句，"徒守信则愚"。

访 二：就是说光守信就成傻子了。

张学良：你要看情形啊。我想，蒋先生就是按这个意思做［的］，他答应的他都没做。

访 二：您说他西安答应您什么话了？

张学良：我不能是说哪一个事。

访 一：那一次，人家知道了，那两次呢？

张学良：冯玉祥尽说假话，也不止一次了。

访　一：您说林肯说过，"你可以欺骗人一次"。①

张学良：也不能说欺骗，政治的事情，哪有对错。

7. 时代的变迁太快了

访　一：在大帅那个时期，大家没有这个法律那个民主的，完全以我是做将领的，我就一句话。

张学良：不是那么讲，换句话［说］，在东北的张家军，就完全是私人的，不是对国家。比如那冯玉祥的军队都完全服从他，如果不服从，那是叛变［他］，不是叛变国家。

访　一：那个时候的社会之所以能维系住，是因为［靠旧社会那一套——以个人信义、感情为事］。

张学良：那还是旧式的社会。

访　一：那种社会的作风已经没有了，是不是？

张学良：这么讲吧，那时姨太太可以随便送人，男的可以送个姨太太给你。我父亲有个姨太太就给谁了。

访　一：那时就是一个信字和一个忠字？

张学良：不能这么说，要看情形。

访　二：您的东北军里大概有多少比例是东北人？

张学良：兵不是，兵大部分是山东人，是招来的。

访　一：冯玉祥的军队呢？

张学良：哪里都有，也都是招兵，不是征兵。

访　二：是不是穷得活不了才去当兵？

张学良：是穷。

访　一：山东并不见得比河南可怜嘛。

张学良：不过河南也不都是。时代的变迁太快了，从清朝到现在我看得太多了。

访　一：您能不能给我们在思想上顺一下，从清朝、民国初年、抗战到现在，比如一个学生读中国的政治历史，最主要的一点［是什么］？

张学良：那所谓近代史，有人邀请我去讲。可以这么讲，南方我不清楚，北

---

① 林肯的原话为："你可以欺骗全体人民于一时，或欺骗部分人民于永久，但不能欺骗全体人民于永久。"

方从清朝末年一直到东北军的事我可是很清楚。蒋先生那时候让我写出来，后来［我没写］。

访 一：您本来要写的，后来不写了，原来是不是有了大纲？

张学良：也不能说大纲，就是个轮廓，想写我耳朵听见的、我眼睛看见的，我本身经历的事。

访 一：您是按时间还是以事件来安排顺序？

张学良：我不写的原因，一是我这人重感情，写这东西牵涉的太多。二是因为我手上没材料，我对年月日不清楚了，人物也有时颠三倒四的。我不愿意写。有什么用？没有意思，对国家对历史没贡献。假如某件事写出来对国家有什么贡献，那愿意写历史的人写去吧。

访 一：我们在台大听说您要教明史。

张学良：我那时是研究明史，不是台大，是辅仁大学请我讲书。

访 一：我们台大那时候就等着您去呢。那时候您可以随时出去讲演，已经没有人限制您了。

张学良：没有，我从来对这种事不感兴趣。

访 二：在徐世昌写的东西里，说有一次杨宇霆被大帅免职了，是因为跟徐世昌联络。

张学良：不是这么回事，我给徐世昌当过侍卫警官。

访 二：您觉得徐世昌比段祺瑞好哇？

张学良：不是，那时候差不多外省的那些［军阀］的儿子都去那儿了。

访 二：对，对，对。您觉得他怎么样？

张学良：有人开玩笑说他徐娘半老，真正的政客家，耍手腕。

8. 杨虎城的死我很难过

访 一：我今天带的问题和我的书不合适，所以我就随便讲一下。有人说一个关于西安的小故事，说有人说，"不得了呀，副司令把中央最大的大员给拘在西京饭店了，万一出点什么事儿的话，中国所有的军事将领除了何应钦都在那儿了。"

张学良：胡宗南不在，何应钦也不在，他在南京。

访 一：那他是标准的嫡系呀。

张学良：嫡系是嫡系。我的妹妹嫁给胡宗南。

访 一：您哪个妹妹？

张学良：第五个①。

访 二：好像蒋先生很喜欢胡宗南呢。

张学良：是，［他］十三太保。

访 一：美国那儿就说，如果坐飞机到那儿去，家里的夫妇俩一块，大将军都要分着走，万一要是有一个出事的话［，还有人在］。所以，副司令真是魔力大，把他们都聚到那儿去了。后来不知哪个人说，反过来想，副司令也在里头呀，他的军队都在外面，要是出点什么，副司令也跟他们一块儿。您说这分析对吗？

张学良：不敢说，这话怎么讲我不知道。

访 二：他的意思是假如杨虎城的军队叛变，那就把您也搁里边儿了。

访 一：有这可能吗？

张学良：不可能。杨虎城对我相当好，我走开，我可以下命令的东西都交给他，连我自己的军队都可以给他，这有点义气。所以杨虎城的死我很难过。蒋先生处死两个人我非常难过，一个杨虎城，一个陈仪。

访 一：杨虎城将军非常不赞成马上放了蒋先生的，是吗？

张学良：他是有那个意思，当时我们因为这个起了冲突。他害怕放了蒋先生。我说我们起这个事为了反对内战，如果我们把蒋先生扣［在］这里，南京方面你还不知［道］是什么情形，那正好顺了何应钦，这不是咱们自己跟自己干吗。杨虎城说他不想做断头将军。我说你不想，我负责送蒋先生回南京，因为这不是等于叛变吗，我当断头将军。那到南京要是处死我就处死了。后来对杨虎城我也不是很赞成，虎头蛇尾啊。

访 一：周恩来他也不赞成，杨虎城也不赞成。可是您的看法是，不要怕，那我去，是闹了一件事，要惩罚就由我去承受，他们就不该受罚。

张学良：我是要负责的。

访 一：蒋先生有没有答应，你要负责了，其他人就不管了？

张学良：不是这么讲，一件事要有个领头的人负责啊。

访 一：就是说您是当了领头的了，但对杨虎城仍然是那样。他（指蒋介石）有没有向您说，好了，你要跟我上南京的话，别的人我就不

---

① 张学良五妹张怀曦，为张作霖四太太许夫人所生。曾由张作霖包办许给靳云鹏（曾任北洋政府总理）之子，未结婚。张作霖死后退婚。"七七"事变后，随母侨居美国。其是否嫁给胡宗南，待考。

[追究了]。

张学良：那你不能问我。

访　一：杨虎城结果[被他们杀了]。

张学良：那是他们的事情了，你不能问。

访　一：有个叫严新①的所谓气功师，说用气功给人治病，你去年去纽约的时候见过他的。

访　二：他说可以从大陆发功到台湾给人治病。在美国他去一些大学表演，20块钱门票，骗好多钱呢。

张学良：我对他说，你骗人，我现在没权，要是我有权，一定把你抓起来。我说你骗不了我。他不吱声。人对一些邪门歪道的事情就是喜欢。

赵一荻：中国人有些实在无知，专门相信歪门邪道。有人非吃人参不可，都补死了。张大千到这儿的医院时，医生说，你心脏病，不能再吃人参了，不能再补了。那也是什么人告诉他吃的，就是因为贵，值钱。

张学良：现在台湾还干这事，吃香灰。

访　一：还吃呢，21世纪了。

赵一荻：民权路不是有个大庙嘛，它一年卖香灰不晓得赚多少钱！可的松②我吃过，比抽鸦片还舒服，吃三年了。

访　一：吃多了就死了，您治的什么病？

赵一荻：我得血斑狼疮，大夫诊断错误。吃了一年多，哪儿都不痛，原来哪儿都痛。后来他们说，你吃三年没死？不吃就发烧，没有肌肉，没有免疫力，就跟艾滋病差不多。

张学良：我第二个儿子也是。

访　一：什么病？

张学良：肺气肿，抽香烟抽的，他烟不离手。他孩子打电话来说，爷爷你劝劝他，我说他也不听。临死前的一个礼拜，打电话说，爸爸我后悔没听你的话，他自己知道非死不行了。

张学良：大夫说你千万不要买成药吃，有病要看大夫。

---

① 严新（1950—），自称集中西医、气功、武术和特异功能于一身的气功师。四川江油人。自称自幼练习气功，曾在成都中医学院学习，后在绵阳中医学校任教，在重庆中医研究所门诊部当医生。曾到日本、泰国、美国、加拿大、墨西哥等国宣传气功学。

② 可的松，别名考的松、皮质素，一种药物。白色或几乎白色结晶性粉末，无臭、初无味，随后有持久的苦味。可的松有助于缓解疲劳，能减轻炎症和过敏反应，因而被用于多种疾病的治疗，但也可引起心肌损伤和颅内压增高的危险。

赵一荻：美国看大夫也不容易，我去美国，伊雅格太太咳嗽，我说你怎么不看大夫，她说订两个礼拜后才能看病。愈好的大夫愈难订。有些大夫不多看，多看多交税给政府。我们一个外甥，是妇科大夫，生了孩子就不干了。

访　一：有些皮肤颜色深的人故意讹你，要找大夫麻烦。现在医学院有两个课都爆满，一是怎么报税，一是怎么打官司。

赵一荻：外头一些大夫都不多看，多看来的钱都给了律师和上税，自己拿不了多少。

访　一：现在很多人攻击"医疗照顾制度"，大家对它信心大失。

赵一荻：人心不好嘛，没有用，所以要传福音。

访　一：我明儿给您带来朱海北写的东西，大概是不太久前写的。因为以前我没看见过他的东西，也许是他口述人家给他写的。

赵一荻：他没好好念书，怎么写得出来？

张学良：我要看看。

9. 要盖棺论定

访　二：有四件事情，我会给您找来。另外人家给我找来一本书叫《张学思将军》，刚出来没多久，还没拿到手。

赵一荻：书太多了，张学思将军又怎么了，和我们有什么关系？我不感兴趣，你们想得太多了。

访　一：那天我跟张先生说我是在学校里教书的，头脑比较简单，很单纯。张学良顶了我一句说，唐德刚还不是你们学术界的？

赵一荻：大学里当教授的，都够瞧的，物以稀为贵。

访　一：是的，现在很多人读博士，昨天我还把名单列出来，都是因为写张先生的事情，一大堆，都得了学位。这也有道理，因为民国这段历史除了张学良，别的人没有这么大的在学术研究上的号召力。

赵一荻：很多事情，外头不知道，都好奇。

访　一：研究中国近代史，1936年以前，您的确有三四档子事情都是令人感到非常有吸引的，对历史是很有影响的。

张学良：这个我承认。吴佩孚怎么完蛋的？［他］是［被］我打［败］的。

访　一：现在学术界有两种观点，一是您在那么短的时期做出了那么多惊天动地的事；另一是大家感到可惜，那么短的时期后边国家就没有办法用。

赵一荻：这话怎么说？

访　一：就是您36年以后，国家就没有能够［用你］，短短的那十几年吧，有那么大的贡献。如果你继续有自由的话，那对国家的贡献会更多。就等于说数学原理嘛。学术界认为您在短短的那个时期做了那么多，影响力很大，如果您仍可以自由做事的话，贡献会更大。

赵一荻：没准儿老早垮台了呢。

张学良：那不一定，要盖棺论定，中国有两句诗，"周公恐惧流言日，王莽谦恭未篡时"。

访　二：您这一说，我想起看过的一个故事：蒋先生的侍从室主任，在抗战胜利的时候，劝蒋先生说，这是你名成身退的时候了。说了之后又跟陈布雷说。陈布雷说，"只有你敢说这话，我不敢说。"后来这人就走了，离开侍从室。这人是谁呀？是贺耀祖[①]？

张学良：我不知道，可能是他。

访　二：贺耀祖的太太是共产党？那可能是他说的。他说完了就走了。

张学良：假如说这是真的，贺耀祖有这个资格。蒋先生对贺耀祖很客气的，因为贺耀祖是很有名望的人。好像胡适也说过这个话，就是功成身退。那汪精卫就是这样的，要是汪精卫当年被打死了，他名望那么高，那他就在中山陵旁边了。

访　二：对呀！

张学良：所以，人是很难讲的。

访　一：美国对肯尼迪总统也是这种想法，如果他在德州不是被刺杀死了，他的政绩不见得那么好。因为他短短的时期得了人心后被暗杀死了，人们对他的记忆就都是好的。

张学良：是谁杀他的？这幕后是谁？

访　一：仍然是个谜。有说是因为他父亲过去贩私酒结下的黑社会仇家，还

[①] 贺耀祖，湖南宁乡人，号贵严。历任第四十军军长、第三军团总指挥，参谋本部第二厅厅长，兰州行辕主任并代理甘肃省政府主席，军委会办公厅主任兼军统局局长，蒋介石侍从室主任兼国家总动员会议秘书长等职。重庆谈判时曾与毛泽东、周恩来晤谈。其夫人倪斐君倾向共产党，受蒋责问去职。1949年8月在香港通电起义。中华人民共和国成立后任中南军政委员会委员兼交通部部长，全国政协委员，全国政协地方政协工作委员会副主任，民革中央常委等职。

有的说是副总统干的。但是现在国家还是说，是一颗子弹把他打死的，可是现在医学上很多资料说是两颗子弹。而且方向不是他们断定的方向，他们说能看出枪是从哪个方向打的。这就像是清朝四大疑案啊，美国疑案。

赵一荻：他家里也不要问，要问的话，还是能［知道一些情况的］。
张学良：当然不问，你知道美国有个总统是他太太把他弄死的吗？
访　二：谁呀？
张学良：哈丁总统是让他太太给毒死的，因为他太太看他太坏了，把他毒死了。那太太做得很对啊。我看了一本书，是百分之百的，他太太看他不像个总统。
访　一：那也是为了国家。中国民初的历史上有这种情况吗？
张学良：没有。中国女人还没这么厉害。
赵一荻：从前的中国女人哪有这样的思想和力量。
张学良：没有这样的思想，就只出了个武则天。

10. 中国近代有名的人都跟教会有关

访　一：一天我们在图书馆研究资料时，谈起宋氏三姐妹如何在中国政界和历史上有这样的吸引力。有一个人说，"是啊，那个时候有多少女性能念书，而且是到外国去念的！她们三姐妹在那个时候很奇特。"念书又不普遍，女孩子受教育不普遍，尤其是到国外更不普遍，而且她们回来这个姿态、仪表啊［都非同凡响］，所以是这个道理。
张学良：她们的父亲是教会的，教会给他帮忙。
赵一荻：都是环境嘛。中国近代史上有名的人都跟教会有点儿关系。她们父亲当年多有钱，［要不］怎么能送她们出国念书？
访　一：袁世凯［跟教会］没有关系吧？
张学良：他没有。从民国开始，孙中山也是教会的。是教会的书店也起了很大的作用。
访　一：是不是上海的？
赵一荻：外国的教会，有的来办教育，有的来办医院，他们来也都有目的。上海几个大的有名气的专家，我们很多政府的人都是教会的，严副总统①大概也参加了教会学校。

张学良：上海有名的学校都是教会的。我们的庚子赔款，美国没要，退回来先办的清华大学②。

赵一荻：孙立人③就是清华的，好多名人都是清华、燕京出来的。

访　一：清华最初出去的是中学生，不是大学生嘛，像罗家伦④呀。

赵一荻：我大哥⑤就是头一批出去的。

张学良：燕京起来的人低一点。燕京的校长司徒雷登，跟中国有关系，是中国通。

访　一：后来他对我们并不好，他在外面亲共。

访　二：他亲共。

张学良：我三弟⑥是燕京的，他那时告诉我说燕京里学生好多是共产党。

访　二：那会儿已经有共产党了？司徒雷登的秘书姓傅⑦，满洲人，是彻底的共产党。

访　一：您说您大哥是第一批到清华。

赵一荻：民国四年（1915年），他是到美国去的。

张学良：司徒雷登也是厉害，他到张宗昌家，那时候张宗昌的母亲在礼堂里过生日，他跪在地上给老太太磕头。

访　二：真的是中国通。

张学良：中国通。

---

① 指严家淦。严家淦，字静波，江苏吴县人。毕业于上海基督教会大学圣约翰大学。1949年退台湾后，任"经济部长"、"财政部长"。1954年任台湾省政府主席兼保安司令。1963年后任"行政院院长"，"副总统"兼"行政院院长"。1975年4月蒋介石死后，继任"总统"。1978年5月卸任。

② 清华大学的前身清华学堂，始建于1911年4月，当时是由美国"退还"的部分"庚子赔款"建立的留美预备学校。1912年，清华学堂更名为清华学校。1925年设立大学部。1928年更名为"国立清华大学"，拥有文、法、理、工等院系。

③ 孙立人，字抚民，号仲能，安徽庐江人。1923年毕业于清华学校，同年赴美国入弗吉尼亚军校。抗战时期，参加"八一三"淞沪会战、中国远征军入缅甸作战等，是抗日名将。国民党退到台湾后，晋升陆军副司令、总司令。1955年蒋介石以涉嫌兵变为名，将孙撤职软禁30余年。1988年5月，孙重获自由。

④ 罗家伦，字志希，笔名毅。"五四运动"的命名者。著名教育家、思想家、社会活动家；早年求学于复旦公学和北京大学；民国年间，担任南京大学、清华大学校长之职。1949年到台，先后出任"总统府"国策顾问、国民党中央评议委员、国民党史会主任委员、考试院副院长、国史馆馆长等职。

⑤ 赵一荻的大哥赵道生，曾任天津大华饭店的总经理。

⑥ 张学良三弟张学曾，为张作霖四太太许夫人1911年所生。曾留学英国。第二次世界大战后转赴美国，在联合国总部秘书处任职。张学曾夫人为第一批留美学生蔡绍基的女儿。

⑦ 指傅泾波。傅泾波，祖上是满族正红旗。曾先后就读于北京大学和燕京大学。1920年，成为燕京大学校长司徒雷登的私人秘书和助手。从此长期伴随司徒雷登。1949年司徒雷登返美后，傅一家也移居美国，司徒雷登的晚年全赖傅氏一家照料。

访　一：容闳①是跟您大哥那年出去的吗？

赵一荻：那个人是跟我姑姑一块去的，很有钱的，还在前面，是官派的，是头一批。

张学良：那是第一批，跟蔡老头②一起的那批。

访　一：蔡老头是谁？

赵一荻：和我们家没关系，他是天津一个洋行的买办，怡和洋行，一个英国的大公司。

张学良：我三弟的太太就是他的小姐。蔡老头与政治有关系，他原是袁世凯的秘书。他发财就是这样。那时庚子赔款，存在银行里头，海关里收的钱存到银行，利钱很多。等到钱拿出去了，那么这利钱怎么办呢，他就请示袁世凯，袁世凯说你拿去吧，就给他了。好大一笔钱啊。那时天津地皮不大值钱，他就在英租界买了一大片地。那时我总到蔡家去玩。

赵一荻：我没到蔡公馆去过。我跟蔡公馆的女儿都认得，同学嘛。他们说我跟他是在蔡公馆认识的，我说我都不到蔡公馆去。蔡公馆赌钱的，我不去。我那时也小，四小姐、六小姐都认识，她们比我大得多。

张学良：蔡四小姐嫁给一个姓黄的，那人真好，是个水利工程师。那太太跟她的马师［好］。她养了好多马。

赵一荻：那小姐有多少匹马，就有多少个骑马的。那蔡四小姐养多少个马师！

访　一：您说的是外国式养马。

赵一荻：对，那时天津、北平的老头、小姐都这样。

张学良：那马夫欺负她丈夫，我就要揍他。

访　一：您见义勇为，清官难断家务事。那时天津北平的小姐们活跃得很。

张学良：那马夫叫阿昌和阿光。

赵一荻：他父亲在香港开百货公司的，也不是什么马夫，其实是骑师。

---

① 容闳，字达萌，号纯甫，广东香山县南屏村（今珠海市南屏镇）人。中国近代留学生事业的先驱，中国近代早期改良主义者。1847年，随美国勃朗牧师赴美国留学，1850年入耶鲁学院。1868年，向清政府提出选派幼童出洋留学的条陈。1870年（同治十年）被命名为"幼童出洋肄业局"副委员，任留学事务所副监督。1872年奉命率学生30人赴美留学，任学生监督，兼任驻美副使，长期驻美。被誉为"中国留学生之父"。

② 蔡绍基，字述堂，珠海拱北北岭人。清朝同治十一年（1872年）首批留美幼童之一，入耶鲁大学学习法律。归国后任大北电报局译员、上海海关译员。后随袁世凯赴朝鲜，担任袁之幕府。归国后任清政府山海关监督、天津北洋大学督办。

张学良：那阿光是哥哥。

赵一荻：那天津有的马师牙上都镶钻石。那时候活跃的小姐有朱家、蔡家，还有梁家的，梁士诒①。

访　一：梁士诒家是广东人吧？

张学良：广东人。

访　一：他们家有个小姐可漂亮了。[他家]在北京也是最时髦的一种人，是一个大族。

张学良：梁家好多小姐，我喜欢梁十二，不喜欢梁十一。

访　二：叫什么名字？

张学良：梁十一嫁给打网球的了，名字记不起来了，后来她被枪毙了。

访　二：为什么枪毙？

张学良：后来在大陆的劳动营死的。

访　二：是共产党弄[死]的？

张学良：她跟那个人散了以后，就跟了一个美国人，那时在大陆跟外国人呢……

访　二：那好，那一定给捉起来的。

张学良：这个人死得很可怜。

访　一：基督教教会对中国的政治上的影响很大，政治上，那么多的人都有教会帮忙，教育上更甭提了。提一个小问题，您在武汉的武昌时认识一个人叫 Bishop Ruth 吗？他是英国国教的。他在那儿开医院，是美国人。蒋夫人在武汉一带好像很得教会的帮助，这个人的女儿的结婚礼服是蒋夫人给她制订的。

张学良：不知道。

访　一：他招待了斯诺等朋友。

赵一荻：蒋夫人认识的这种人可多了，我不认识。

访　一：这 Ruth，所有的外国人都是很奇怪，周恩来和邓颖超是接受他直接帮忙的。后来1979年中美建交时，Ruth 的女儿，Francis Ruth……

张学良：我离开了。

赵一荻：那都是共产党的时候了。

访　一：回到我的问题上，基督教在政治上对我们中国影响很大。现在为什

---

① 指朱启钤、蔡绍基和梁士诒三家。

么在台湾有个尼姑叫证严法师①的，说她的力量比国民党还大？

赵一荻：她怎么起来的，你知道吗？

访　一：不知道。

赵一荻：这尼姑是个很厉害的人。当年她没有钱，在庙前卖香烛、纸呀什么的。但是她非常有爱心，看到穷人，总想办法救他们。人们慢慢地就知道她好心。政府有很多信佛的人，大家帮她忙，办佛教的学校，盖了庙、医院。这女人很好，尽力帮穷人。

访　一：为什么我提这问题？因为我们经常在坐车的时候，看到有些人拿着佛珠在宣讲。他们说现在的人不回馈，只有这个人。我想基督教对中国影响这么大，为什么没有人知道？

赵一荻：我们基督教徒做得不好，没有按上帝的指示去做，也没有照着耶稣的教义去做。上帝给我们的教导首先是要舍己，你要［人］怎样待你，你首先得怎样待人。但人的自私往往使我们做不到一个像样的基督徒，这时候就得祷告求上帝给你指引了。

访　一：那现在，政治上受教会的影响，有没有一个公开的认识，比如民初历史？就是说有没有写这方面的书？

赵一荻：有呀！孙中山先生写的书就有教会的意思。总理的著作里就有我们基督教的教义在里面。

张学良：那也不能那么讲。不过孙中山留下的东西有些左倾思想了，比如平等对待国家了。

11. 我们到礼拜堂去

访　一：蒋总统有没有留下什么东西承认基督教对他的影响？

访　二：他有个证道词。

访　一：他的证道词外界知道吗？

张学良：他不是一个信基督的人，上礼拜堂呀什么的只是蒋夫人的安排，他的证道词都是周牧师②写的。

---

① 证严法师，俗名王锦云，法名证严。台湾台中市清水区人，慈济基金会创办人。皈依印顺长老为师，秉持师命"为佛教，为众生"。1966 年于花莲县创立慈济功德会（慈济基金会之前身），并将其发展成为一个庞大的国际性慈善救济组织，其"业务范围"涉及慈善、医疗、教育、人文、环保、社区志工、骨髓捐赠、国际赈灾。全球各地受惠的贫民、病人、灾民众多。

② 指周联华。

赵一荻：至少他承认有上帝呀。

张学良：你说话真是！他承认有上帝是一回事，但他不是一个真正的基督徒。这蒋先生呢，还是满脑子的那旧思想。

访　一：是不是说证道词是人家给他写了，然后他修改的？

张学良：是他自己写，人家给他整的。

访　二：给他修饰的。

访　一：就是说，真正信教、能够领会的就是蒋夫人。

张学良：是的。但无论如何，因为他是总统，所以上礼拜堂他照常上，牧师让站起来，他也站起来。

访　一：是形式上的。

赵一荻：我说了，每个基督徒和每个基督徒不同，没有百分之百的基督徒。哪里有百分之百的？我们也没有，只有耶稣。

张学良：有个传道人说你不信上帝就得下地狱，他说若真如此，这传道人得先下地狱。

赵一荻：这传道人没传好，影响很不好。

张学良：蒋先生说过，台上的牧师好当，台下的不好当。

赵一荻：我们不能看哪个牧师好不好，传道不是传牧师。我去美国也带儿子全家上教堂，我不在他们就不去了，因为我们做完了请他们吃午饭，得掏好多腰包呢。（笑声）

访　一：现在李总统（指李登辉）也是基督徒，他上教堂跟你两位去的？

张学良：不是。

访　一：不是一回事，不是一个教会。

张学良：没有做总统之前，他还要传道。

访　二：是否因为他儿子得癌症死了？

张学良：不知道。

访　一：您提到聚会所，是个什么组织？跟你们有何不同？

赵一荻：不同，他们没有牧师，讲道的都是教友，不过圣诞节。他们就是自生自养。他们很热心的，有时好几个人聚在一起。讲道是另外一种讲法，女的不讲道，只有男的讲道。他们训练一批人，然后一批人到人家的家里去传道，有时在街上抓住人就传［道］，很热心的。他们还有功课要做，背《圣经》呀什么的，他们有一定的规矩。他们之间很合作的，建教堂也是自己建的。他们有他们的做法，都是信上帝。他们有他们的长处，我们不能说人家不好。

张学良：我们去的不是一个教会。

赵一荻：我们去的是总统教会①，每个周末做礼拜，是私人礼拜堂。

访　一：您这教会准备怎么延续下去呢，下一代？

赵一荻：没有新会员，有的话也是教友的家属了。现在比较开放了，夫人也不去了。

访　一：外人也可以去呀？

赵一荻：有警卫嘛。以前是一个老牧师陈维屏，后来，太老了也不干了。

访　二：蒋总统不高兴了。

赵一荻：他高兴不高兴我就不知道了。

张学良：他不高兴就不到我们这教堂。他讲得不对呀，不能随便那样讲。

访　二：蒋总统不是个虔诚的基督教徒，因为他每次讲话时还是说曾国藩怎么样［怎么样］。

赵一荻：那也不一定，基督徒也可以说曾国藩，他受的教育不一样。

访　一：美国有一个时期，大家对蒋先生的批评相当刻薄。当然政务我不太知道，但是我们到那里时，正好是那个时期。

赵一荻：我劝你们看看《圣经》，你不要论断人哪。你只看见他这一方面，人家还有另一方面呢。

张学良：《圣经》有句话，"你是什么人"。

访　一：所以我们就事论事。我们不是基督徒，所以我们才这样想，基督徒至少要这样，讲爱人如己，而且不说谎。

张学良：不是这样，你先要问你自个儿怎么样，不要先批评人家。你想说话先要想想自个儿。

赵一荻：你不能批评人家，你看见人家的坏处了，可人家还有好的一面，要学会饶恕人，上帝才能饶恕你。

张学良：一般人喜欢批评人，可是你知道人家是怎么样的人吗？你知道他的背景吗？你完全知道他的人吗？你知道这件事情为什么吗？你批评人，你本身就［不了解情况］。

赵一荻：我说我不要看这些书，有我的道理。人家说我好，我不见得；人家

---

① 指蒋介石、宋美龄的台北士林镇凯歌教堂。

说我坏，我没有那么坏。我何必去看那些书呀，我自己知道呀，我最知道我自己。上帝那有个账，都有记载，我将来到他那儿去。中国人所谓天知道。你们说我们什么对我们没关系，只求上帝饶恕我们。

张学良："申冤在我，我必报复"你不要为世事抱不平。

赵一荻：后面那句《圣经》上没有，不在这个地方。"申冤在我，报不在我"，以后那句没有。

访　一：基督教还有一个问题，就是《圣经》很不好懂，语句念起来也不顺口。

赵一荻：和其他翻译书比起来，还是《圣经》念起来好听。翻译的［人］你得知道都是在广东，外国的传道人在广东翻的。而且在那个年头他所用的词汇也和现在不同，有些甚至不用了。

访　二：您现在在凯歌堂是谁讲道？

赵一荻：周牧师。要有事呢，就另外请个牧师来讲。

访　一：现在参加凯歌堂，闲杂人等也进去了怎么得了？

赵一荻：没关系，信教的就来吧。

张学良：原来有警卫，现在也没有了。

访　一：言行一致是基督教应该做到的事情吧？

赵一荻：雅各书三章中雅各讲，不但是听道，还要行道。你要活出基督的样子，不一定要讲出来。要身体力行。真做好基督徒不容易，你得读经祷告。

访　一：所以受洗不见得也是基督徒。

张学良：我那有个小册子，说到一个人被封为牧师了，不等于说他就是没有野心了。你不要以为那道袍穿上了就［信道了］。换句话说，没有犯罪的只有耶稣。

赵一荻：没有人是没有私心的，所以耶稣说的话一针见血，你要当我的门徒，首先要舍己，先把你自个儿否定了。否则，无论多少事，你还是先为自己。

张学良：我们到礼拜堂去，不是听牧师演讲，是听他传道。

赵一荻：是上帝借着他的嘴跟我们说话。董显光的女婿很有意思。董先生是非常虔诚的，他女婿带他做礼拜，他女婿回家就说，"哼，那牧师净骂我。"因为他是乱七八糟的嘛。

访 二：他蛮可爱的，知道自己做错了。

访 一：您提到基督徒把收入的十分之一献给教会，我有几个同学还有他们的太太捐的不是十分之一，而是二分之一到全部。她［信的］不是基督教，是佛教。

赵一荻：给佛教捐款一捐就是上亿，求什么？求福求寿？升官发财？

访 二：实在求不了还求来世，求来世还要有钱有势。

张学良：我这人说话［直］。假如我一讲，佛教的人都把我打跑了。

访 二：您怎么讲？

张学良：我说你们的佛要那样不行，那他受贿啊。

赵一荻：你们的上帝是人造的，我们的上帝是宇宙万物之主。上帝要你去，你18岁也得去。你看人造电脑多好，可它没生命没有思想。

张学良：你们讲发明，但我觉得不能讲发明，只能讲发现。那个东西在那儿，你看不到，是上帝让你发现的。发明是从来没有的事你能发明出来。但上帝的旨意，早就在那里了，到时候他让你发现，启示你，是发现。

赵一荻：昨天我跟我的孙媳妇说，你要不要生小孩？你们年轻女人，二十几岁正好是像植物该开花结果的时候，不要等到树要死的时候再生就［晚了］。所以现在残障的小孩那么多。女人过三十岁生小孩自己都危险。《圣经》上讲得很清楚，你所有的一切都是上帝给的，你不信上帝就不知道上帝给你的恩典。所有的一切还不都是上帝给你的，你哪样能带走？这样你的观点就不一样，不能从物质上看，物质的东西不能填满你心灵的需要，多了也没用。

访 一：而且人一到贪的时候，就永远［没个够］。

访 二：我给您说个贪的故事吧。上次我们12月来的时候，您上午有个聚会，我们来您在睡觉。这次我带了您给的《圣经》。我想我带着，万一您周日又聚会呢，［我可以看看］，结果张太太没有聚会了，这不就是贪嘛。

赵一荻：这个礼拜来做礼拜啊，到我们这吃饭。我要准备一下，我很久没有讲了。

访 一：我这是刘姥姥进大观园，我就跟着你们。

赵一荻：应该带人去，但我们不勉强人家去。信不信是上帝的恩典，那是上帝在你心底的功力。

访 一：一个小问题想问一下，您的儿子叫 Robert 是吧？六岁的时候不会说中文？

赵一荻：不会，他一直不会说。我们有一个会说意大利式英文的意大利保姆，所以他讲意大利的英文。那个保姆在意大利使馆做过［事］，会说点英文。

访 一：另外一个小事，您说张学良从中央医院出来之后到了刘育乡，还在客厅里开刀①。

赵一荻：那［是］麒麟洞，就是一间屋子，什么客厅不客厅的。

访 一：也没有消毒什么的？

赵一荻：没有。

访 一：麻药呢？

赵一荻：打麻药了。盲肠炎变成腹膜炎了，不能封口，又开第二次刀。

访 一：真是好危险的。您说那刘瑞恒②。我学做臭豆腐，北京王致和③的，还是跟他太太学的。

访 一：我们带了几块石头，想刻个号，您给起个号吧。

张学良：好。你叫张之丙，那你好起，你的号就叫"馒头"吧。你叫张之乙④，你这个"乙"有个唐伯虎的笑话。有个打铁的让唐伯虎起个堂名，他起了甲乙堂，祝枝山看了说唐伯虎骂他。"甲"谐音"假"，那个"乙"就像打铁的榔头。

---

① 1941 年，张学良患急性阑尾炎，被送到贵阳中央医院医治。出院后移居贵阳附近黔灵山麒麟洞休养，病情复发，就在麒麟洞做手术。1942 年张学良迁居贵州刘育乡。

② 刘瑞恒，医学博士，曾任国民政府卫生署署长、中央医院院长。1941 年，张学良幽居贵州患盲肠炎时，刘曾指导医生救助。

③ 王致和，豆腐乳的一种，颜色呈青色，闻起来臭，吃起来香。发明人是安徽人王致和，流传至今已有 300 多年。王致和原是个文人，进京赶考不中，改为以制豆腐为生，并创制出臭豆腐。臭豆腐曾作为御膳小菜送往宫廷，受到慈祥太后的喜爱，亲赐名"御青方"。

④ 张学良称张之宇为张之乙，故有"甲乙堂"之说。

第四十三次访谈
外国友人　西安送蒋

访谈者：张之丙（简称"访一"）
　　　　　张之宇（简称"访二"）
被访者：张学良
同座者：赵一荻
访问日期：1992 年 7 月 31 日

访　一：今天是 7 月 31 日，是这一期访问的最后一次。第二期将在 12 月开始。现在我们在张先生的公馆进行访问。

1. 奉化招待所烧着了

访　二：这都是零零碎碎的，你一段我一段这样写的。
张学良：《张学良与东北军》？
访　一：不在那上头，不是那本，昨晚我们翻的好像不是那本。我们找到给您印一份。
张学良：他（指朱海北）原来也是我的学生。
访　二：不是这本，我明儿给您找来。
张学良：我不知道他还会写东西。不是写的是说的吧？是书上的吗？
访　二：大概是。是一本书上找到的。
访　一：他现在在大陆吗？
张学良：他在大陆，他跟大陆那个做过驻美国大使的章文晋是亲戚，是姐夫，还是什么关系我弄不清了。因为他爸爸朱启钤是袁世凯的西南太保。

访 二：嗯，袁世凯的。

张学良：他这人不肯吃苦，吃苦的话他会起来的。他原来在我手下，也是我的学生，我非常喜欢他。他跟何世礼，都在我手底下［做事］。带兵是要吃苦啊。

访 一：是不是他以前是您的卫队［里的成员］，跟您在一起，跟您长得差不多吗？

张学良：他比我年轻一点儿。

访 二：是不是有时人们分不清楚［你们两个谁是谁］。

张学良：不是他。

访 一：今天是这期访问的最后一次，问题会零碎点。您还记得您到了奉化，① 住在一个地方，后来那地方着火烧掉了，能记得为什么着火吗？是怎么回事？

张学良：我们住那儿叫［什么招待所］。

访 一：旅行社，中国旅行社招待所。

张学良：招待所，人家招待所随便来个客人，我们一住就住了这么多人，而且还住了这么久。白天晚上在这烧火烧水，那个烧水的地方的烟囱就挨着樑头，樑头底下的青砖都烧松了。一般人家也不会这样总是烧水。这也不是个大旅馆，没预备这样一天到晚地烧水。那是个木头房子，樑头烧着了，房子也就烧着了。幸好站岗的宪兵在下面雪窦寺，看见这里有烟冒出来，马上喊起来。从房顶烧起来的，底下不知道，还照常干活，所以我好多东西都烧了。我最喜欢的张大千的一张画，画的一张这么大的画。画的我当年住的蔡师洞。同时有一张送子画。挂墙上的画呀什么的都烧了。剩下的东西，有一个人把我的大箱子拉出来了。

访 一：那是在山上，救火也不容易救吧？

张学良：就算在山下也不能救，火来得太快了。

访 一：除了张大千的画，还有其他的损失吗？

张学良：还有好多画，我说不出来。

访 一：然后就搬到另外一个地方了？

---

① 张学良在南京受审被"管束"后，1937年1月来到蒋介石家乡奉化溪口镇，住在雪窦山中国旅行社的招待所。同年9月，招待所失火，张学良暂居雪窦寺内。不久搬到安徽黄山。

张学良：搬到黄山，给段祺瑞准备的，叫正道居①。我们没住几天，上海撤退了。

访　二：那黄山很好看。

张学良：很好看，很可惜我只在附近看了看。我想住在那儿，今后还有机会。我去那几天还下大雨。我就记得一件事，有好大一树白兰花，开这么大的白花，那个香啊！

访　一：黄山的风景［很好］。

张学良：很好看，怪松怪云啊。我没看。

访　一：您去了给段祺瑞准备的"居士林"？

张学良：不是居士林，是"正道居"，才住一两宿就走了。

访　一：那［时日本兵］已经打到上海了？

张学良：是的，打到上海了，日本人来了。

访　一：有一个人写了，他说陪着张学良从一个地方搬到另一个地方，您认为最宝贵的是书。

张学良：我从前在贵州有很多书，都扔到那儿了。我把书送给一个人和他孩子了，可以卖几个钱。

访　一：您记得是什么书籍吗？

张学良：那我记不起来了，那时我随便买书，很喜欢书。

访　一：以我们一般常识看，只有学者走来走去老背着书，听起来您不像将军而像个学者，到哪里都一大堆书，而且收藏。

访　二：您去过庐山吗？

张学良：那时候蒋先生到那儿避暑，我们差不多每年夏天都去。

访　二：庐山好吗？

张学良：好！不过雾太大，我还记得我们住的庐山的房子，雾都进到屋子里头。

访　二：哎呀，那比这儿还潮呀？

访　一：您到过的有名的地方，除去"正道居"的黄山，雪窦寺、阳明洞、麒麟洞这些地方，哪些个地方您印象最好，希望再回去看看？

---

①　1937年冬，张学良移居安徽黄山温泉附近的"居士林"，这是当年段祺瑞隐退后学佛念经的别墅，位于黄山脚下的桃园村。许世英任黄山建设委员会委员长时，把"居士林"改为蒋介石到黄山休息的别墅，张治中建议改"居士林"为"正道居"。此楼在当今安徽省黄山疗养院内西侧。另一说法：1935年建成后，讲世英、张治中以黄山建设委员会名义送给蒋介石作别墅，蒋介石转送给段祺瑞，初名"正道居"。段还没住进去就去世了。1937年冬，张学良从奉化押解到黄山，在这里住了3天后被仓促押往江西萍乡，据说是因为皖南一带有新四军活动，蒋介石害怕张学良被劫的缘故。1965年董必武改名为"听涛居"。

张学良：没有什么，麒麟洞算不上古迹，阳明洞有机会我再去看看。我最喜欢的不在这里面，在湖南沅陵的凤凰山。在山上，可以看得很远，看到江，往底下看非常美。我经常到山下去钓鱼。好像说有人——是私人不是政府——在凤凰山给我立了塑像。

访　一：听说有次您逃难的时候，您自己开车，结果把一个老先生给撞了，是怎么回事？

张学良：不是，那是在湖南。开汽车我撞了个人。是我开汽车在马路上和一个火车赛跑，看见一个人挑挑子，卖菜的什么的，忽然往这边跑过去，就［把他］碰了一个跟头。伤了，没有死。我就想下车，我身边的人说别下车，那里的人都很凶，要聚众就倒霉了。我当时身上也没多少钱，掏点钱给他赶快走。他那边的人都认识，就管他要宪兵长。说咱们赶快走，要聚众就麻烦了，这边人野。我给这人撞成什么样我也不知道了。

访　一：还有件小事，说您喜欢钓鱼，然后把鱼弄干了贴墙上，是吗？

张学良：不是，那是在贵州。我们住在天门洞，① 前面一个湖，我在那湖里钓大鱼，他们用布兜抓点小鱼，就把它们贴墙上了，贴了好多呀。要是来人了，他们就把那小鱼拿走了。

访　问：那能吃吗？

张学良：好吃，放点盐爆炒一下。

访　一：您那会儿有照片吗？

张学良：好像有个二寸的照片，没有照这些。那时候照相很麻烦，没地方洗。

访　一：您胶卷从哪儿来？

张学良：买完了带回来，胶卷好买，但照完了找不到地方洗。

访　一：我先生也喜欢收藏旧照相机，您不是也有旧照相机吗。有个组织，专门收旧照相机。我们大家说，您的兴趣非常广，喜欢收藏字画、下棋、推牌九、打麻将、照相、钓鱼、养兰花。

张学良：你们不知道，我还喜欢射箭，外国的箭。

赵一荻：他什么都喜欢。

张学良：我原来喜欢画画，可是不能画，我就洗相片，有艺术。我不喜欢下棋。

---

① 天门洞位于贵州桐梓县，距县城8华里，有上、下天门洞，通称天门洞。天门河流穿其间，人们筑坝拦河，形成水库，人称"小西湖"。军统局让原来的兵工厂让出厂房，整修后供张居住。四周群山环抱，荒无人烟。

访 二：您昨天还说要做熘黄鳝呢？

张学良：我就喜欢做一个菜。

2. 我把几个闹得凶的［人］关起来

访 一：您那个自述①上说过一句话，前面念起来很长了，"当是时也，共产党之停止内战共同抗日，高唱云霄，实攻我心，不只对良个人，并已动摇大部分东北将士，至少深入少壮者之心。当进剿再见不能成功，良觉一己主张，自问失败，征询众人意见……"我的问题是，您的一己主张是什么？

张学良：我自己的主张跟大家谈谈，听大家的意见，是这个意思。

访 一：您后来又说了一句话，你说，有好多东北的军队被共产党俘虏了，后来又给放回来了。回来之后，有的您分别处刑或看押，使东北少壮辈增加了他们的愤慨。您说您曾经将苗诚实②、张潜华③等看管了，又命高崇民离境，而"左右责难更甚"，他们为什么责难？

张学良：当然了，你把年轻人这一帮都关起来了，他们都是一样的人。

访 一：哦，他们不愿意。

张学良：当然不愿意了，我把几个特别闹得凶的［人］关起来。

访 一：他们认为您不应该把他们关起来？

张学良：你这人说话真是，我把他们（指苗剑秋、张潜华）关起来你高兴吗？你们一块儿的。

访 二：您的处置方法不一样，使他们不满意。

访 一：他们是一个团体的。

张学良：他们一帮子人，我关起几个来，他们当然不愿意呀。我不能把他们都关起来，只把带头的人关起来。那苗剑秋的外号叫"苗疯子"。

访 一：他就是苗剑秋？说话很厉害的是不是？苗诚实就是苗剑秋？

张学良：不是苗诚实。

访 一：这里写的是苗诚实，还有张潜华。

---

① 即张学良根据蒋介石的意见写给蒋的回忆西安事变的信函（所谓的《西安事变忏悔录》）。
② 苗诚实，名苗剑秋，字诚实，辽宁铁岭人。西安事变时任张学良机要秘书。与孙鸣九、应德田等成为东北军少壮派首领。事变后，制造"二二"事件。后流亡日本。
③ 张潜华，西安事变前任张学良秘书。

访　二：苗剑秋是怎样的？不管不顾什么都说？

张学良：他就是那样的人。那时蒋先生讲西藏那什么问题，在上海讲话，他就"呸"一下。

访　一：后来他在日本吧？

张学良：他和日本大山愚夫［是学生］，是日本帝国大学的学生。

访　一：日本人对他很好吧？他很有学问的呢？

张学良：很好。是日本帝国大学的学生，跟那个什么，后来日本失败以后自杀的那个是同学。

访　一：他是从东北去日本的？自己去的？不是谁给送出去的？

张学良：不是送出去的，至于他怎么去的我就不知道了。

访　一：后来听说他跟周恩来吵架。您走了以后他回去了，他跟应德田、孙铭九去找周恩来，说"你所说的话都不算话"。很戏剧性的一个对话，他自己写的。

张学良：这个人，他自己写的靠不住。

访　一：您记得有一个记者叫斯诺吗？他和斯诺谈了很多很多话。斯诺把他的话都记下来了。

张学良：要不怎么叫疯子呢。

3. 很近的朋友

访　一：这里有一段说您在东北的建设上，其中一个是整理古代文化典籍，尤其是提到您对奉天的历史博物馆和图书馆的建设。在那里边您曾经说要给《四库全书》拨 20 万块做开办费，设奉天（沈阳）的文溯阁《四库全书》① 教义馆。

张学良：不是我拨［经费设奉天教义馆］。那时我们想把《四库全书》重印，文溯阁的要印。我跟你说金馆长②那时有多苦。他说，"我呀

---

① 《四库全书》于清乾隆年间修成，当时共抄录 7 部，其中一部存于沈阳文溯阁。张学良主政东北后，曾任沈阳故宫博物院院长的金梁极力倡导重印《四库全书》，得到张学良的支持，但最终流产。沈阳文溯阁《四库全书》藏书地几经辗转，于 1966 年经文化部批准，由沈阳拨交甘肃，现藏于兰州市北山九洲台。

② 指金梁。金梁，又名关介之，字息候，晚号瓜圃老人，满洲正白旗人。光绪三十年（1904 年）进士。辛亥革命后，曾任奉天省洮昌道尹，沈阳故宫博物院院长，北洋政府农商部秘书等职。金曾倡导重印文溯阁藏《四库全书》，并任"四库全书坐办"主持该工作，但最终流产。"九一八"事变后去天津。1949 年后迁居北京，在国家文物部门任顾问等职。

想把它重印，印完了把它送到世界各大图书馆去。你要让我印这书呀，在中国没有这些纸张，要印就得开一个造纸厂。"《四库全书》有多少书啊。他说要印至少要一百部，所以结果没有印成。我想，现在这书只有两部，奉天有全套的，恐怕也损坏了，多少会有些不同，那是中国最有名的书。

访　一：说为了这，您还发了两个很要紧的电报，一个是致世界各国电，一个是致全国各界电，提出要把《四库全书》保存，分发。可惜这事情没有做。后来有一个人在东北，用手抄写《明实录》，您认为这是个很巨大的工作。这人姓吴，叫吴平谢。

张学良：这人叫吴大师，很有学问，那他抄不了，他在文学书院教书。

访　一：他没有在您的政府里任职，在教育界？

张学良：我不知道。

访　一：您的政绩中除了这个之外，故宫您也负责一部分工作。

张学良：这个人（指吴平谢）对中国历史，那知道得太多了。我给你说一件。我们要去山西作战，我问他山西有个有名的地方叫娘子关。他老人家用四五天的工夫，给我写这么厚的两本东西，比如什么年份什么日子在那儿发生过什么事。他能知道往什么地方查去。

访　一：东北图书馆的收藏一定很丰富了。

张学良：东北图书馆没有收藏。

访　二：您曾经要办一个什么古物收藏的地方让金梁去负责吗？

张学良：没有。

访　二：后来赵尔巽①开清史馆，离开奉天到北京去搞清史稿。

张学良：这个后来民国不让出。在清史上，孙文是贼，所谓"四大寇"嘛。

访　一：您和赵一荻相识在哪年？您说不是在蔡家花园。

赵一荻：私人的事就不讲了。

访　一：那 1940 年您去湖南的事要不要说？

赵一荻：那对历史没作用。

访　一：过去您有哪些外国朋友您认为应该记下来的？

赵一荻：Jim、伊雅格、端纳。

---

① 赵尔巽，清同治进士，授翰林院编修，历任安徽、陕西等省按察使，甘肃、新疆、山西布政使。1905 年 4 月，出任盛京将军，后任四川、湖广、东三省总督。1914 年，袁世凯委任赵尔巽为清史馆总裁，主编《清史稿》。1927 年完稿，旋即逝世。

张学良：还有美国报馆的那个 Ride Howard（哈伟）。

访　一：那日本有哪些人对您有协助的？

赵一荻：日本有两个顾问对你不错啊。

访　二：您记得日本有个叫松井七夫①的吗？说是他跟您联络，到秦皇岛去，为郭松龄的事情，您搭个日本船想在秦皇岛上岸。

张学良：胡说！这人等于是间谍一样，在奉天开了个小医院，可能是这个人。当时，他在郭松龄旁边给他治病。日本人叫松田②的实在太多了。不需要写，不能张冠李戴。

访　一：这里边说您在回程时经过大连。

张学良：根本没有这回事。假如是那个人，那他就是日本所谓的"浪人"，不是有地位的人。

访　一：澳大利亚人是端纳，还有伊雅格。

张学良：伊雅格是意大利人。

赵一荻：英国人阿士德都是朋友嘛。

访　一：还有瑞典的皇太子。

张学良：是的，瑞典的皇太子。这事情是这样的，我父亲在的时候，外国人来，我招待。像丹麦的王子也是我招待的。

赵一荻：在北方就是完全靠他们招待了，南方也没什么来往了。

访　一：若说不是工作的关系，而是朋友关系的就是伊雅格和端纳，另外就是 Barr。

张学良：伊雅格就是我们从小［结识］的朋友了，Barr 只是个雇员。

访　二：还有沙顿。

赵一荻：他是在那做生意的。

张学良：他是一个迫击炮厂的雇员，在那儿做生意，不是朋友。

访　一：花旗银行的那个是朋友？

张学良：那是个朋友。

赵一荻：也不是很近的朋友。

访　一：张群是您知己性的朋友吧？

---

① 松井七夫，日本陆军少壮派松井石根之弟，关东军高级参谋，张作霖的日本顾问。郭松龄反奉时，松井七夫曾把张作霖的五夫人和年幼子女接到他在满铁附属地的家里避难。

② 应为日本人守田福松。守田福松在奉天开小医院，曾为张作霖私人医生。郭松龄反奉时正为郭治病。

张学良：是的。

访 一：除了张群，还有哪些人是好朋友？[有些外国人]想来见您，没见着。

张学良：我不知道，外国的事儿我不知道。

访 一：哪些人来看过您？您印象最深的是哪些？端纳来过是吧？

张学良：没有呀。

访 一：在奉化，他去过，是吧？

张学良：我忘了。

赵一荻：我也想不出来。

张学良：换句话，我给你解释一下。那时来见我们的人全部要通过戴笠他们，这些外国人跟戴笠[没有关系]。

访 一：哦，没有办法。

张学良：除非特别找到蒋夫人的。

访 一：您后来见过蒋先生吗？

张学良：后来？

访 一：就是到台湾来见过他吗？

张学良：好像见过一次。

访 二：他是请您来了，还是您要去拜访他？

张学良：他要是不叫我去，我怎能去？换句话说，要见蒋先生很难的。

访 一：还记得是什么场合见的？什么样的机会？

张学良：他就叫我跟他谈谈就是了。比如现在李总统，你要见他，见得成吗？是他要见你呀。

访 二：没有说要跟您讨论什么问题？

访 一：那会儿是经国先生跟您在一起，陪您去看的吗？

张学良：好像是的，他接我去的。

访 二：你那儿还有什么新的问题吗？

访 一：没有了。本来我想把1936年作为一个人的整个事业的中间点。

张学良：你说那朱海北写的是一本书？我好像在哪儿看见过，一本书专门写我的这个那个的。

访 一：对，可能在那里面，我找出来给您印一份。

张学良：我要看他说什么来着。

访 一：好像写的时间不是很早。

张学良：我看那本书，好像没有……

4. 于学忠这人真的很忠心

访 一：我有一个旧一点的问题。有一个研究中国近代史的很有名的人叫金毓黻，在东北的。他写的东西，我们把它当教科书。他说您曾向大帅建议，李大钊是个人才，不要把他处死。您说过这话吗？

张学良：不是李大钊，是另一个。

访 一：是那个女的，叫张挹兰？

张学良：嗯，那时我父亲已经不在了。交到法院判决，不是我父亲［让处决的］。

访 一：还有一个是于学忠说的，他说在1930年葫芦岛开工典礼时，国民政府派了一个叫林树藩的到榆林一带，大概是山海关附近活动，煽动马廷福来叛变您。

张学良：是的，林树藩我不知道，马廷福是有这回事。

访 一：马廷福原来是您的部下？

张学良：不是，是他的部下。

访 一：哦，是于学忠的部下。这不很奇怪吗，一边拉拢人，一边［又想害人］。

张学良：这事大概是你说的这人想立功。我几乎把吴铁城给换下来，这人是吴铁城带去的。这人胡闹不懂大局，他想立功，表现自己。

访 一：这不几乎把事情做砸了吗？

张学良：几乎做砸了。吴铁城和张群都很丢脸呐，他俩都在法庭上出庭作证。

访 一：这里面我发现一点很值得注意，就是［马廷福是］于学忠的部下，而于学忠把这事告诉您，这证明他这人是真的很忠心的。

张学良：很忠心的，嗯。

访 一：那吴铁城和张群对这件事情怎么说呢？

张学良：张群不知道呀。就是吴铁城带领个人鼓动的，所以有些人不识大体啊。假如我和中央决裂，他们就要倒大霉。

访 一：这人是做什么的？不是普通人吧，有个职务或小官吗？

张学良：没有，有些人就是想捞一把，以为这样可以起来。

访 一：马廷福后来怎么着了？他的军队呢？

张学良：关［进］监狱了。他的军队是于学忠的嘛。关监狱之后判刑了，后

　　　　来日本人又把他放了出来。东北事变之后放了出来,他刺过于学忠,
　　　　后来逃哪儿去不知道。

访　二：还有一个是关于张宗昌跟褚玉璞的事情。他（指张宗昌）怎么逃出
　　　　去的,您知道吗？是日本人把他弄出去的吧？

张学良：在哪里逃出来的？

访　二：就是他打败了之后想到东北,您不要他,不让他进去。后来就打起
　　　　来了。然后他自己跑了,日本人没管他？

张学良：那日本人不管,他很容易跑。

访　二：不是日本人帮他逃的？

张学良：不是,杨宇霆被张宗昌俘虏了,他把他（杨宇霆）放了。

访　二：还有就是"七七"事变,他说是因为二十九军内部矛盾。

张学良：那我不知道,跟我毫无关系,那时候我不管这事。

访　二：为什么这书上说这问题,他说得很有意思。

张学良：谁呀？

5. 说我父亲的事很多乱写

访　二：这书上为什么提到"七七"事变跟宋哲元的事情呢？他说呢,
　　　　"七七"事变宋哲元不是离开北平吗,大家对宋的批评很多,蒋先
　　　　生为他的不抵抗作了很多的解释。您从东北撤退时他（蒋介石）
　　　　怎么就没替您说,说好像是您不抵抗；说蒋先生为什么要替他
　　　　（宋哲元）［解释］？

张学良：还有你可能有点误会,宋哲元不是我的部下。

访　一：作书的人的意思是,当初"九一八"不抵抗,蒋先生什么话没说,
　　　　但宋哲元不抵抗,蒋先生就一而再、再而三地为宋哲元解说。

赵一荻：那是蒋先生负责了,作书的人不了解。

张学良：作书的人不了解情况,事情不一样。

赵一荻：宋哲元也不是蒋先生的嫡系。

张学良：宋哲元是冯玉祥的嫡系。

访　一：可是写书的人说蒋先生为他说话。

张学良：写书的人不去研究实际情况,不了解。有好多书报都是,你看它们
　　　　得看是谁写的,是不是有名的人。

赵一荻： 有名的人也要看他是站在什么立场上。

访　一： 对，看在什么立场。

张学良： 就像我们看文章，我们要看它从哪里来啊。

访　二： 我还有一个问题。您的一个队长叫崔成义，卫队营长。他说老帅被炸的时候，您在邯郸，也叫临洺关，指挥作战。

张学良： 胡说八道。

访　二： 他说您的军团部是在保定城里，指挥部在火车上。

张学良： 胡说八道，我在滦州。

访　二： 这资料是北京市政协文史馆的。

访　一： 大陆每一个城市都有一个政协，就是政治协商会议。

张学良： 这人是卫队营长。

访　二： 说您军团部在保定城里，指挥部在火车上，这点对不对？

张学良： 他说这话一半是真，一半是假。我是有的时候司令部在火车上，可不是那个时候司令部在火车上，要看是哪一年。

赵一荻： 说的是皇姑屯事件。

张学良： 事件的时候，我在滦州。司令部在火车上，但是我住在山上。

访　一： 您把司令部设在火车上是为什么呢？是不是容易挪动？

张学良： 不是，我们从来都在火车上，我全部人马都在火车上。我不是我一个呐，那时候，我的秘书都在那儿，十几个人的时候也有，大多数时候是四五十人，连卫队是好几百人呢。指挥部就是军团部。

访　一： 为什么在城里还有军团部？

张学良： 离城里好几千里地呢。

访　一： 那时有没有电话？

张学良： 有手摇式的电话，是有线的，不过我们有无线电台。

访　一： 这里是关于大帅的。大帅是在1904年7月正式拿到清朝的官俸，您记得不？

张学良： 不知道，那时生没生我还不知道。

访　一： 有个叫增祺①的奉天的将军，他的太太说是很感激大帅，因为大帅

---

① 增祺，字瑞堂，满洲镶白旗人。1898—1905年任盛京将军（也称奉天将军）。1902年招安张作霖，任张为新民府巡警前路游击马队帮办（副营长），第二年升为管带（营长）。由此，张作霖摇身一变，而为政府军官了。

救过她的命，有次她回去的路上碰上土匪。

张学良：不知道，我那时多大岁数！

访　二：还有一个是金寿山攻击大帅，武力攻击，把大帅包围住了，大帅就要逃跑。有一个叫孙德山的背着您的老太太冒死冲出重围。大帅就投奔了张景惠。

张学良：怎么可能呢！张景惠投奔的是我父亲。张景惠是个卖豆腐的，也没有地位的。

访　一：过去很多人写的都是张景惠在一个地方有他的保安团。

张学良：不对。

访　二：啊，全都不对，这还是在张作霖的传里的。

张学良：说我父亲的事的人太多了，乱写，有的根本不知道怎么回事。

6. 历史没有重演的

访　二：您跟章太炎①，有名的学者，认识不认识？他对您很好，他很欣赏您，和您是忘年之交？

张学良：我对他很尊敬，曾经给了些路费呀什么的帮过他。他比我岁数大多了，但谈不上［交情］，没有忘年之交那么深的交情。

访　一：您读过很多历史的书，知道很多历史的故事。有很多现在发生的事情过去也有过，当然时间不一样了。蒋夫人说过，您陪蒋先生回南京，这在历史上是没有的。她的意思是在西安事变中，蒋先生是一国元首，您对蒋先生执行兵谏；而这件事情和平解决后，您不但放了蒋先生，并且亲自陪他回南京，这在历史上是没有过的。您看过的历史中有类似的事情吗？

张学良：这我不敢说，也许历史上有过而我不知道。

访　一：过去历史上像西安这种兵变的事情，也有过很多次吗？

赵一荻：那你到历史上去找呗。

张学良：那中国两千年的历史，哪记得。

访　一：您看的明史里面有吗？

赵一荻：没有。

---

① 章太炎，名炳麟，字枚叔，号太炎。浙江余杭人。清末民初民主革命家、思想家，是同盟会和辛亥革命的重要领袖之一。亦是著名学者，研究范围涉及小学、历史、哲学、政治等，著述甚丰。

张学良： 你问这个一下子把我问住了，也许有，我不知道。

访　一： 因为蒋夫人不是学历史的，她说那话，我只想对中国历史有研究的人能印证一下。

张学良： 不能那么讲。历史是没有重演的，不会出现完全一样的事情的。

访　一： 还有一件关于宋子文的事在和平解决西安事变的过程中，宋氏兄妹，宋子文和宋美龄出了很大的力。宋子文曾经跟您谈到和平解决事件之后主要是联共抗日和改组政府；您提议宋子文将来改组做行政院长，卢作孚做教育部长。

张学良： 卢作孚①是四川最有名的，在四川有航空，有船运公司，是刘湘手底下的大将。

访　一： 宋子文的贡献就是说，跟您一块儿都认为将来的政府需要改组。宋子文做行政院长，这个是对的，是吧？

张学良： 有这个意思，也有这么些人。我现在说不出来。可以说，我也不能说行政院长谁谁来当。

访　一： 宋子文的确有［这个想法］：如果改组的话，我做行政院长。他也愿意。

访　二： 到了洛阳以后，是他陪着您回去的，坐着您的飞机，对吗？

张学良： 宋子文没有坐我飞机。

赵一荻： 是西安事变以前还是以后啊？

访　二： 是西安事变的时候。先从西安飞到洛阳，在洛阳住了一夜，然后才再到南京去。

张学良： 没有宋子文。

访　一： 西安事变后，宋子文、宋美龄、端纳、蒋先生和您坐一个飞机。

张学良： 和前几天说的不一样，你把我问糊涂了。好像什么事儿都有他（宋子文），不是的。

访　一： 您的驾驶员李纳②说，从洛阳出来时，他开飞机，您坐在副驾驶的位置，宋子文坐后面。您还说，"你看宋子文累了，都睡着了。"这

---

① 卢作孚，原名魁先，别名卢思，四川合川人。曾任泸州道尹公署教育科长，成都民众通俗教育馆馆长。1925年弃教从商，创办民生实业公司。1929年后任川江航务管理处处长、四川省建设厅厅长、交通部次长、全国粮食管理局局长等职。1946年后主持民生公司，兼营远洋航运。1950年由香港回大陆定居，仍任民生公司总经理。曾任西南军政委员会委员、全国政协委员。1952年在重庆辞世。

② 指张学良的私人飞机驾驶员、美国人伦纳德（Royal Leohard）。他于1943年出版《我为中国飞行》（*I Flew for China*）一书，讲述了他驾机送张学良陪蒋介石一行回南京的过程。

飞机就您、宋子文和李纳。

张学良：我忘了。

访 一：到南京以后，您给蒋先生写了一封请罪的信。这信是宋子文先生建议的吗？

张学良：这是谁说的？

访 一：这报纸上都有。

张学良：你想想假如我给蒋先生写信，这报纸怎么能知道？

访 一：国史馆好像有这封信。①

赵一荻：是不是蒋先生拿去的？

访 一：算了，那不问这个了，把您都弄糊涂了。

张学良：要是有了，我倒想看一看。

赵一荻：弄个影印本给他。

访 一：我们去找一个来。

张学良：我那上面骂人呢。

访 一：啊，那可不对，这封信上您可没骂人。

张学良：我是给蒋先生写过一封信，信上我攻击一个人，攻击得很厉害。

访 二：我们能问您攻击谁吗？

张学良：这我不能说。

访 一：我把那封信给您找一份来。

张学良：看不看我不感兴趣，人家说我，骂我，我不理。至于蒋先生为什么把它送国史馆去，我不明白。

访 一：您有兴趣没有？我们把这封信给您找来。

访 二：有这么一个屋子，作为西安事变［资料室］。这文件先拿毛笔写了，完了以后要改，改了才能发电报。改的时候就把一个人的名字涂去了，用毛笔这样涂去了。这件东西出来什么意思呢？蒋先生要是让您留在了西安，代替他的应该是冯玉祥，可是不是冯玉祥，是孔祥熙。本来拟好的电报应该是副委员长冯玉祥，结果后来呢，不知道怎么就把他的名字点出去了。他（指"国史馆"）特别把这做成一个幻灯片，很大的幻灯片，给大家看当时的历史文件。

张学良：谁做的幻灯片？表示什么？

---

① 此信亦载中国第二历史档案馆、云南省档案馆、陕西省档案馆合编的《西安事变档案史料选编》第 80 页（中国档案出版社，1986 年版）。

访　二：是国史馆呀。表示当时的那个应该是［真的］。

赵一荻：副委员长是冯玉祥？

访　二：可是他并没说副委员长是冯玉祥。我们看历史东西就觉得他改必定有原因的，到底他看他改的是什么，所以就把那改的名字点去了。

张学良：我说冯玉祥这人……我看过一本书叫《冯玉祥传》还是什么的，是他自己写的。我看了前半部，后面我不看了。这本书，没一句真话。

访　二：根本没那回事，所以这真是。

赵一荻：这些都不值得去看，你看过丘吉尔写的自传吗？他的侄女莎拉就说文章写得挺好，但是有很多都是假的。

访　二：如果后人把他的文章视为历史文献，就实在是［大错了］。

张学良：骗人。

访　一：我们还有机会跟您了解这个，以后的怎么办？

赵一荻：凭你自己所看的东西来判断。

张学良：中国有一句话，叫"血流漂杵"，那打得多厉害呀。好家伙，那比河还厉害。

访　二：形容过甚。

7. 我从不说我是张汉卿

访　一：谈到您爱收藏字画，您说过有一个人冒充您的笔迹写了一首词送给罗祖光，用了张汉卿这签名，您说您向来不用这名字签名的。

张学良：不能说冒充，是一个报纸公开的。

访　一：我给您找出来了，字呢，写得有点儿您的体。我给您拿去。

访　二：啊，我找到了那本冯玉祥的书叫《我的生活》。

张学良：我稍微看了一部分，一句真话都没有。好多事我知道，写得无聊得很。

访　一：是这个吧？（访者拿那个签名给张学良看。）

张学良：也许这人本身就叫张汉卿，我从来不说我是张汉卿。可能不是写的这个人，是编书的人搞的，人家说万两值千金嘛。

访　一：盛世才也写了自传，您看见过没有？

张学良：他写自传？

访　一：这是《从草莽英雄到大元帅》①，里面有很多很好的资料，是大陆写的。

张学良：我不信。真假很难讲。

访　一：所以我们才得天独厚。我们进行录音，连这个绿色的带子都录上。（笑声）

赵一荻：你这也粘上胶了。

访　一：是啊，现在这皮箱太多了，都一样。不清楚哪个是自己的。我这贴绿的呢，因为绿的显眼，很多人用红色的，跟别人不一样。

8. 对公事我从不掺私人恩怨

访　一：我们想问一个非常大的问题：假定这是最后一次录音，您愿意跟将来用这个口述历史资料的人说点什么吗？

张学良：没有什么好说的。

赵一荻：希望对研究历史的人有点帮助。

张学良：为什么研究历史？好多事情我没有做过，我也不能做那么多事情，但是看了前人的历史，给自己一个教训，给自己一个参考，要想假若那事情轮到我，我应怎么做？在看历史的事情，人家做了成功了或失败了。中国说历史有句话，"成败不足论英雄"，他做得对也会失败，不能说成了就是英雄败了就是寇。比如，楚霸王是历史上最大的英雄之一，但是他是失败者。不能以成败论英雄。研究历史就是给自己做个参考，我们没有经历过的、做过的事情，万一碰到了怎么办？一般的人看历史书作为参考、研究，做点事情——不能说大事了，要拿这作为教训。事情来了怎么办？但是又不能食古不化，只能作个参考。我现在九十二岁了，大事情的决定是很难［做］了。换句话说，一念之差呀，这一念之错你不知道那影响有多大。到那时候，你能怎样？我就是我，不能说是旁人。我向来是凭良心做，我不说假话，不损害他人。我立志如此，但是我做的事情可能损害了他人。比如说，在我手底下死的人也不少，但是我没有存私

---

① 《从草莽英雄到大元帅——张作霖》，陈崇桥、胡玉海、胡毓峥著，辽宁人民出版社1991年出版。

人恩怨。我从来是对事情而不是看私人恩怨，对于公事我从不把私人恩怨掺在里头。

访 一：这就是您伟大的地方。

访 二：现在年纪大了，您有没有觉得亏待过谁？

张学良：没有。有时觉得也许把这个人杀错了，可是想想我也没有错。

访 一：美国好几个总统，像尼克松、肯尼迪、卡特，他们都说做一些大的决策之前，很多参谋人员给意见，但是到最后决策那一刹那是他们自己决定，他们都说做最后决定是感到最孤独的。您也有这感觉吗？

张学良：中国的情况不一样，跟参谋讨论不能太露骨，中国不像是民主国家。我向来跟部下不谈太多，免得露出去就麻烦多了。换句话，也可以说是独裁。

访 一：也可以说是很孤独，对吧？

张学良：对，我跟你说，干政治的事情呀，不是人干的事情，太残酷了。

访 二：您有这感觉呀，太残酷了，对自己来说。

9. 我的决心第一个是要国家统一

张学良：不但对自己，对人家也是。我跟我太太也说，这很困难。不是说坏的事情，比如说打仗，正打得很厉害，我必须派一个人出去，我一定选最好的去，可是又怕他这一去就回不来了。我父亲为了这事骂我。为了作战，我们把老百姓的房子给拆了，因为房子挡了我们的视线。父亲骂我，我说你不是要打胜吗，我没法子，为了求胜，我什么手段都要使，要不就别打了。我跟父亲说既然你这样说，那你何必打呢，不打仗不是更好？你要打仗，你还要……我们念古书的人说"宋襄公之人"。作战就得狠心，到时候就杀人不眨眼了。我常跟年轻人说，你做一件事，不要自我矛盾，自己原来下决心干什么，到了后头不要跟自己矛盾。就像我当年一样，你不要内战，[可]要是这么做不是扩大内战吗，这不跟你自己矛盾吗？你害怕为什么这样做？一个人做事情，立了一个志，当然，局势有变化，修改是可以的，但要问自己到底还要这么做呢还是不要这么做。所以我说干政治不是人干的。听命令是很简单，当年在父亲手下，他叫我打，我就去打呗。可是自己做决定可不是那么回事，服从命令好办，自个儿发命令则不好办。

访 一：您这是说做将容易，做帅不容易。

张学良：嗯，我跟你们说，我二十八岁时，翻手作云、覆手作雨，我真是决定不了。

访 二：您会有这感觉呀？

张学良：当然会有。

赵一荻：目的就是一个。你认定我这目的是什么，我为什么，有这个就能决定。

张学良：可能我把目标认错了，这我承认，但是我不是为了升官发财。蒋夫人对我……她评价西安事变说，"他不要地盘不要权，为什么呢？他舍得自己的生命。"所以蒋夫人对我很[好]。

赵一荻：搞政治就要看你自己有没有为国为民的心。

张学良：所以蒋夫人了解我，蒋夫人就讲——说实话，我对蒋夫人……她就讲：他不要地盘，也不要权力，他要干什么？

赵一荻：所以现在是个谜，人家奇怪。

访 一：所以，大家以小人之心度君子之腹。比如，他就觉得您这个作风奇怪。

张学良：一般人，他做那事就要那样做。那是一般人的想法。但是，不能讲"小人"，那样讲似乎有点骂人。是以"小心"来度大度，不是有"燕雀安知鸿鹄之志"[这样的话吗]。

赵一荻：在这儿我要传教了。很多人不了解，怎么耶稣能替我们的罪，替我们死呢？很简单嘛，你把要点抓住，就很简单，是为了爱人嘛。那他（指张学良）为了什么呢？他为了东北军，为了爱他的同胞。你再起了内战，那更厉害了，得死多少人呐。那么他不就是替他们死吗？你应该知道基督是怎么回事，怎么耶稣会下来，会替我们的罪呢？只有牺牲我自己。我是为你们，不是为我自己。我要干嘛干嘛，我会享福呀，吃喝玩乐我舒服得很呐。如果不送他[蒋介石]回去，再引起战争，这个内战就打起来了。那该死多少人呀。

访 二：那会儿那局势是点火就着呀。

赵一荻：那时候，人家不想打内战呀。你军队不要打，学生不要打，人民也不要打，都不要打内战嘛。日本人就要进来了。

访 一：已经到门里头了，真的已经进来了。

赵一荻：所以我们的目的就是要抗日。你怎么能抗日呢？所以，一讲就明白，就这一点嘛，我爱我的国家，爱我的同胞。

张学良：这个我加一句，这个决定做得对不对，做错没做错。

访　一：但是您忠心。

赵一荻：做得对不对那是另外一回事了。我的目的不就是停止内战吗？

访　二：那时候这个目的是达到了。

张学良：从我二十几岁参加国家的事情以来，我的决心第一个是要国家统一。中国不统一是不能强的，可是中国一直都不能统一。

赵一荻：哪儿都一样，你看现在东欧。

张学良：所以我和蒋先生不是私人关系，我是愿意帮助中国统一。

访　一：所以周恩来写的东西——当然，可信不可信不知道，他也说您一直以来都强调要尊重蒋先生，让他做领导。

张学良：我们要爱护国家，我要考虑这个局面谁能……周恩来也很爱国。蒋先生也有短处，既然我们能帮他，要是他能改那当然好了，但是也不能勉强。做政治很困难。这就像娶个老婆不见得满意，可是没有办法。谁都想十全十美。做事情难，做大事情更难。我也考虑我的前途，但那个时候我不这么做后果更坏，害了中国的命运，害了我的部下，害老百姓。既然如此，何必当初。

访　一：西安的事情您也是这么考虑的？

张学良：西安不同。西安我不讲那也可以，国家糟糕就糟糕吧，我认为事情应该那样做就那样做。

访　一：现在大家都说我们的政府畏首畏尾。

张学良：不能这样说，中国人有句话说"当家的没有不挨骂的"，"天地之大，人人所憾。"不可能令所有的人都满意的。

赵一荻：反对政府的话谁都爱听。无知的老百姓都一知半解啊。

张学良："九一八"事变，所有报纸都骂我骂得很厉害，唯有《大公报》说一句话，这件事情搁在谁身上都是这样做。

访　一：这好像是张季鸾写的。

张学良：不是，大概是王芸生［写的］。

赵一荻：所以你看东西，要看谁写的，要看这个人有没有见解，不是每个人写的东西都［那么正确］。

张学良：那很难，写东西这个事，那永远是个参照。

赵一荻：现在报纸上写社论的没有一个有伟大思想的，眼光短浅。

张学良：很少。

赵一荻：过去这二十年啊，人们都不念文了，都是念医、念工，为什么呢？好挣钱呀。再过二十年，写文章的人都没有了。

访　二：也没有人看嘛。

访　一：你看现在的主编都很年轻。

赵一荻：他自己都没有那个眼光，他怎么写出好的文章？他们看事情都看表面，不去深刻研究。

张学良：换句话说他心里没有。

访　二：那这个归根结底是教育问题了。

赵一荻：是教育问题。你看我们来四十年，这办教育的人都是大陆来的。你想想看，台湾出来的学生都是他们教出来的。他们在大陆怎么回事都不知道，什么叫爱国、爱民都不清楚。

访　一：如果一个国家没有爱国、爱民的思想，那就是一个纯粹的商业社会。

张学良：你知道，现在一般人，不能说百分之百，这话说得太武断一点——会想：国家跟我有什么关系呢？

赵一荻：对呀，上哪儿做生意呀，哪儿生钱上哪儿去。

访　一：不只是中国如此吧，现在世界很多国家都这样。

张学良：我就说现实台湾，不得了。比如说我，因为我们看过难过的事情，日本人把我们欺负的情形，有些人没看过，他就不知道。

赵一荻：我说的就是传道的话。人为什么信基督教？你在痛苦中才能崛起。我们受日本人的压迫，日本人的欺负，所以我们才有爱国的心。现在的人很享福。日本人就在门口了，你要再不悔悟的话，你就要当亡国奴了。现在有人想［到会］当亡国奴吗？没有人想。

张学良：现在台湾这事我也不方便说。台湾这些人的思想非常短浅。

赵一荻：我一独立就好了，我一跟美国合作就好了。

访　二：拿什么资格独立呢？

张学良：有些台湾人认为我们台湾好，你们大陆来的人吃我们，管我们。

赵一荻：你们大陆来的人，你们吃我们，喝我们，还统治我们。

访　一：这种心里很不对。

张学良：换句话，我是东北人，我们东北人就不是这样，我们自己抓政治，自己发奋图强。台湾人没有这种胆量。

10. 台湾不独立会变得更好

访 一：我们走的时候台湾这儿很荒凉的。

赵一荻：我们来的时候，台湾很荒凉的，总统府前连鬼都抓不到一个。

访 一：那会儿治安呢？

张学良：好像很好。

访 二：那会儿有报纸吗？

赵一荻：有吧。

张学良：我们见那个小孩，看见我们给我们鞠躬，很有礼貌。

访 二：哦，那是日本训练的。

访 一：这四十年来，台湾发展得这么好，是不是奇迹？

张学良：也不能说奇迹，全是经济上的。

赵一荻：你想啊，中国那么大的政府来管台湾这么个小地方，很多人都有经验。

张学良：不是奇迹，那几个有名的经济人在这儿，是管经济的人管得好，有几个很好的。

访 一：还有什么因素刺激了经济的发展？

张学良：跟土地改革有关系，原来的地主都拿了股票，都投资到工业里。

访 一：在政治上是不是经国总统的开发政策？

赵一荻：他的政策是对的。

张学良：他在军队的改革方面有很大的作用，对台湾有贡献，可惜死得太早。

访 一：军队国家化是不是在台湾开始的？在大陆的时候［还不是这样吧］。

张学良：那时候军队进行整顿啊。

访 一：怎么没有人给经国先生的口述历史留下来？

赵一荻：他也没想到死那么早。

张学良：他死得太早了。

访 一：他死的时候也七十多岁了。

张学良：七十多岁现在看也是太早了，张群死时是一百零三岁呢。

访 一：张群也没人给他做口述历史。

赵一荻：我们一个人能做什么？不过尽一份贡献罢了。

张学良：可以说，大陆更集中了［一些人才］。

赵一荻：人才都集中的。

访　二：而且后来又没有战争，就可以把地方发展起来。
访　一：您说这是不是也是一个主要的原因，台湾自从政府来这以后，虽然也经受压力，但没有战争，所以经济可以发展得这样快。这是不是一个原因？
张学良：也有战争。
赵一荻：也要感谢毛泽东的红卫兵①，要不［台湾就被大陆拿去了］。
访　一：您说"文化大革命"是吧？您是说这十年倒把台湾给保留了。
张学良：给台湾一个机会。
赵一荻：台湾没有提防的力量。
访　二：我们有时在街上坐车，听一些开车的年轻人谈话。他们觉得不够安全，总觉得有一天，大陆会来打的。
赵一荻：那谁都知道呀。那肯定不安全呀。你们想什么？
访　一：我们觉得好像不可能打。他们有种这样的心理——随时拔腿就走。连台湾人自己都说，我挣了钱就离开这儿。
访　二：我们不管怎样，我们也许在东北，我们富足。我们河北我不知怎样。比如说河南人、山西人不富足的话，也觉得我是山西人，我是北京人，我是东北人，这是我的根；而台湾人觉得这儿不是他们的根，有了钱就想上美国、欧洲。
张学良：你往哪里走？
访　一：美国和加拿大。
赵一荻：我们给你们开车那个［人］，都是军眷，不是真正的台湾人。他们真正有钱的有地的不会走。
张学良：他在这儿有根的。
赵一荻：所以很多年轻人都是我们大陆的人留在这儿的。
访　一：也许。
张学良：说话的人可能是［大陆来的］。
访　二：唔，可能是。像与我们同年龄的台湾人同事，他们也对大陆没有什么信心，他们觉得随时可能来。

---

①　红卫兵，中国"文化大革命"时期主要由大学和中学青年学生自发组成的政治组织。毛泽东于1966年8月开始连续八次接见超过1千万红卫兵，使红卫兵运动在"文化大革命"初期席卷全国，红卫兵的造反行动冲垮了各级党政机关现行的运行体系。1968年后，红卫兵逐渐失势，退出"文化大革命"舞台的中心。

张学良：大陆有他的理由，我想，台湾那独立要是闹得厉害呢，他就来了。我问一个我的学生，① 我说你们吓唬人还是怎的？他说是真的。

访　一：大陆到那时候，真的会用武力吗？好像香港一样，对他的经济很有帮助的地方，绝不会把它变成一个荒岛吧？

张学良：他来也用不着打，台湾的军队不会跟他打的，不会帮着那［那些台独分子］。我维护国家我绝不帮着你民进党，说这话你明白吗？到那时候，民进党真把台湾弄得自个儿管不了了，你看大陆就来。问题就在这儿。我认为民进党现在也不会闹起来。

访　二：现在大概是争权。

张学良：争权，国民党现在也［四分五裂］。

访　二：四分五裂了。

张学良：所以我认为台湾不独立，台湾会变得更好。台币已成为国际性的，外汇存款台湾居［世界］第一位，百分之百。换句话，我们汇款的力量有一百分，他绝不会［独立］。

访　一：所以我们哄着您两位到美国住比较好，我们到这儿来还得教点书什么的。

访　二：不教书我们就糟糕了，以前还无所谓，听说台币还要升值嘛。

访　一：不过到这儿来教书，来给您做［口述史］很划得来。我一共教了没有几堂书，前前后后两个礼拜吧，十几次的样子，我就可以活两个月啦。当然这个美差事，不是年年有。这次暑假来两个月，我的薪水是二十万。

访　二：在学校教书挣得少，吃不饱，饿不死。我就说要不是仗着我先生，我早就饿死了。

张学良：我是个上将，上将没有退休的，我就退休了，就我一个退休，退休金六千万。不过那钱差一点儿，要不就是一大笔钱。

赵一荻：金圆券。

访　一：你那时候为什么退休啊？好像在法律上［不应退休］。

张学良：她让我退休。

赵一荻：怎么可以不退休？上面让你退你就要退。

---

① 1991年吕正操在美与张学良相晤时，吕对张说，大陆对台不能放弃使用武力这一手段，但这不是对台湾人民的，是针对台独和外来势力，如果台湾独立，共产党不能坐视不管。张说，这我理解。张说我的学生，就是指吕正操。

张学良：也不少拿那个钱。

赵一荻：你自由都没有了，你还要六千万有什么用？

张学良：那不对，我买书啊，我的书现在值好多钱。

赵一荻：那时候就那么回事，等到到你手里也就不是钱了。

张学良：什么人给我的钱扣半年多。

访　一：有一点像蔡先生（指蔡绍基）庚子赔款，拿利息呀。

张学良：政府现在对待人，总是有办法。

访　一：都有饭吃，生活得下去了。

访　二：最明显的是，中小学的老师以前都饿得半死，现在他们的生活都挺好的。

张学良：挺好的。

赵一荻：你们没看见呢，我们刚来的时候还吃过耗子呢。

访　二：吃耗子？

张学良：想吃肉没有肉吃，吃耗子。

赵一荻：不是没有肉吃，是没有钱去买菜。刚来的时候，有一段只能吃肉不能吃菜，你们懂不懂？肉可以去赊，到发了饷的时候去还。买菜只能用现金。

张学良：我们在贵州某个地方住的时候，我们钓的鱼，不能吃，知道为什么？没有油，没有盐，怎么吃？那地方没有盐。

赵一荻：有的没有盐的就舔那蕨菜根啊。

访　一：人不吃盐也不行。

张学良：没有力量。

赵一荻：现在那非洲的孩子都饿死了。

张学良：我到一个乡下的地方，那小女孩五岁，我很喜欢。她妈妈说你要是喜欢你把她带走，她也不是要钱，那就能救她一命。那里没粮吃。

访　一：至少现在我们台湾和大陆那种情况已经成为历史了。

张学良：不过那个地方到处有鸦片烟。

访　二：那是卖啊，还是自己抽啊？

张学良：抽啊，他有瘾。

访　一：贵州出鸦片。

赵一荻：你说台湾人多坏，他们把鸦片花在大陆晒干了带到台湾，在这儿兑成饮料卖。
张学良：那罂粟花真好看啊。一种是单片的，一种双片的，那双片的更好看。在那果子上拉（东北方言，割的意思）一道口子——不能拉断了，就出那白浆。头一回拉出来的最好，以后拉出来的就差一点。
访　一：然后再把它提炼，就成了鸦片。
赵一荻：现在那干的罂粟花，是从金三角经大陆走私过来的。
访　二：奉天那天气鸦片可以活吗？
赵一荻：可以呀。我的花园就有。
张学良：奉天的鸦片烟最好，叫东土。
访　二：好是香还是浓呀？
张学良：好像吃饭似的，肥。
访　一：为什么叫鸦片啊，又叫烟土啊？
张学良：大概是那个做成膏状的叫烟土，鸦片是翻译的，opium。
赵一荻：那是用广东话翻的。

11. 张大千的假画

访　一：咱们不以罂粟花结束，说点别的吧。
张学良：我有张画，是恽南田画的，画得真好看。
访　二：您还有什么恽南田的画？
张学良：这是二等的。
访　二：头等的是王献之[①]的字吧。
访　一：把您的收藏拿出来，我们可以看半天的。
赵一荻：你说有什么用呢？
张学良：我过去的收藏，有一部分丢掉了，一部分换饭吃了。
访　二：一张画吧，鉴赏家讲它怎么怎么好，然后，我看这张画才有体会。所以我说，您这画要是能讲一讲就更好。这也是一门专门的学问。
张学良：有人给解释一下肯定好一些。

---

① 王献之，王羲之之子，东晋著名书法家。擅长草隶，尤精行草，当时誉之为"小圣"，后世将他与其父"书圣"王羲之合称为"二王"。

访　二：您认不认识张伯驹①？

张学良：我不知道这个人。

访　一：这人受了很多罪。

张学良：我不会画，我也不知道这些人。

访　二：鉴定假的方面您应该是已经很不错了。

张学良：那当然。张大千的一幅画我一看就是假的。但是我告诉你，这张画不错。

访　二：所以还是名画嘛。

张学良：可是不值那么些钱。烟钱我花得很多。

访　一：也许，除去民国的历史，您所听到的，您所看到的，和您所经历到的，您还可以开一个讲座，讲绘画的鉴赏。

张学良：不行，那我差得太远了。

访　一：那您说现在谁最有名呀？

张学良：现在不敢说。现在我跟那些人接触很少。张群也死掉了。

访　一：张群的鉴赏力很高？

张学良：他比我高。现在我跟那些人都没有接触。

访　一：现在那些画家很年轻。

张学良：中国有个鉴赏家，王季迁，那他不但是鉴赏家，他自己画也画得很好，收藏也多。

赵一荻：他在博物馆做事呢。

访　二：前些时候不是说过张大千的假画的问题？

张学良：张大千作假画是后来的事情。

访　一：到底是怎么回事？

赵一荻：我们人呐真是坏透了。你管他真的假的，能进博物馆的那就是好的。你拿什么来评断真假呢？就算张大千画一幅假画送到博物馆［也是好的］。

张学良：说这话的人，可以说是百分之六十的嫉妒。这些画送到博物馆去，有那么多的人鉴赏过。说这话的人很不够资格谈这话。就算送到

---

① 张伯驹，河南项城人，字家骐，号丛碧。集收藏鉴赏家、书画家、诗词学家、京剧艺术研究家于一身。曾不惜一掷千金，变卖家产或借贷买下中国传世最古墨迹——西晋陆机《平复帖》、传世最古画迹隋展子虔《游春图》、唐代李白的《上阳台贴》等等。20世纪50年代起，陆续将收藏的书画名迹捐献国家。曾任故宫博物院专门委员、国家文物局鉴定委员会委员，吉林省博物馆副馆长，中央文史馆馆员等。

博物馆的画是假的，也是很好的画，若是卖掉可值好多钱。他送博物馆的画，我一看吓一大跳，太好了。我不敢说那是假的。若有人说是假的，我倒要问他，你看过没有？送去的画里，不但有宋朝的，还有一张唐代的，你敢说假的假的？比如说我父亲有张唐代的手卷，谁也没看见过，你说假的，那真的你看见过吗？你凭什么说它是假的？如果是真正内行，也只能说它好或不好。你要说它不好，哪一点不好？一层一层诘问。张大千送出去参展的画我一看吓我一跳，即便是假的，也是无价之宝。有次我问他拿来看，他装熊不给。

赵一荻：若拿出来，他还能活？人们都会把他包围了抢去。

张学良：也得原谅他，第一样，他家庭的问题。在大陆上很多孩子向他要去，他若是把东西拿出来可不得了，那准会把他吃了。他有他的难处。

赵一荻：怀璧有罪，人呐。

访　二：他的假画弄得全世界都知道。

张学良：这有历史原因。当年，日本那时期，他是作假画，他们画家好多都作假画。为什么？他说作假画的原因是因为未出名之时，自己的画卖不起钱，纸、笔、墨都要钱，只好冒充名家的画好卖钱。张大千的名画只在日本作过假，我就买过他作的假画。当年我们还不是好朋友，我买了两张他作的八大山人的画。一张花一万，两张花两万买的。后来，我就给他一看，他说假的，我说你怎知道，他说我画的我当然知道。所以张大千在日本名声很不好，因为他卖很多假画给日本人，所以日本人恨透他了。

访　一：我说他就是作假画，他也是够资格的。

张学良：那当然，你给我作张假画看看能值多少？

访　一：他作的假画最有名的是仿石涛①的？

张学良：是。当年他在上海还没有出名的时候，那个时候卖得多，二十多块钱三十块钱一张。

访　二：那很便宜嘛。

张学良：现在有人收那就发达了，那是真的张大千。

---

① 石涛，清初画家。本姓朱，名若极，本籍桂林，为明靖江王朱赞仪十世孙。后出家为僧，法名原济，号石涛，又号苦瓜和尚等。早年屡游黄山、敬亭山，晚年定居扬州卖画。擅山水，兼工书法和诗。与弘仁、髡残、朱耷合称"清初四僧"。

访 二：那时候，他画得好吗？从早年到晚年，他的画风变了很多。

张学良：后来他的语气大得不得了。叫"独自称千古"。下一个更厉害，整了个"上下千年"。

访 一：人说南张北溥，溥心畬他当然不能跟张大千比了，你觉得怎样？

张学良：我不喜欢他（指溥心畬）的画，没有气派，也不够美。

访 二：可张大千到了晚年，画风也变得很厉害了。画不了工笔了。

张学良：张大千这人，掩饰自己的短处。他眼睛看不见了，他死的原因很难说。

访 一：他完全看不见？

张学良：他很可怜，我跟你说，中国人不是人，他的眼睛不是这样坏的。那眼科大夫，要成名……

访 二：结果治的是那个好眼睛。

第四十四次访谈
王永庆资助　奉系将领

访谈者：张之丙（简称"访一"）
　　　　张之宇（简称"访二"）
被访者：张学良
同座者：赵一荻、琳达
访问日期：1993年1月8日

1. 张先生过年好

赵一荻： 这儿有苏州的糖食。

访　二： 怎么苏州的在这儿买得着？

赵一荻： 刚开张的，包装得很好。把它打开，我来拿工具。

访　二： 她把那袋子给您买着了，不是在文具店买的，普通的店子里买不着，我是order（订购）的，他说要order得要800块钱，我就熬着吃。

赵一荻： 这是什么东西？

访　一： 是糖果。

赵一荻： 这个糖很贵呀，人家送礼呀，都送这个糖。非常名贵的糖。这是核桃酥，凤梨酥呀。这些东西很能吃，吃起来不停嘴。您给我买这么多东西，我托你们买的就得给您钱啊。

访　一： 一分金圆券。不要不要，要奉票。

赵一荻： 奉票现在当古董卖了。

访　一： 都是从Manufacturer（生产商）那儿买来的，外面买不着，Surpermarket（超市）也没有。

赵一荻： 现在人都是很需要灵性的，因为物质大家都很丰富。

访　二： 都够了。

赵一荻： 他（指张学良）就回来了，每天四点十分。他现在走得很好，就是有点往前冲。

访 一：张先生您好。

赵一荻：他要去看病啊。我都写好了条子，不是哪儿都能看！这个大夫把人家耳朵治好了，不是谁都能看好的。

访 一：张先生过年好。

赵一荻：这个张小姐送你一盒糖。

张学良：谢谢！

赵一荻：吃一点吧。

张学良：看见琳达，她打球把腰拧了，在做物理治疗。

赵一荻：吃呀！你们怎么不吃呀！

张学良：明天上午去王永庆那里，她要把她（指访一）带去。

赵一荻：那你，不跟人家说，事情不是这么办的。张小姐跟他的秘书认得，让她给他打个电话。你怎么可以随便带人去呢。

张学良：什么？

赵一荻：台塑给她们一个请帖。

访 一：他给我一个请帖，说请吃饭，想请您和少帅，问我你们的地址。

赵一荻：昨天他那个秘书要提前半个小时到。六点钟要到那儿。他说他愿意多谈谈。

访 二：这有一个酥糖，您吃不吃？

张学良：酥糖吃了不过瘾。不吃！

赵一荻：张小姐送你的礼你都没打开。

张学良：这就打开，大家吃！

访 一：我们真是不敢吃糖，越吃越胖了。

赵一荻：这糖很贵呀，很名贵的糖。

访 一：给您打电话那人。这人很有意思。他给我打电话说，"我跟张太太通了电话，张太太年纪很轻呀！有没有六十岁。"我说她已经是超过八十岁了。他说，"我以为她只有六十岁呢。"

赵一荻：您认识他吗？

访 一：我不认识他，只是通了电话。因为是王先生的关系。

赵一荻：我这就去给王永庆的秘书打个电话，告诉他，我们要带个人来。

访 二：您每礼拜要做几次电疗？

张学良：三次，星期一、三、五。

访　二：电疗，痛不痛？

张学良：很好，是泡，做四十分钟物理治疗。

访　二：这骨刺是很特别的东西。

张学良：不光是骨刺，它是让这肌肉松弛。

访　二：是让这个血液流通快些。

张学良：很好，有时候我走路这腿很疼，现在好多了。不那么疼了。不过现在有时还疼，是因为碰着那神经了。

访　二：您现在吃完饭还散步吗？

张学良：有时候去，我不怎么走了，人家让我走。

访　一：您还是要走走。

访　二：我一吃巧克力，牙就疼。

张学良：我不，我说我是马。你知道，我们养马。马一累了，就吃甜的。我要一累了就吃糖，我不累不吃糖。

访　二：就是给你提供 energy 能量了啊。

访　一：您说那时候的马，喂它什么糖吃？

张学良：给它一块方糖，马很喜欢吃。你拿手给它。它很喜欢那个糖。

访　二：琳达也受伤了？

张学良：打球打的。打球把腰拧了。好，明天你给他的秘书打个电话。她要到王永庆那里，因为做生意，她要……现在她是远东航空公司经理。

赵一荻：他请帖上头有，说欢迎。那就没事儿啦。

张学良：这是什么玩意儿？

赵一荻：这是纸包起来的，里头有酒。

访　一：这个很有意思，我买的时候，包装上面写的是巧克力。我一看，里头都是酒，巧克力里面都是酒。我来给您打开。您知道这个是很欣赏老帅——希望我们从您这儿打听老帅的那个教授，Wilbur，他生活上在美国是很高级的了。我送了他一盒，他高兴得不得了，生活上懂行的人才那什么。既然他喜欢我想您大概也喜欢。

张学良：都是酒哇，各种各样的。谢谢！

访　一：这是樱桃的。这是咖啡的。这是 mint，薄荷的。这是草莓的、杏仁的、巧克力的。

张学良：不吃了，再吃就吃不下去饭了。我今天饿了。我临走时吃了好多饼干呀。

访 一：这个是我姐姐那边的一个教会。他们看到夫人写的好消息——小册子，有人带到大陆去了。那些从大陆刚来的人，没跟教会接触过，他们认为这教会一定是这个共产党所介绍的。

访 二：最近很多从大陆来的人都来看您了吗？

张学良：什么人？

访 二：从大陆来的人，到台湾来的人，不都来看您了。

访 一：我们看到报纸上登着一个跳芭蕾舞的人来看您。

访 二：姓白的①，她是东北人，是不是？

张学良：我不认识她，她来看我说她父亲跟我有什么关系。我不知道，我那些老的部下太多了。

2. 黄郛和张继正

访 一：那个黄郛②，在中国民国初期是很知名的政界人物。

张学良：王啊？还是黄啊？黄什么？

访 一：黄郛，吴佩孚的"孚"，右边有个耳刀旁。

赵一荻：黄郛，你怎不知道呢？咱们革命的人，有个叫黄郛。

张学良：黄郛呀？啊，怎么了？

访 一：他，哥伦比亚大学的那个口述历史呀，有他的一个卷，一个短短的口述历史，不是他的，是他太太的③。

张学良：哦，他太太很有名，很活跃的分子。

访 一：她把他的那个东西拿来，里面有蒋先生给黄郛的亲笔书，都存在哥伦比亚大学了。

---

① 白淑湘，辽宁新宾人。中国芭蕾名家，中国舞蹈家协会主席。20世纪60年代，在芭蕾舞剧《红色娘子军》中塑造了琼花。历任中国芭蕾舞学会副会长，中央芭蕾舞团副团长。她是张学良旧属白纯义的女儿。1993年10月8日，白淑湘到台湾，特意到张学良家中看望了张。

② 黄郛，字膺白，号昭甫，浙江绍兴人。1904年留学日本东京士官学校。1907年结识蒋介石。1912年1月，被南京临时政府任命为兵站总监，后任江苏都督府参谋长。1923年起先后任北洋政府外交总长、教育总长。1924年10月，代理内阁总理，摄行大总统职权。1927年起先后任上海特别市首任市长、外交部长、行政院驻北平政务整理委员会委员长。1933年他与日本签订"塘沽协定"，遭到国人斥责。1936年12月，病逝上海。

③ 黄郛的太太，即沈亦云。名性真，又名景英，字亦云，浙江嘉兴人。1906年7月考取天津北洋女师范学堂。1911年辛亥革命时，她曾在上海组织女子北伐敢死队。其间，认识了沪军都督府参谋长黄郛，结为伉俪。20世纪美国哥伦比亚大学"中国口述历史学部"制定了一系列历史人物口述传记计划，将移居美国的沈亦云也列在其中，但沈已经自己在撰写回忆录，于是哥大派唐德刚协助沈整理回忆录。沈的回忆录为《亦云回忆》。

张学良：黄郛可以这么讲，怎么讲呢？蒋先生是黄郛的部下。黄郛好像和陈其美，我弄不太清楚，好像是在陈其美那的参谋长那样子。蒋先生在那儿当参谋。所以蒋先生对于黄郛是很客气的。不过是这样的。后来黄郛对蒋先生不满，蒋先生的做法令他不赞成。他这个人可是很厉害，很有名的。他有一本什么书，我当年不认识他。我当年就看了他这本书知道他的。他是日本留学生，很有学问的。

访　一：他有一篇关于"九一八"事件发生之后的文章。他写一篇东西给蒋先生，给他分析局势。好像蒋先生很尊敬他的分析。内容大概就是说，"打也不行，不打也不行；退也不行，不退也不行。"分析得很详细。因为我时间不够，您要是有兴趣，我回头印出来给您看看。

张学良：这个人很厉害。

访　一：他跟老帅认识吗？

张学良：和我父亲认识不认识，我不知道。这个我不大［清楚］。不过这个人可以说是蒋先生的前辈。

访　一：黄郛的夫人也是很活跃，她自己一整箱很宝贵的文件收藏都给了哥伦比亚大学。里面都是文件，往来的亲笔信件。

赵一荻：黄郛的夫人是不是跟张继正走得很近的那个，死在台湾了？

张学良：是。

赵一荻：有一次来礼拜堂，好像是张继正的干妈。那个白头发的太太？

张学良：张群总算是他的部下。

赵一荻：他们走得很近嘛，是吗？好像张继正就是黄郛的干儿子。

张学良：是，他们是走得很近。

赵一荻：我们好像在张公馆见过她，白头发的那个是不是她？

张学良：是她。张秘书长甚至要给她建个房子。黄郛太太是个活动分子。

访　一：而且她好像很了解，自己为什么要把那些收藏给了哥伦比亚大学，她找到哥伦比亚大学去的。

张学良：我想黄郛留下的文件是很有价值的，他跟冯玉祥也有关系，所以他在政治上的活动是很厉害的。这人不是说厉害，而是说他在政治上的分析非常仔细。

访　一：我就看了他们一篇东西，我觉得……

张学良：可以这样讲，他这人可以算是谋士。我们那时候开会，有他，简单说他也自命不凡。好像对日本的问题，他也出了很多主意。他不大满意蒋先生，觉得蒋先生拿不定主意。他认为，应怎么办就怎么办。我当年当学生时不认识他，就知道他打台球打得好极了。他也是个才子，写了本书，叫《肉弹》①。那时候和日本打仗，这书很有名，我就是通过这本书认识他的。

访　一：那书谈到战术的问题？

张学良：写的是日俄战争时代的日本人的［一些事］，我记不住了，叫《肉弹》，就是指用血肉当子弹。他很恭维日本人，他是日本留学生嘛。

访　一：您看了那书，您不记得那书对您有什么影响吗？

张学良：我受这本书的影响很大，他非常恭维日本军队。那时也可以说他是亲日派之一，黄郛、张群都是他的部下。

访　一：他年纪比他们大了很多吗？

张学良：他是陈其美的参谋长，蒋先生是陈其美的参谋，这个人也是长袖善舞呀。

访　一：他跟冯玉祥有什么关系呀？

张学良：所以说，那时候我们在一起，不是开会，他有时候毫不客气地批评很多事。

访　一：是不是他辈分也高呀？

张学良：这人也很厉害。

访　一：孙中山孙先生跟他是什么关系？

张学良：恐怕他在孙中山手下跑过几年。不过黄郛好像不是孙中山这一派的，是黄兴那一派的。原来国民党里分两派，一派是孙中山，另一派是黄兴。他大概是黄兴一派的，张群也都是黄兴那一派的。

访　一：您跟他有过什么交往吗？我是说，您跟黄郛有过什么交往吗？

张学良：没有什么交往，他的才干我们是钦佩的，我们都管他叫亲日派。

访　一：老帅对他是怎样的想法呀？

张学良：我父亲恐怕是认识他，但是没什么交往。好像那时候一个短时间内他在北京政府里当过诸葛的。他对蒋先生也不很太满意，因为他认

---

① 《肉弹》，日本樱井忠温著，1909年黄郛译为中文，取名《旅顺实战记》，以日本人的上下一心、忠勇兼备、将官不贪财、兵卒不惜死来警醒国人。

为他是老前辈了。

访 一：他跟吴稚晖①是不是在一起？

张学良：不一样。

访 一：他对蒋先生，因为蒋先生比他年轻是吧？

张学良：不但年轻，蒋先生也可以说是他的部下。他能说自命不凡，也是老气横秋。

访 一：蒋先生听他的话吗？

张学良：也不，所以他不高兴，就是因为不听他的。他的意思是应该听他的话。那个人谋略也很多。

赵一荻：中华福音神学院是不是那个周牧师（指周联华）？

张学良：我不知道。我脑子都不知道。

访 一：您那个书要赶快看了，夫人要签字啊。

赵一荻：你几时走啊。

访 二：十天后吧。

访 一：这样签完这个保险箱的字，张太太也可以打开看看了。

张学良：你知道有一个叫晓庄师范②的，在南京，那就是黄郛太太办的③。

访 二：我说呢，她在纽约的时候就叫教育家。

张学良：她很有名的，也是活动分子。

访 一：她在南方还是在北方活动？

张学良：在北方。

访 一：您跟她有相识吗？

张学良：不，那时我们年轻对黄郛很佩服，但都认为他是亲日派，我们都反对亲日派的。他们这帮人，你像张群啊，不能说是亲日的吧，也是主张和日本人合作。我们是反对的。

---

① 吴稚晖，江苏武进人，原名眺，后名敬恒。清光绪年间举人。1901年留学日本，1905年加入同盟会。1906年在法国与张静江等创建世界社，发刊《新世纪》周刊。1915年参与组织留法勤工俭学会。1921年任里昂中法大学校长。1924年起任国民党中央监察委员、国民政府国语统一筹备委员会主席、国防最高委员会委员、中央研究院院士。1949年去台湾，任"总统府"资政、国民党中央评议委员。

② 晓庄师范学校，1927年3月由教育家陶行知创办于南京附近劳山脚下的晓庄。是中国近代史上最早的试验乡村师范，著名的"生活教育"理论和乡村教育运动由此发轫。

③ 张学良的记忆有误。黄郛1928年5月辞去外交总长后，与沈亦云退隐浙江莫干山。1932年6月，他们开办了莫干小学，并以莫干小学为中心，兴办了农民夜校，改良农业技术，兴建蚕种场，建立农村信用合作，开展灾荒救济，发展卫生事业等，希望以教育促进农村生活。黄郛去世后，沈氏继续经营莫干山的乡村事业。

访 一：可是到后来,您跟张群两位是好朋友了。

赵一荻：不过,是好朋友,但政见不一样,他在民国十八年就到了东北。

访 一：第一次去找张先生就是他。

赵一荻：是。

3. 不知道朱海北能写文章

访 者：您上回说叫我们找一个叫朱海北写的文章。

张学良：什么?

赵一荻：朱海北的文章,你不是叫人家找吗?人家给你找来了。

访 一：还有一张相片是九一八那时候[照]的。

张学良：让我看看,谁的。

访 二：他的相片,您能看出来吗?

访 一：[到]北京去他们招待我们,那里有个人和他长得完全一样,就是朱海北。

赵一荻：都六十年了,我都看不清楚。

访 一：这还有一张,是毛泽东的侄女,王海容①。毛泽东后来在北京,出来进去的都由他侄女陪着。

赵一荻：就这穿一条一条的?

访 一：那是我!我可不敢当这个。

访 二：毛泽东的侄女姓王,很奇怪?

访 一：在尼克松访问中国的时候,王海容出了大风头。

张学良：谁访问中国的时候?

赵一荻：尼克松,美国的总统。

访 一：他去中国见毛泽东的时候,都是王海容给做翻译。这位王海容把美国记者疯得不得了。风度也好,长得也好,中英文都说得很流利。

赵一荻：那这旁边是谁呢?

---

① 王海容,湖南长沙人。她的祖父王季范是毛泽东的表兄。她1964年毕业于北京师范学院俄语系,后在北京外国语学院进修英语。1965年入外交部。1971年7月至1972年5月任外交部礼宾司副司长,参与基辛格秘密访华和尼克松访华的接待工作。1972年后任外交部部长助理、副部长,主管礼宾事务。1984年4月起任国务院参事室副主任。

访 一：是萧乾①，很有名的作家，现在是他们文史馆的馆长。

张学良：这张给我吧。

访 二：给你吧。

访 一：这还有一张他［写］的关于您的文章。

张学良：我不知道这小子能写这样的文章，他是我的副官呢。

赵一荻：现在写他是很时髦的事情。昨天来了一封信才妙呢，说是他到广州坐飞机去找写信那人，没有找到。

张学良：我不知道，他肯定是弄错了，是另外一个张学良。有好几个张学良，在大陆有，我们还是朋友呢，后来因为这个他把名字也改了。我们怎么认识的呢，在一个公司里，他也是董事，我也是董事。一个公司出了两个张学良。后来他把他的名字改了，用他的号。

访 二：什么公司啊？

赵一荻：开滦矿务局，是不是？

张学良：不是，是朱启钤办的一个什么公司。

访 一：您不是说朱启钤是他的父亲吗？您的副官，是吗？

张学良：是我的副官，还可以说是我的学生，讲武堂学生。他们这些年轻人，何世礼什么的，都是少爷啊什么的，我很想提拔他们。但这个人不想做。

访 一：他现在是文史馆的馆员，在中国历史上很有……

张学良：我不晓得这人能写文章。

访 一：还写过一篇关于您的事情。

赵一荻：时间都［过］去六十年了，人都不一样了。当年的你也不是当年的你，当年的我也不是当年的我。不能说那个人还是那个人。

张学良：我奇怪他现在能写文章，我不知道他能写文章。他们朱家的人很厉害，大概朱启钤的太太很厉害，几个小姐很有名的，朱三小姐、朱四小姐、朱五小姐、朱六小姐都是他姐姐，朱七、朱八、朱九、朱十这些小姐都挺有名望的。

访 二：他一个母亲这么多小孩呀！

---

① 萧乾，著名作家，记者，文学翻译家。原名萧秉乾，蒙古族。1935年毕业于燕京大学。曾任《大公报·文艺》编辑及记者。1946年任复旦大学教授。1949年后历任《人民中国》（英文）副总编，《译文》副主任，《文艺报》副总编，人民日报社、人民文学出版社顾问。1985年12月任中央文史研究馆副馆长，1989年4月任馆长。

张学良：呵呵！他有个哥哥。

访 一：当时见到这些人的时候，我们见到这位王先生。他认识朱启钤，但是他不知道他跟您做过事。

赵一荻：他不知道朱海北跟你过去认得。

访 一：我们去的时候，主要是萧乾和王海容。王海容是说给我介绍几位我们馆里很有名望的人，就把朱先生介绍给我了。我当时觉得朱海北这名字很有意思。

访 一：北京不是有北海吗？他的名字叫海北。我就觉得这名字挺熟的，我记起来在北京开会时，他是参加了。您看这相片。

张学良：我看不出来了。我不知道他能写文章，他写我好几篇文章了呀？我本来很想提拔他做军官，他说他不想［做军官］。

赵一荻：她们不知道的事情多了。我们跟他的姐姐妹妹［是］小学的同学，都看不出来了，六十年了。天津就是这几家人，一个姓朱的，一个姓梁的，一个姓吴的，一个姓蔡的，还有我家。

访 二：梁家？是广东人吗？

赵一荻：是广东人，很有钱。他们家的小姐和我都在那儿念中学，我们都是同学呢。那里没有几个学校，没有钱根本念不了书。那个教会学校的学费高得很，没有钱的都上师范学校去了。

访 二：我怎么想起梁家，可能是您下一辈的。

赵一荻：梁家有十二个小姐，天津都这样，都十几个小姐。朱家就十个。他的弟媳妇十三。那没法儿说了。

访 二：都是一个母亲吗？

张学良：不，不，不！

赵一荻：从前呀，多少个太太，不过朱家是一个母亲。他母亲很年轻的时候就死了。

张学良：他个人没有他的姐姐聪明。

赵一荻：他（指朱海北）是朱五的兄弟，朱六的哥哥，五跟六之间呐。男孩子他是最小的。

张学良：他有一个妹妹，长得漂亮极了，朱七小姐。死掉了。她要是不死，就嫁给我三弟。

赵一荻：后来小姐们长大了，都这家的嫁那家的，门当户对嘛！

访 一：有点像欧洲的皇族。都是有钱的人家。

赵一荻：是这样，不是有钱人家进不了这个圈子。

张学良：都是住在租界里的关系。

赵一荻：还有，这些小姐们的都时髦，会跳舞、英文呀，都得会这一套。这就是民国初年很特殊的一个阶段。那和现在不一样，普通人都能出国啊。猫三狗四的都到美国得硕士。

张学良：这小子写我好几篇文章。

赵一荻：那时候和现在的社会都不一样，天津就是这几家人。［住］在租界［里的就］就我们这几家。你们说我们那坏，我们也没有那么坏；你们说我们那好，我们也没有那么好。反正上帝那儿有本账。

访 二：您说昨天来的信怎么了？

赵一荻：他（指朱海北）说到广州找他（指张学良），谁找他（指张学良）啊。根本就没去，都拿这个当新闻了。说他（指张学良）偷偷地到大陆去了，他要去也不用偷偷去呀！大陆的记者来了就问我们几时去大陆，我说我们都没想到去大陆。我们根本就没有想回大陆。根本我也不知道他想不想去大陆。

4. 我们自己做的历史研究

访 一：那些书，张太太您都准备了吧？

赵一荻：准备好了，要多少拿多少。我本来要寄，但人家说，要空邮不能这种包装。要我重包装。那我说等张小姐来。

访 一：嗯，有特别包装，我曾寄过一个包裹，才这么大。要九百多块钱。在路上走了三个月。

赵一荻：让我重新包装，我说那我等张小姐来了再说。要小包，不能超重。我给牧师张继中寄过，寄水路，便宜很多。

访 一：您不是什么时候要去纽约吗？也可以带些去。

赵一荻：哎呀，小姐，我没你们那么自由的，我这位先生就是个累赘。他去纽约，我得去纽约，他去年到纽约三个月了，他上哪儿，我得上哪儿，我这八十岁的人了，跑一趟回来，我得躺上两三个月呢。真不行了，不能动。

访 二：您不说，我真不知道您都八十了，没有人知道的。

赵一荻：我就是说话的声音比较响。现在更不得了，人家说什么我得说三遍。

我现在记忆力不行，一桩事要做三回，做事完了也就忘了。我这人还很麻烦，人家做的我嫌人家做得不好。

访 一：您啊，就是自己多增加很多工作。

赵一荻：我就是想写书，你们回去帮我打听打听，这什么所有权现在闹得要死。这个那个太麻烦。这事，张先生的意思是要把真实的故事写出来，不在乎文章写得好坏。把它真实地录下来，我们不在乎钱，从开始就讲了张先生不要钱。我们都这么大年纪了，要钱干啥？只是想对国家有点贡献。［有］人说我们傻瓜我们就傻瓜，可以卖钱的东西我们不卖钱。上帝让我们活这么大岁数干什么？吃吃喝喝行尸走肉吗？我们尽我们的义务，我们应该做的事儿我们做的。我们为上帝工作，不是给人工作。

访 二：我把详细的记录带来了，我们做完了这些，给您解闷。下次来有空和张先生也看看。

赵一荻：这是我们宁可自己花钱做的历史研究。我说我们自己做的，我们自己花钱自己做。我们跟谁也没有关系。

（访者与赵一荻、张学良聊天约20分钟）

5. 真正做事不能考虑太多

张学良：我跟你们说，真正做事的人呀，尤其你们四位都是太太小姐都不知道，真正做事的人不考虑太多。我最不喜欢那些三心二意的人。有些事情，你考虑也考虑了那么多，应该干就干去。既然决定了，我就不问后果了。比如说对日本的抗战，我们抗日就不能想太多后果了。我总记得我父亲的那段话，那时，我是大少爷，阔少爷。要干这个（指当军人）。父亲说，"你真要干军人吗？真要干，就把你脑袋割下去，拴在裤腰带上。"这句话是什么意思？就是把那死字放在外头去。

访 一：不再想了。

张学良：我们第二次奉直战争时，我父亲还未决定，我就主张要打。我父亲很喜欢我，我也很佩服我父亲。那时候所谓三角同盟，就是跟孙中山先生、北京的段祺瑞搞的联盟。那时，直隶方面在广东发动战争。广东那个小子叫什么？哦！陈炯明。陈炯明攻击孙中山。我父亲这个人厉害，一般我们都看看这情形，我父亲说，"不，那边已经动手了，我这边一定响应。不等他们打上来把我打败，我宁可这么打败也不要那样打败。"话说回来，下那决心不容易，人家吴佩孚直隶军队比我们多七倍。我父亲说，"我决心了，我宁这么打败不要等人家打胜了来把我打败，至于怎么布置那是你们的事情，我决心要打。"开会分工之后，我去看我内人（指于凤至），跟她说，"我要走了，你一句话也不许讲啊，我要出发了。"换句话说，我们开会时，大家面面相觑呀！谁也没有吱声，这一走，回来不回来就不知道呀，都决心死战。对你们女人就不能说这话。像我们做军人的，干这套的就是这样，王永庆做生意也有这种决心，我不在乎失败不失败，我要这么干就这么干。我们有一句笑话：没有大网，打不出大鱼；没有大鱼，撞不出大窟窿。无论干什么事情，都是要冒险。不冒险的事谁都会做，手到擒来，那不是很容易！做生意也好，做其他事情也好，都要冒着一个险。所以要干就干我跟我父亲两个都是这样的。就是说，干军人这套玩意儿，一是被人家杀了打死，一是被自己的长官杀了。这不是人干的事呀，要有决心。我在家是大少爷，在家坐着好不好？

访 一：那个时候带军领兵，和现在在商场上做一个大企业的领导是不是差不多？

张学良：人呀，不是说带军队，讲带人呀，你们做生意［也一样］。

访 一：我们不做生意，琳达做生意。我们不会。

张学良：人呀，人心换人心。中国有句话：君子视臣如草芥，臣子视君如寇仇。你拿着部下当草芥，要人心换人心。我手底下几个大将，最大的大将是于学忠，他本来不是我的部下，是吴佩孚的部下。他在四川无处可走，他待在山中，我把他收下，他本来［是要］投张宗昌的。可是后来我没这么大的力量，那时候我在奉天有力量。他那个时候有三个师，我把他的军械都给换了，都换新的，但我对他的人毫不干涉。我视你的军队跟我的军队一样。后来他的部下出事情，部下造反，我帮他解决。当然我有好多的大将。但是他是最忠心耿耿的，人心换人心，我用人有个原则。我如果疑惑你，我不用你；如果我用你，我绝对全权交给你。当然失败也有，但是我问心无愧。郭松龄倒戈后，他在临死时写了个纸条，说："我的后事呀我想想还是得托付给你了。"做事情没有说不失败的，怎么样说都有失败。不足以成败论英雄，自己问心无愧就行。主要是看他作为是怎样，比如楚霸王也是失败了，但楚霸王还是楚霸王。韩信那个时候是最厉害的，韩信最后也失败了，被杀头了。但是他还是韩信。不能以结果来论成败。我父亲后来很喜欢我，我爸爸很喜欢我是什么原因呢？我妈早死，留下我们三个，我有一个姐姐和一个弟弟。我最不喜欢我姐姐，我弟弟我也不喜欢。我父亲对我说，"你妈妈呀手里有几个钱，临死留给你们几万块钱，那钱是你们三个人的。"我笑了，我说，"什么？那点钱，没在我眼里。"我爸说，"你妈的小子好大口气！"我说，"你老的钱我没放眼里，我能挣，要挣得比你多！"我不是随便说的，我不在乎！我不要，我姐姐好捣乱，她写信给我父亲。我父亲很生气，要给我们分家。我和他说，"你生什么气？我是你儿子，她不过一二年就走了，理她干什么。"后来我父亲的三姨太走都是我给处置的。我父亲很信任我，认为我能给他办事情。我现在说起来都难过，我父亲在被炸死之前，那时我在前线呢，我的小名叫小六子。临死时他的头一句话是让人们不要告诉他（指张学良）呀！

访　一： 外头有关大帅去世前留下的话传说有好多。我们要保存好这个口述历史。所以说这个口述历史很重要。

赵一荻： 这纽约新服装你说好看不？刚从纽约回来。

张学良： 他（指张学良的弟弟），有人研究呀，他从小吃奶妈的奶长大的，所以说他像奶妈。

访　二： 您姐姐呢？

张学良： 我不喜欢，我母亲死了，我姐姐来照看我。

赵一荻： 这纽约的时装好不好？"扭腰！"［从］纽约［买］回来的。

赵一荻： 我跟你说，他是三步曲，睡觉、打牌、冰激凌，肚子越来越大。

张学良： 这么说我又想吃冰激凌了。把那个酒［心巧克力］拿来，再来碗冰激凌。

赵一荻： 我们讲故事。

张学良： 说有个人年纪大了，耳朵聋了，有人跟他说，"我爸爸不在了"他说，"什么？"那人又说，"我爸爸不在了！"这样反复好多遍。最后他说，"哦，你爸爸不是那个了吧。"

赵一荻： 这个好吃，里头没有香料。

张学良： 给我尝尝，没香料有什么好吃的。

赵一荻： 六妹让我打电话，啊，不是，文兴。我说为一块朱古力，我打几百块钱电话，那我不干。

赵一荻： 我年轻的时候，二十几岁，我每天吃这么大一块巧克力。

访　二： 那您体重啊？

赵一荻： 我就是105磅，那时候我们住北平，这个点心从天津带过来，搁火车带来的，我每天都吃这个。

访　一： 我们在师大念书的时候，到后边吃油条豆浆。我吃咸的，一碗[豆浆]，吃一套油条。我的一个同学吃甜的两碗[豆浆]和两套油条，瘦得不得了，我就是胖呀。

赵一荻： 这胖瘦不在于吃多少。（此段两组人谈话，说的不是一个事）

张学良： 他是后路的统领，那时候是前清政府的军队呀。我父亲是中前两路的统领，还有一个右路统领，姓马。姓马的是个帮统，就是副的那个意思。他和吴俊陞一起出去剿匪。他带的军队不守规矩，吴俊陞就对马帮统说，"你的军队怎么这样？"他掉眼泪，说，"军队不是我的，管带①不听我的。"吴俊陞对他说，"好，我来管。"他把管带叫来，没一会儿工夫，他就对马帮统说，"好了，我给他办了！把他杀了！"他说，"那儿有个门槛儿，我把他按那儿杀了。把他的脑袋切下来了。他跟我犟嘴，我还听这套。"

访　一： 所以那时候人凶，也让人信服。

张学良： 那个时候人真是凶啊。

赵一荻： 在讲气功治腰呢。

张学良： 我最不信这套！不管男猫女猫抓住耗子就是好猫。

访　一： 我记得您在纽约有一个人叫严新，就是讲气功的。

张学良： 就是这个人看我那耳朵，我对他说，"我没有权，如果有权，我立刻把你抓起来。"

访　一： 您怎么知道他是假的。

张学良： 我说你这是骗人的玩意儿。有人就是迷信这一套，我就不信，我说是骗人。有病就看医生，那个人说塞耳朵里就好了，我就说他扯淡，

---

① 官名。清末新兵制，巡防营与陆军警察队统辖一营的长官称管带。海军的舰长亦用此称。

你这胡说。

6. 一定要有个信仰

赵一荻： 我随时随地都要宣传这福音，你想想谁有那个能力翻天覆地。日本这么强的一个国家，败在美国和中国的手里；国民党比共产党强，仍败在共产党的手里，我们怎么会到台湾来？现在很多女孩子在台大毕业的，能在这里找到很好的工作，她们都放假了，回到厦门去了，这是为什么？是信仰问题。因为人们看到现在人心太坏。要问个为什么？为什么？为什么？一个国家，要是治标不治本，有不良少年、吸毒、艾滋病什么的，这些人是怎么来的。你们美国怎样我不知道，小妹给我说，英国女人要是吃避孕药而怀孕了，一定要堕胎，因为你生出的孩子会残障，其他国家的女人他们不管。你看咱们这个，一个摩托车上载四个人，一场车祸死几十个，这是人为的。人们为什么吸毒？心里苦闷，没法解脱，只有吸毒来麻醉自己，求解脱，一天到晚就是迷迷糊糊地混日子，混不下去了就自杀。因为他面对不了现实，你说现在这个台北，男盗女娼，就是为钱。日子久了，你说这女的卖皮肉的生涯是什么滋味？她不吸毒不行了，她不能面对了，不自杀不行了。

张学良： 一个人呐！要紧的是，不论信什么，一定要有个信仰，否则就好像水上的浮萍一样。你不能说人家信仰对不对，不管是哪种信仰，邪教也好，有了信仰就有了根基。我就是靠祷告、顺服，我祷告，"你指示我，你领导我，这事情我是否应该做？我自己考量不出来，就请示神，我把信任交托给你。"这不光是口上说的，是真正的信仰。不信的人以为是迷信，但真会有奇怪的事情发生的，真有信仰的人就好像有人在跟你说话。

赵一荻： 祷告不是请求我要这个要那个的，而是说我应该怎么做，求您带领我。我不应该做，你阻拦的。像玛莉莲·梦露和林黛，有钱有貌、有名望，但为什么自杀？是心灵上空虚，物质上的东西填满不了心灵的空虚，有人爱我吗？他们只是爱我的钱和貌。什么叫爱？我考考你们这几位小姐。爱就是牺牲，比如你的孩子掉水里掉火里啦，你不顾自己的性命去救他，这就是爱。你不会先算算这值多少钱才去救他吧？很多基督徒跑到大陆去传道，也就是为了爱，我宁可牺牲我自己，而去救人。你说这不良少年怎么回事？

访 一：离婚啊。

赵一荻：为什么？自私呀！每个人都打自己的算盘，一个家不是一个家，在外头受了委屈，回家可以同父母谈谈就好。可是家里冰凉的，什么人都没有，吃的也没有，不到街上去干什么！这碰上不好的人马上就［成］不良少年了。现在外国、中国、欧洲都是这样，没有人爱他嘛。有人访问一些电影明星的儿女，他们说我不要名车，我不要到欧洲去度假，我要我的父母和我住一起。这是人性呀！张继正的两个孙子对他婆婆说，"我叫我妈妈不要去上班了。"

访 二：多大的小孩？

赵一荻：一个五岁，一个三岁。就请一个，一会儿菲律宾的，一会儿越南的。就像小狗儿那么喂。所以才叫他妈妈不要上班。

访 二：最近美国报纸上有提到要多注意保持家庭的观念，我剪了报寄给您的，记得吗？可是没被接受。

赵一荻：将来幼儿园也是个问题，下一代人就不知道什么叫爱了，抢呀，夺呀。

访 二：这些现象好像跟工业发展、国际交往很有关系的。

赵一荻：我说没有关系，问题是现在的父母，谁也不肯牺牲自己。一个人问耶稣，"我怎么能得永生呀！"耶稣说你要舍己，可是没有人肯舍己。女人说我要做我的事业，男人说我要做我的事业，所以都不结婚不生小孩，都是为了我自己呀！我要出名，做伟大的人。你没有想想上帝叫你到这世上做什么的，将来的世界不论多美好，没有人的世界有什么好？欧洲现在都是老年人了，夫妇俩都不生小孩，因为生了要花钱，要受罪，养他长大了他不理你，何必生呢！上帝叫我们到这世上来是要做好生儿育女，培养。我的孙媳妇他们呀，光是拼命地赚钱，买房子呀。我说你们是开花结果的时候，就该开好的花结好的果，不要等到树都老了，开不了花结不了果，做什么用？当干柴烧呢！那个谁，Emily 的小女儿，发财致富啊，不得了呀，到四十岁还没小孩。她想生了，但生不出来了，成不孕妇人了。后来 Solen（指张学良的侄子）想方设法给她帮忙，他是专治不孕妇人的。后来她生了小孩子，可乐死了。不生小孩就跟不结果的树一样。

访　一：女人到四十，没生过小孩，要生也危险。我们传福音就是人得悔改了，叫人不要再崇拜金钱肉欲了，否则将来大家都毁灭了。

访　一：以前大陆大家都穷就没有新的问题，而现在大家都想有钱问题就来了。

赵一荻：将来的人都没有兄弟姐妹的，姨也没有了，姑姑没有了，叔叔也没有了，这世界将来要毁灭了。

张学良：我总记得一句话，申冤在我，报复在我。你们不要为事抱怨。不会的，上帝会有安排的。

赵一荻：耶稣基督给了我们信仰，我们将来不在这儿就到他那儿。搬搬家而已。我们有个朋友，你猜他说什么？他说，"那地方也不见得好到哪儿去。"

赵一荻：现在他死了，也真不知道他上哪去了。

张学良：我讲一个笑话，一个苏格兰人，一个犹太人，一个咱们中国的山西人，他们一起去淘金。那时候很苦，最后剩一根香肠了。他们就决定谁做一个好梦就能吃这香肠。第二天早上，苏格兰人说做梦上了天堂。犹太人说做梦在天堂，见圣彼得开南天门把我欢迎进去的。中国山西人说我把香肠吃了。那俩说你怎么吃了？他说，"我看你们两个人都上天堂不回来了，我就吃了。"

7. 张宗昌没有这么大的力量

访　一：想起一件事要问您，日本人想扶植张宗昌，他和溥仪交往的一些信都被公布了。您怕他成了日本人的傀儡，所以您用自己的力量把他接到北京去了。

张学良：外面传的不真实，张宗昌也没有这么大的力量。一般人都不知道他的力量是在东北。他当年懂点俄文，在海参崴赌场做看门的，就是给人家看门。这个人很有意思，什么事儿都跟我讲。有一次他碰见一个俄国犹太人，那个人就跟他商量，说要给他多少钱，让他把他的工厂烧了。张宗昌说放火要犯罪的，可不要开玩笑。那人就说我给你钱。他问为什么？因为我的工厂有保险，我要拿保险金，我保险保的多。我的工厂不值那么多的钱。可是我又不能自己放火。要是别人放火烧了工厂，我可以拿保险金。张宗昌想这样好啊，放火还能拿钱,所以他放了好几次火,也拿到一些钱。在赌场门口他碰见的都是赌钱的人,都是江湖上的人。如果他们没钱了,他就拿点钱给人家。因此在那地方,他交了好些朋友。后来黄兴在南京起事时,有一个人叫张冲到海参崴去替黄兴招兵,于是就把他找着了。他又把那些乱七八糟的人都带上了,南京起事时他当了骑兵团团长。南京起事失败后军队都跑了,他跟我说,"我阔得很呢,我把师长的印章都挂在身上,师长的印,旅长的……都我一个人。"再后来冯国璋把他收容了,成立个军官队什么乱七八糟的。正好赶上湖南起事,南北战争,北方要冯国璋派军队,可是他不愿意。于是他就把张宗昌编成一个旅,派到湖南。湖南失败后,他很有能耐收容了那些人,就当了师长了,收了两三万人,一万多支枪,一个师的人。驻在江西边上,他就是这样起来的。

当时,陈光远是冯国璋的人。北京政府段祺瑞想把陈光远解决了,拿下江西地盘,于是就利用张宗昌的军队。他自己还很得意,就跑到北京去,北京政府给他三十万,让他解决江西。那时候我父亲也去赌钱,张宗昌把三十万块钱输了。军队方面也知道他输了,他想赢回来,但还是输。他就是这样认识我父亲了。陈光远最有名的军队是陈光遂,是陈光远的弟弟,就监视他。因为他这师长大人把三十万都输了,于是就把他的军队给缴械了,他回不去了,就跟我父亲到东北去。我父亲很喜欢他,他这人很有意思。因为他在东北有点财产——海参崴那里有块地,东北奉天有个房子,所以就在东北做了寓公。我跟你讲个他的笑话,他当年是讨饭的。他爸爸是个吹鼓手,他妈妈不跟他爸爸,改嫁一姓腾的人。那么他姐姐就带着他讨饭去,他说他最怕她姐姐。后来他去海参崴。到了奉天以后又阔起来了,就把他妈妈给赎回来了,等于给姓腾那个娶了一个女的,把妈妈换回来。他想让他爸妈和好,但他爸爸不要她了。他对我说,"我怎么办?"我说,"那好办呀!你再找一个爸爸就是了。"这人就是这样好玩的。

后来,第二次奉直战争又起来了。孟恩远在吉林当督军。孟恩远有个姑爷姓卢,当过师长,直隶方面吴佩孚利用这个姓卢的来扰乱后方,跑到中东路海参崴那一带活动,很危险,他自告奋勇去利用老百姓把姓卢的杀了。我父亲很喜欢他了,他认识白俄的人,买了好多白俄的军火,又收容白俄的军队,编了一个旅。到第二次奉直战争就出问题了。把他摆在后方很为难呐!我和父亲商量好调他军队去作战,目的是看他军队能打仗不。我的大将郭松龄,人们开玩笑说他是我儿子。郭松龄最恨别人说他是我的儿子。郭松龄做了一个计划演习,看他军队行不行。如果行,就送一个密令把他们好好地整理一下带到前线去作战。若不行,就当地把他解决了。他(指张宗昌)自己也知道是这个意思。那天演习正好外面下大雨,把他的军队折腾得要死。这计划是郭松龄做的,那这个郭松龄在路上听见军队骂他,"谁做的计划,把我们整苦了!"演习完了,我们到一个店里休息去了,有郭松龄、李景林,我父亲那几个大将。这个士兵就在外面骂:谁做的这个想定。想定就是计划。把我们折腾死了。就骂。郭松龄他们后到,在路上他憋了一肚子气。一进来,张宗昌跟他玩笑说:"人家说你是张汉卿的大儿子,你真是向着他,做计划你也是。"郭松龄真火了,把枪往桌上一放说:"操你妈,我揍你!"张宗昌马上说:"哎,你是我爸爸,你是我爸爸!你别火你别火。我只是跟你开开玩笑。"这我说呀,张宗昌这人有几样事情我佩服他。

我说件事,有一次呀,这个李景林,我父亲后来很不喜欢他,因为郭松龄倒戈。当时他是河北主席,后来河北主席就给张宗昌了,他就没有事情了。我父亲有一次进关,我们大家都坐火车到山海关去接他,我们这次存心没有通知李景林。我们跟张宗昌商量,说如果他去了,见了老将呀,老将要火了就枪毙〔他〕,我们先见老将,给他通融一下。李景林不知好歹,说我们不通知他。他非常生气,自己来了,还骂我,说你们俩看我倒霉了就走了,也不告诉我一声。我父亲到了天津火车站,坐在车上在那儿休息,李景林进来了,我父亲本来在客厅,看见李景林来了我父亲就走进卧房去了。张宗昌扯了我一下,我进父亲卧房,见他躺在那里不吱声。张宗昌就拽我一下,摁着我脑袋我们一起跪。他对我父亲说,"我是跟您老人家南征北战,这是您的大儿子,我们跟您南征北战,您就看我俩的小面子上,把李景林打发走了。要怎样处置他,就告诉我们。"所以我说张宗昌这人很厉害。

访 一:他是有策略的人。

张学良：是的，不能说他光是粗人。那么我父亲也就起来，出去给李景林说几句话。不过张宗昌死了，他也该死。本来，他在北京时我就跟他说，"你在这好好做"，我给他几个钱，叫他千万不要再活动。将来他一定有用，不久的将来，中国跟日本会发生冲突。到时，他就可以在后方做个游击队干这些事情去。他说，"我不能，南京我不能去，因为陈英士陈其美是我打死的。陈家的两个弟兄在南京负责任。"我说你就待在我这等着，千万不要活动，机会一定会来的。他不听，跑到山东去活动，结果韩复榘在那等着他呢！

访　一：张宗昌的资料里有一段提到，韩复榘绝对容不下他。

张学良：他这人也是该死，我还劝他来着。

访　一：我想到一件事，就说，您把他找回去，怕他跟日本人合作。

张学良：不是，我向来不知道他跟日本人合作。我的亲堂弟弟跟日本人合作，我给他打死了。

访　一：我这问您的意思是说，您不让他和日本人合作，他住在天津，您让他不要住在天津，让他到北京来。

张学良：不，不是那回事，他在北京有房子。他花钱可厉害了，他不听我话，他要自己活动。人就该死。

赵一荻：江山好移，本性难改。你劝他没有用，他就是那种人。

张学良：也不能那样讲。他这人也有他的好处，他有他的长处，我对他很喜欢。当年我劝他说，"你就是当年的北洋大臣，拿着两个省，"那时他在河北当主席，有很大的权力。"你怎么不用几个正经的人。"他说，"老弟呀，你看我这个脑袋谁给我干？天下英雄现在是无处所投呀！"我劝他，你好好做就是将来的朱洪武。他一句给我说火了。他说："你那个郭松龄不［是］给你倒戈［吗］？"（笑声）他这人就是有自卑感，他要用不如他的人，不敢用大将。我这人就是不怕，我认为我这个人是给好汉［牵马］坠镫，不给赖汉当［祖宗］。他要不死也麻烦，他这个人不懂规矩。

访　一：他带自己的兵也是这样乱七八糟？

张学良：是的，他有三不知——有多少兵不知道，有多少太太不知道，有多少钱也不知道。完全真正的老粗，你们要愿意听故事，我给你们讲故事，他这人好有意思。那时，有个士兵在门外给他站岗的，好几个月没出关饷了，而他呢，叫了三个姑娘回来玩，每人给了她们四十块钱。我把他拉到一旁说他,"外面给你站岗的士兵好几个月都不关饷了,你给姑娘每人四十块,你叫他们看见他们心里怎样想?"他说:"哎,老弟,你说得好,没人敢跟我说!"他抱着很多钱跑外头去,对那个兵讲:"我张宗昌不是个东西,钱都给你。"那士兵吓了一跳,张宗昌把钱都给他,说:"给你,给你,给你!"他就这么个人。

访 一:他对俄国兵怎样?

张学良:他在海参崴收容了很多的白俄兵。

访 一:到后来他失败了,那些白俄都跑到什么地方去了?

张学良:白俄兵都散了。

访 一:他把这些白俄编排得不错是吧?

张学良:也不怎样,白俄兵也不是能打仗的。他有个俄国顾问,他会点俄文,半拉磕叽的俄文。他真是个宝贝呀!

访 一:他对孔子很崇拜,是不是?

张学良:那也不是,有一部《四书》他出的,冒充风雅。他有好几个姨太太,都乱七八糟的。在国民饭店住乱七八糟的。有一次他姨太太找他,他睡那床,我睡这床。他说,他姨太太那乱七八糟,我说她,她还哭。"你和她睡觉去!"我说滚你妈拉个蛋去。(笑声)

访 一:他为什么要出那部《四书》呀?

张学良:他出那书花好多钱呀!就冒装风雅。

访 一:他的钱从哪来的?(笑声)

张学良:山东省嘛,他是"省委书记"。

访 一:他就出了这么一部《四书》?还有其他的吗?

张学良:那说不来。

访 一:他编了很多军歌,是吗?

张学良:不是。

赵一荻:他这个人不值得一讲。

访 一:最后你们没让他进关,因为怕他会捣乱。

张学良:他这人呀!很可惜呀!没有读诗书,如果念了书,那是一个很厉害的人。我们在作战时,如果他有多么困难,向他求援,他一定派兵来。

访 一:很义气了?

张学良：换句话，在朋友方面，谁要是向他告贷，他能把老婆裤子当了，给你钱。是这么样的一个人，为什么他能有号召力，就是这个原因。他也有他的英雄气派。我对他很有好感。他要是读了诗书，一定是个了不起的人。当时我劝他，我说，"你就是生不济时，要是倒退一两百年，你就是朱洪武。"他那个气派就大了。

8. 都是蒋先生的政务处长

访　一：蒋廷黻，这人跟您做过事没有？
张学良：他没有给我做[事]，他给蒋先生做[事]。
访　二：张伯苓把他找回来在南开教书。
访　一：蒋廷黻在苏联做大使，后来到联合国，驻联合国大使。他也有一段回忆录，说南开大学校长张伯苓特别说中国的命脉就在东北，张伯苓就鼓励南开中学、大学组织团体到东北来做实地考察和学习，还来看您，您记得这事儿吗？
张学良：不记得，我印象里对蒋廷黻不怎么好，我认为他是官僚。
访　一：他的口述历史里头有一段，我把它复印下来了，哪天我拿来给您看看。
张学良：他在蒋先生手下做一个政务处长，是个官僚。
访　一：您认识何廉吗？
张学良：都是蒋先生手下的政务处长。
访　一：好像说，有人说他是橱窗上摆着的官[员]，点缀式的官员，没有什么实际的[事]。
张学良：我在蒋先生手下做事时，好多人都不大喜欢我，比如这个何廉不喜欢我。我是毫不客气的，也不敷衍，我干我的事。我才不理[别的事]。我说一句话他们最恨我，"君非亡我之君，臣皆亡我之臣。"
访　二：那是臣害了君啦。
访　一：你（指琳达）刚回来也得休息休息，你有没有 jetlag（时差）？
琳　达：没有，我到时整晚睡一觉，然后就变成我们的时间了。
访　二：你马上就换过来了？
琳　达：等于没换嘛，整晚睡了一觉。
访　一：我这次很奇怪，六点钟起来，收拾收拾，到银行拿钱呀什么的，然后就快四点半。我想要快睡觉好六点钟起来，翻来覆去就没睡着，

　　　　睡不着，就起来了。
琳　达：可能发生时差的那种地方，最好的到达时间是晚上睡觉的时间，一进门就睡觉，等一早起来就是一天的开始。早上或中午到就坏得要命。
赵一荻：你们在飞机上睡得着吗？
访　一：能啊。
赵一荻：我睡不着。
张学良：我现在老了，年轻的时候呀，过两天要有要紧事，我可以睡一天。很能睡，要睡就睡了。
赵一荻：军人都这么睡的，我就不行，一出门就睡不好。
访　一：她是商业将领，也是和从军一样。
张学良：我这人，她说我学拿破仑，把命令下完了，我睡我的大觉去，不许吵我。
访　一：拿破仑，麦克阿瑟也是这样。
赵一荻：小姐，你还有一个录音机呢？（笑声）

第四十五次访谈
东北旧部　奉天官银号

访谈者：张之丙（简称"访一"）
　　　　张之宇（简称"访二"）
被访者：张学良
同座者：赵一荻
访问日期：1993年1月11日

1. 王永庆这个人我相当佩服

访　一：今天是1月11号，您已经回来了。
赵一荻：刚才那个江秘书，就是王永庆的秘书，打过电话来。我问你，你几时走呀，你是礼拜天还是礼拜一？
访　一：礼拜一。
赵一荻：王永庆这个人不简单啊。
张学良：这个人我相当佩服，他起来得很快，当年的时候他没有几个钱。就是前十几年。他起来的很快。一个人成功都有条件的，你看到一个人做大事，它里面都有玄机的。
赵一荻：什么事情要冷静地分析。
张学良：对。
赵一荻：认识耶和华，智慧是从耶和华那里来的。再有学问，要是没有品德也没有用。
张学良：没有品德的人最坏了。
赵一荻：所以《圣经》中告诉我们，你不要看你比别人强。
张学良：我九十多岁了，十八九岁我就搞这个玩意儿，我接触的人太多。"文人无行"的太多了。真正的文人有品的人，他就不跟我们这些人来往。

访　一：不懂。

张学良：我自个儿毫不客气地说，我们都是所谓的军阀了。那么我对这些人不好呀，敬鬼神而远之。这些文人接触我的目的是什么呢？

访　一：什么目的？

张学良：我说他们是蛀虫。我说我没有这个野心啊，你们也不要哄我。这些文人，不能说是哪一个文人了。人家那个真正的高尚的文人就不跟我们接触。王新衡说的话，跟我们接触就要当我们的奴才啊，那些接触的人都是找好处的。

赵一荻：都是为自己了，《圣经》上说你要人家怎么对待你，你就要怎样对待别人。

张学良：很有名的文人我接触很多。所以我能判断这个人来了，我会想他要干什么。他是访问新闻啊还是找材料啊，还是干什么？比如，有人现在访问你们，就问你们访问张学良时都谈什么了，所以你都要想想。人老奸，马老滑。老了。

访　一：是，您年纪大了，经历的也多了。您就知道多了。您看的也多了。

张学良：我们奉天有个笑话：猫给老鼠舔鼻梁骨——没安好心。它要吃它。

访　一：昨天吃饭前，我们聊天时，王先生问了句话，您说，"就等于两只手捧着刺猬。"刺猬这个词很少有人知道。

赵一荻：刺猬是一种虫儿啊还是种小动物嘛。

访　二：台湾有吗？

张学良：有吧。

张学良：还有一种厉害点的，它能把身上的刺儿射出来，保护自己。箭猪。

访　一："两手捧着刺猬"是歇后语吗？

张学良：就是北京话，我说的话都是北京这种俏皮话。

赵一荻：就是棘手的事情。

张学良：这个刺猬的肉很好吃。

访　二：北方用黄土泥把它包起来放在灶火里烤。刺儿就掉了，里边的肉特别的嫩。

张学良：就是这个事情不好办，吃不了又扔不了。扎手的意思。

访　一：王铁汉，王先生是您的学生是吧？

张学良：我得把他说明白了。他是我的学生，也是我的部下。他是我们讲武堂的学生，是我的一个团长。因为那个时候，"九一八"事变的北大营事件，就是他那个团起事（即抵抗）。那么后来他在中央做过辽宁主席，又做过总司令，他做过很多事。

访 一：他写了很多关于您的东西。

张学良：这个人也是好写东西，好说话的人。

赵一荻：东北人都好说话，要画一个东北人是什么样？就画一个脸儿和一张嘴。

张学良：这个人也是好说的很。

赵一荻：这个东北人斗不过南方人。南方人精呀。光是说没用，南方人厉害就在这儿呢。

张学良：中国有句古话，"得意不要忘形，失意不要快口。"你看王铁汉现在不得意了，他就是快口，说得太多了。

访 一：他不是"总统府"资政吗？

赵一荻：是顾问，"国策"顾问。顾问没有资政高。

访 一：那谢东闵①是省主席。

赵一荻：他当过副总统。

张学良：这个谢东闵运气不好，要不他就是现在的总统，他是蒋经国的部下。那下一任就是副总统当上总统了。

张学良：礼拜天王先生来，你们尝尝她（指赵一荻）［做］的饭。

赵一荻：现在不行了，我记忆不好，可能会连盐都忘放了。

访 一：您给这些菜写个食谱吧。

赵一荻：这个东西人家都会做。

张学良：我不是替她吹，你们尝尝她做的饭。［按］食谱她根本［就做不出］来，就是做就是了，看着办。

赵一荻：对，我们中国人就是看着办。

张学良：她就是跟几个大师学了几个名菜。

赵一荻：就是看着办。

张学良：反正一请客一这样办，我就麻烦了。请客吃饭，她做完什么我就要先尝尝。

赵一荻：做坏了归他，做好了给客人。

访 一：那张太太做饭到底好不好吃啊。（笑声）

---

① 谢东闵，曾任台湾省政府主席、"副总统"、"总统府"资政。

张学良：王新衡那小子说。王新衡有一句话，"你说那东西好不好吃不足为评。"

赵一荻：他什么都好吃。（笑声）

张学良：我给你讲一个他（王新衡）的笑话。有一次，他吃饭没有吃饱，就到饭馆里吃小笼包子去了。他说，"这包子很好吃，不错。怎么就是有点酸呢？"原来那包子馅馊了。

访　一：张先生不喜欢吃鱼。

张学良：嗯，很少吃。我们奉天那儿鱼虾都很少吃。

赵一荻：他们东北那儿也没有什么，你那儿不是有河吗？

张学良：辽河里的东西太多了。辽河经常发水，发水时候鱼那个多哇。人家都抓啊，鲤鱼。

赵一荻：他们家里人都不爱吃鱼。

张学良：我小孩的时候，辽河发水把鱼都冲到旁边小沟里，那鱼都游不了，随便用手就能抓很多。

赵一荻：这闲话又占了很多时间。

访　一：可是韦慕廷先生啊，关于访问顾维钧、熊式辉、孔祥熙，还有黄郛，他们都有日记。他们这日记要被交给哥伦比亚大学作为珍藏。熊式辉有两个闺女，他的二闺女要把这日记拿走进行删改，韦老先生就不同意，给她回信说可千万不要删改，这里边有熊式辉极纯的思想。你要删改了这就等于抹杀历史。还有黄郛的太太，韦老就说你们不要老问她教育上的事情，要问她你们夫妇吵过嘴没有，小孩是怎么回事。他对他的儿子女儿有没有过照顾，他们家的小孩吵过架没有？要问她家庭的事情。要问问黄太太她们家住宅的情况。他在下面注上，为什么要问这些呢？就是我们要充分地让后人看到在历史上看不到的，那么这个历史就是栩栩如生了。这是人情味的东西。我这里有这么一沓子顾问问的问题。都是我想象不到的。有韦慕廷的，有 Once Light 的，有 Eastman 的，有 Peter Du 的。都是我们的顾问。他们的意思就是把张先生怎样做人带出来。使得人们看到这个就觉得张先生在他们面前一样。

赵一荻：王永庆他为什么敬仰你敬佩你呀？为什么？我这个人很简单，我喜欢简单摘要。不喜欢啰唆。知道为什么吗？你是为了国家牺牲一切。人家是为了政权。这个很清楚。王永庆人家的眼睛是雪亮的呀！他看出来了你牺牲一切为了什么？为国家！你把你那家产你把你那地位都放弃了易帜。你放弃了一切（换）来了幽禁几十年。为什么？人家一句话就点明了。你不要啰唆了。人家是为了政权为了权为了名。你却没有一样事儿呀！为什么人家敬佩你呀？人家一句话就点明了。这个很聪明。聪明绝顶。他昨天讲了，他一个财阀，他为什么敬佩你呀？（因为）你与众不同啊！人家为名为利为地盘为什么。（可是）你为什么？为一个国家呀！连夫人都说过，你记得吧。夫人当年都说了西安事变，你也没有要钱也没有要地盘。

张学良：所以蒋夫人关于西安事变说得很清楚，我不是为了钱也不是为了权。蒋夫人对我相当认识。

2. 我从不说假话

访 一：韦先生说在采访中希望我们能把少帅的个性多了解一些。

赵一荻：这很简单了，四个字"以诚待人"。

张学良：她说这话，我还要加一句，这是我批评我自己了。我从来不说假话，如果问我了，我顶多不说，但我从不说假话。不但为我自己，为旁人我也不造谣。

访 二：所以口述历史就对了，因为它就要真嘛。

张学良：我认为林肯有一句话很有意思，也是名言了。他说，"你可以欺骗少数人所有的时间，也可以欺骗多数人少数的时间，但你不能欺骗所有人的所有时间"，[①] 这句话厉害的。这人啊，没有一个人他不欺骗人的。简单地说，你是看他好意的欺骗还是坏意的欺骗。比方大夫给你看病，你问他疼不疼，他说不疼，这是好意的。就看他欺骗你为自己谋取什么利益，我从19岁就开始干这行，干了一辈子，有时没办法，不是你心里的真话，但又不能不说假话，这没办法。

访 一：我就把顾问的问题一个一个地问您，您就答应好了。

赵一荻：明天你们几点来。

访 一：我们什么时候都可以。

---

① 原话为"你可以欺骗全体人民于一时，或欺骗部分人民于永久，但不能欺骗全体人民于永久"。见张学良题写书名的《王卓然史料集》，第413—144页（辽宁人民出版社，1993年版）。

张学良：明天不行。明天下午有个日本记者的采访，[要]访问三个钟头，三点大概到六点。我答应人家了，我一定要遵守。

赵一荻：那你看让张小姐几点来，让她们来吃饭。

张学良：五六点来吧。一边吃饭一边扯淡吧。我这个人就是这样要遵守[约定]。如果有记者问我，"知道这个事情吗？"我不说假话，我会说，"我知道。"

访 二：我再问一个，田雨时①也是您的部下？

张学良：也是我的学生，那个人更喜欢吹了。

访 二：他前些时候写了一篇文章，说于凤至夫人带了一个您的救命符到美国去了。

赵一荻：什么叫救命符？

访 二：他说您交给于夫人一个[东西]，大概[是]一个什么文件，这个文件是可以救您的命的，所以叫救命符。我想他是指的蒋先生吧，不知道给您写了一个什么东西，您把这东西就收起来了，好像是说这是个秘密。

张学良：扯淡！没有那事。

访 二：然后说这东西还是于凤至夫人用什么技巧带到国外去了，锁在一个保险箱里。就是说等到没有人敢对您有什么不利的举动时，因为您手里有这个救命符。

张学良：这个是胡说，这个田雨时写东西就好瞎扯。他原来是我的秘书，也是我的学生——东北大学的学生。

访 一：张先生在纽约的时候，大家找不到张先生，就请田雨时先生发表一篇一篇的东西。他说我是张将军的机要秘书，大家很注意。所以他说的话就作为是张先生让他说的。

张学良：没有，没有，田雨时这个人我并不喜欢他，不过他是我的秘书，也是我的学生。他好说还不要紧，好说扩大的话。一个事儿有一毫，他就会说十毫。

访 一：您是说口吐大言对不对？

张学良：他还是好像什么事情好像都有他的事情。

赵一荻：哪个人不是那样？

---

① 田雨时，曾任张学良秘书，台湾"立法委员"，后移居美国。

张学良：我是东北人，我们东北人最喜欢吹。

赵一荻：所以画东北人就画一张脸和一个大嘴。

张学良：田雨时，他并不是我得意的人物。不过他是我的秘书，当年也就是给我管管文件，不是机要。

访　一：您那会儿最信得过的，做这种大事情，像刘备和诸葛亮一样，谁是您的诸葛亮啊？

张学良：我没有诸葛亮。

赵一荻：他自己就是诸葛亮。

张学良：能和我坐下来谈一谈要紧事的只有一个人，叫王维宙①的。恐怕你们谁也不知道。

访　一：跟您一块儿在西安的？

张学良：也不是一块儿在西安。我可以说是跟他随便谈谈重要的事，其余重要的事情向来不跟人说。你问她（指赵一荻），连她都不知道我明天要干什么。我这个人有时要干就干，想都不想。那时候蒋先生问我华北的过失，我说您老人家要我把天捅一个窟窿，我会给您捅两个。我说您要谈事情啊，最好是去找阎百川（阎锡山），那个人老谋深算。我这个人不是一个谈计策的人。

3. 他们说是我的忏悔录

访　二：我要告诉您上回问的日本战犯，那几个日本战犯。东条英机是被处绞刑的，近卫文麿是自杀。这都是日本的几个大将啊。

张学良：近卫不是，他是首相。

访　二：然后山本五十六②，在中途岛的飞机上让人给打下来了。

赵一荻：他要知道的不是这个，他要知道吊死的都是谁？

访　二：我以为您要［了解上述那些人］。

张学良：不是。

访　二：另外土肥原是吊死的，松井石根也是吊死的——他是关东军的总指

---

① 王维宙，即王树翰，字维宙，张作霖时代曾任吉林省省长。

② 山本五十六，日本海军将领。先后毕业于江田岛海军兵学校和海军大学。1939年出任联合舰队司令长官。1940年晋升海军大将。筹划和指挥实施1941年12月8日对珍珠港的袭击。在太平洋战争初期指挥日本海军保障日本"南进"战略的实施。1942年5月率日本海军主力发动中途岛海战，遭到严重挫折。1943年4月18日，座机于所罗门群岛上空遭美机截击丧命。死后追授海军元帅。

挥，山下奉文①也给吊死了。

张学良：谁？山下？

访　二：新加坡那个山下奉文。有一个叫作本间雅晴②的，一间两间的间，他是马尼拉的统帅，他也是吊死的。

张学良：这个也是啊。

访　二：这是几个了？

张学良：吊死十个。

访　二：这里只有一个不是军人，其他的都是军人了。

访　一：您上次说东北大学少的就是图书馆，那确实是这样，哥伦比亚大学的图书馆是数一数二的，所以它能站住脚。

张学良：对文化机关讲，图书馆最要紧了。你可以到那儿查东西翻东西。我现在有一个重要的东西，将来我要给哥伦比亚大学。我有信件。

访　一：您上次曾经说过您的自述，您记得有一本经国先生管它叫《忏悔录》的书吗？实际上那是您的自述，是给蒋先生一封信。现在不是外面没有的卖吗？您说我们可以拿手抄里面的内容。

张学良：那个东西……可以，他们说是我的忏悔录，实际上不是。那时蒋先生给改成不叫忏悔录，叫什么我不记得了。事情是这样的，蒋先生要写苏联在中国的事情，他很恳切地问我西安的事变到底是怎么一回事？因为他这么恳切，我就给他写了一封回信。这封信后来他们就……蒋先生也说我很会写东西。我认为我那个东西我写得很好，主要写我这个人是怎么样一个人，并不是什么忏悔录，只是一封信。后来他们把信的前面内容给删掉了，但是里面的文字仍是我的，可能改了一点儿。为这个事情还起了问题，后来就把那个玩意儿收回来了嘛。

访　一：对呀。

张学良：收回来的原因是什么呢？大概是他们政治部干的事。他们觉得这个是个好文章，就把它发表了。发表倒没关系，他底下写的张学良，你明白吗？那么我就给蒋先生写了一封信，我的意思是说这东西可

---

① 山下奉文，日本陆军大将，二战战犯。1938年7月任侵华日军"华北方面军"参谋长。太平洋战争时为第二十五军司令官，负责进攻马来亚、新加坡。1942年6月调任驻满洲第一方面军司令官。1944年9月，任驻菲律宾第十四方面军司令官。战后被马尼拉军事法庭判处绞刑。

② 本间雅晴，日本陆军中将，二战战犯。太平洋战争时为日本菲律宾派遣军（即第十四方面军）司令官，指挥菲律宾作战。战后被盟军军事法庭判为甲级战犯，1946年4月在马尼拉被枪决。

不是我发表的，谁发表的我不知道。他们用我的名义发表，这个东西其实等于半秘密地给蒋先生的。蒋先生就火了，大骂了蒋经国，并免职了政治部好几个人，所以这个东西就都被收回了。

访　一：那么他们没有得到许可，不应该就这样发表。

张学良：他们［在］政治部那个刊物上发表的，这使蒋先生非常火，为这件事也闹得翻天覆地呀。

访　一：所以这篇东西他们都被收回了，我们也没有。你的原稿我们不动了，只想抄一些。他们珍藏室想要一些您的相片。

赵一荻：我们的相片多着呢，一些和经国照的相片。哥伦比亚大学珍藏室要存一些你的相片，将来呀［供学者们看看］。

访　一：和资料配合嘛。

张学良：我那相片多呢。

访　一：说实话，除非你自己有一个文史馆，不然的话您的那些东西搁在谁的家里多可惜。

张学良：我有一本粘的信件［集］。

赵一荻：简单说，他们的意思是一些重要的东西放到他们那保管，以防止将来失落了，现在就在乎你了，你愿不愿意将自己的一部分东西交给他们去保藏。

张学良：要这样办。

赵一荻：这我要先请示他要不要这么办，要阅批，让他批准，和你们这个自由民主国家不同了。

张学良：叫你们这么一说，我好得不得了。

赵一荻：是呀！你是总司令，我是小兵儿。

访　一：所以您昨天说您是他的"助听器"。

赵一荻：是啊，是不是活的助听器呀！为什么我血压高，他不带助听器，让我喊一遍不行还要第二遍。

访　一：我可以跟张先生大声说。

赵一荻：可是由于字汇不同，我还要给他翻译。

张学良：我们东北人说话常常是反话。尤其是我更厉害。比如有一次和蒋先生［对话］，他问我，"你去不去？"我说，"我为什么不去？"他就误会了，以为我不去。

访　一：中国语文一个特点就是用两个否定词来强调。

张学良：这东北话才是真正的北京话，北京的话就是由东北去的。

访　一：对，你看古代的诗词啊，都是这样两个否定更肯定。

张学良：总是用两个否定来更坚定。比如说，他不会不来，表示非来不可。语言是变化的，过去的说话和现在都不一样，它用词也不一样，它掺杂了外国语啊地方话什么的。我们当年说话也不是这么说的。

赵一荻：现在人说话不礼貌，我们那个时候很有礼貌。比如那天我和台湾的女孩说，"你这样说不对，"她说，"真的吗？"

张学良：这个语言变了，说话就这样了，你不能以自己为本位。

4. 我们那里做土匪的人

张学良：我在松花江的时候，船靠岸一压水，就把鱼给留在那儿了，噼里啪啦的。我们抓起来，第二天我做汤吃很好喝。那时候那个鱼很多，我们管那鱼叫大马哈鱼。他们都拣起来拿到哈尔滨去卖。原来松花江出产大量的鱼啊，不知道现在怎么样。我跟你们说，在松花江［的］时候，船到水浅的地方，我们下去玩去，几乎丧命啊。那里有一个小岔子，里面都是鱼，我们一开枪打，那鱼浮上来了。但是我们不知道那儿有土匪，我还想为什么有子弹壳在那摆着呢。后来船夫说这地方有土匪，他们经常在这儿抢船。我们赶快跑回去了，怕碰见土匪。

访　一：你们这不是自投罗网嘛。

访　二：可能这地方也很隐蔽。

张学良：是，所以我们赶快跑回来了。那土匪要开枪抢我们的船，所以我们带着兵，把他们打跑了。后来我们再去那儿，船上都带着几门山炮，如果发现土匪，就开炮打他们。

访　一：他们为什么都做了土匪？

张学良：那你们说为什么做土匪？我们奉天东北人做土匪等于玩票儿。

赵一荻：政治腐败啊。

张学良：也不能说政治腐败，我的一个部下叫王永胜①，后来在我手下当过师长。他是个土匪，我们收降的。我跟他很好。后来我们到一个地方正好是他家，他说你不要提我当过土匪。他在当地很阔气，开的

---

① 1932年长城抗战时，王永胜任东北军第五十三军（军长万福麟）第一二九师师长。

当铺。他在外面当土匪，家里谁也不知道。

赵一荻：不少人冬天就出去当土匪，没事做呀，不回来就拉倒了。

张学良：以前东北哪家要说谁没有了，可能就是当土匪让人打死了。

赵一荻：那黑龙江有个人就是因为种鸦片烟政府分配不均，政府就把他逼成去做土匪了。

张学良：我认识一个人，他在街上，挑两个大的老箱子卖那女人化妆品啊什么的。后来他没有了，我们才知道他是土匪。人家说青纱帐起，冬天没有事情，不做土匪，土匪主要靠这个高粱地掩护。

张学良：平常有事情的，到冬天他没事了，他就做生意什么的。我们那里做土匪的人也可以说就是玩票。不过本地人不抢本地人。我们那边不少土匪都是热河来的，有不少女人都上炮台呀，晚上她们都拿枪呀。

访　一：打更？

张学良：放哨啊，男人都睡觉呀，白天是男人的事。我们附近那叫响窑，什么叫响窑呢，就是附近谁家房子好又大，妇女晚上都到他家来，有专人放哨。

访　二：那不是一两个，一来就一大堆了？

张学良：那一般十几个、二十几个。我们那里有句话"好狗不吃家前食"。都出去几十里上百里去抢。

赵一荻：他们有的土匪来了还招待。

张学良：有的还给孩子钱，有的就把孩子带出去当小土匪去了。我家那儿叫窝棚，墙上都挂着枪和子弹。我那管事的还招待土匪。土匪看到枪，当然他不敢抵抗了，土匪也不动那枪。他跟管事的说，"我借点子弹，好吗？"管事的说：好哇好哇。你要拿就拿吧。那都很客气，他知道是我的田庄。

访　二：您说这真很有意思。

赵一荻：这就是当年的东北，也像美国的西部片一样。

访　一：一个人要能从土匪群里成功，大概也很有意思。

张学良：我那二伯父是地方民团的团长，打土匪时被打死了。土匪里的那个人，当然后来都给抓住杀了，当时就跟旁的土匪说，咱们惹不起［人家］（指张作霖）。

访　二：您说这就是马贼吗？

张学良：就是这个，马贼这句话是从日本来的。

访　一：为什么他们叫马贼呢？

张学良：日本把土匪叫马贼。

访　一：日本把他们国内的土匪也叫马贼呀？

张学良：那不知道。

访　一：哦，只管中国的。

张学良：恐怕日本也没有这种土匪，我们讲为什么叫红胡子？他总戴一个面具，不让你看出他是谁，有的戴假胡子。

访　二：他们不让人认识就是怕以后被人捉住。

5. 拉铁摩尔与东北大学

张学良：有好多人不明白我们家是怎样发财的，我说我们没有刮地皮啊。那奉天一到冬天粮食下来的时候呀，那时粮食一定便宜，你就收买这粮食，到明年春夏粮食一定涨价。那么我家有好多钱就是这么来的。这个问题在哪儿呢？我们奉天很奇怪的，乡下人都要奉票，就是官银号出的票子。所以你有这钱，你就能收买粮食。那么我们家占什么便宜呢？我们可以去官银号借钱借多少都行，然后买粮食。

访　二：先借钱买粮食。

张学良：等明年开春，粮食一定涨，这是一定的。东北最大的生意就是粮站。乡下人也把粮食拉到粮站去卖。

赵一荻：那时也没有〔好的〕交通。

张学良：嗯？你不知道，那会儿日本人恨透我了。那时日本人的南满路是必需的，只有南满路运输，黄豆呀什么的都由他控制。所以我们后来自己修了一条铁路，我们不走大连。我们自己的火车把日本的生意抢了不少，所以他们恨透我了。我对日本人说，我建设〔铁路〕自己的事情，怎么能说损害你的利益呢。

访　二：这是在中国的土地上〔建铁路〕。

访　一：您刚才说土匪的问题，大家拿做土匪当玩票。我跟您说过吧，有一个美国教授，他叫拉铁摩尔①。他到东北做研究工作，到那儿碰

---

① 拉铁摩尔（Owen Lattimore），美国人。幼年随父来华，居住在天津，曾到中国北方、蒙古、中亚地区考察、研究，与张作霖、张学良有过交往。著有《中国的亚洲内陆边疆》等书。1937年曾访问延安。1941年，经美国总统罗斯福提名，成为蒋介石的私人政治顾问。

到少帅了。张先生对他说了一番话，他敬佩得不得了。他是做人类学［研究的］，美国的人类学是［研究］社会是怎么变迁的，［是］与人［有］关系的。他就说所谓的土匪并不是美国人所想的那样。

赵一荻：你知道呀，他叫拉铁摩尔。

张学良：知道呀。

访　一：拉铁摩尔到东北访问，您很招呼他一阵。他在东北带着新婚夫人住了好几月，冰天雪地，东南西北都到了。跟各地居民谈话。后来他写了一本书，说所谓的红胡子和西方人想象的"危险"这个词完全不是一回事。他说这是一种社会上的变迁产生的一种职业。

张学良：不过，拉铁摩尔这个人写东西不太诚实，他给我父亲做事情。

访　一：他给大帅做过事呀？

张学良：做什么我忘了，他的父亲大概是一个矿师吧？我弄不大清楚了。

访　一：哦，在东北开矿呀？

张学良：嗯，我们家在东北有一个很大的矿。有一次他父亲跟我父亲说这个煤矿很年轻，他用中文说"年轻"，我父亲说没有关系再等几年。后来还是把这个矿打开了，之后由王正廷的弟弟王正黼来开了。他的办法多了，弄得非常的麻烦。

访　一：怎么了？

张学良：煤如果年代不够，它进炉子里就变成焦子了。他要卖给铁路，铁路就不要。后来，我说那可不行，他说你别管我来办。他怎么做呢，他给烧火那个人钱，后来这个煤也好烧了。后来，他想的法子多了。他呀开了一个发电厂，我花了好多钱呢，我们用这个煤发电，再卖电。可人家不要，人家有电力公司啊，有电灯厂。他就强迫人家。我说这美国留学生都这样——垄断性的。他到处送电，有电厂的他不让人家开。他这件事情在东北很有名。有一个中国人和日本人合［开］的本溪湖煤矿。炉子烧煤被焦子堵上了。就要用炸药炸。这个炸药量要合适。日本人很佩服他。本溪湖这个煤矿叫大揭盖儿（即露天煤矿）。把土挖开下面就是煤。但是这个煤不好。

访　一：那个拉铁摩尔呢？

张学良：后来小拉铁摩尔跟王正廷这个弟弟，他们要开一个什么矿，也没开成，花好多的钱。接下来就东北事变了。

访　一：后来在您主持时，这些煤矿是谁负责呀？

张学良：还是王正黼啊，又弄了一个东北矿物局，变成公家的玩意儿了。这美国留学生向来什么都是扩大的。

访　一：您那儿用了好多美国留学生吗？

张学良：不是很多。那时候有名的就是West Point（西点军校）的王成志，你们可能不知道，他是麻省理工学院的，学生毕业（后）入West Point。但后来他哪儿去了，我就不知道了。

访　一：那天刘先生说东北大学都是用最好的教授。

张学良：他也是替东北大学吹。为什么呢？那时东北大学请不到教授。

赵一荻：人家不到东北来了。

张学良：不来的原因有几个，重要的原因是东北大学没有图书馆，那么我们给他很好的待遇，可人家也不在乎那个。

赵一荻：现在的人都在乎钱啊。

访　一：那您对于建图书馆有没有什么计划呢？

张学良：那不是一个简单的事，之后我就不怎么管了。具体的事由一个姓刘的①，他也没大弄好，因为我那时的事情太多，身体也不大好。

访　一：他是干什么的？

张学良：也是一个美国留学生，吉林人。他也没干好，花钱是花了好多。说句良心话，那时东北真是没有人才呀，而且东北大学还不愿意请外头的，都被那几个教授包办了，像臧启芳啊。后来他们是很反对我的，这是现在发表出来了。这吴铁成这个人可不像张群，张群做事情非常稳。比方说，他有什么事和我商量一下，可是吴铁成我不敢说，他可能是存心的。他有一件事情我到现在很难过，他发表三个市长，其实都不是我的意思。一个是我弟弟当天津市长，一个是我的一个玩友胡若愚当青岛市长，一个是我的暗中的一个姨太太，就住在他家里，叫周大文。周大文当了北京市长。这三个人都不是我的意思。这个在南京就发表了，并未征求我的意见。当然这是吴铁成的意思，给我送好。我当时再三思量，假如我打电报给蒋先生，吴铁成就完蛋了。想一想，我最后就不吱声了，所以

---

① 指刘风竹。刘风竹是留学美国密西根大学的法学博士，曾任北洋政府教育部专门司司长。1928年8月，东北大学校长刘尚清辞职，张学良兼任东北大学校长，张聘刘风竹为副校长，代理校长处理学校日常事务。

这人做事情呀……这吴铁城完全是送我好，其实并不讨我的好，因为我已经内定天津市长的人就是臧启芳了。因此臧启芳还误会我，以为我跟他瞎开玩笑，结果我弟弟出来了。所以我说是吴铁城这人做事不如这个张群。

赵一荻：也许他是故意的。

张学良：他也是为了从他们那儿得到东北的消息，后来也确实达到目的了。

访 一：他利用这关系是为了在东北做生意还是向蒋先生讨好？

张学良：政治上的。东北是一个单独的势力，中央对东北并不［怎么信任］。……你明白？

访 二：他一直对你家里人很好，所以于学忠这个人真是待人的典范。

张学良：我两个大将啊，一个于学忠，一个王树常。

访 一：王树常后来怎么样了？

张学良：他还不错，他是东北人。他本来也不是我自己的部下，他是杨宇霆那儿的。他后来当河北省主席那都是我保举的。

访 一：那就是在"杨常事件"之后，那他心里打鼓了吗？有没有不安？

张学良：那没有，他们知道我这个人。你比方说奉天主席臧式毅，也是杨宇霆的人，是他的大将啊。那我照样用他。

6. 奉天官银号

访 一：臧式毅在老帅被害后，家里的事情都是他拿了很多主意，瞒过了日本人和外界，是不是？他很是有智谋的人，那时他是什么职务？

张学良：那时很小的职务，是个上校参谋。

访 一：都是忠心报国。

张学良：所以就是有作为的人，他敢负这个责任。否则他当一个上校参谋，我不管这个事就得了。

访 一：等您回来了，把老师的事情安顿后［才公开老帅的死讯］。

张学良：他就做主席了，你知道原来辽宁省的主席①就是我妹妹的……（录音不清）后来我把他撤差了。

访 二：为什么？

---

① 此人即翟文选。翟文选，字熙人，黑龙江双城人。东北易帜后出任辽宁省政府主席。张学良六妹张怀敏后与其孙翟元坤结婚。张学良说是翟文选之子有误。

张学良：他跟官银号对奉票的问题闹翻了，我这个人是毫不客气的。你要知道一个省主席被撤差是很丢脸的事情，所以后来他看见我都不跟我说话。

访　一：他跟你妹妹是什么关系？

张学良：我妹夫是他儿子嘛。他和官银号闹意见，就不管了，等我知道的时候，事情已经乱七八糟了。

访　一：后来您就派臧式毅做了主席，关于奉票和银票的问题就解决了吗？

张学良：这事与臧式毅无关，是我的政策了。我也不是搞财政的人。当时奉天官银号的总办姓李，他不是和辽宁主席因为奉票的事闹得很凶吗？这个人也让我撤差了，我换了我以前军需处的处长，管钱的。这个人姓鲁①。我跟他订了一个政策，我说我信任你，这件事只有咱们两个人知道。我让它奉票随便毛。我们自己暗中收这个奉票，收到一定时候，我们就发命令，把奉票订到一个价钱。我跟他说我们都不要倒这个奉票，我们取之于民用之于民，但老百姓还是吃了很大的一个亏啊。奉票忽然涨了，五十块钱相当一块钱（即大洋），那时差不多200多块换一块钱。

访　一：那您银行里有那么多现洋吗？

张学良：我自己的家产6000万存在官银号里了，做事情嘛，我是敢作敢为的。

访　一：后来奉票就稳定下来了，这样维持了多久？

张学良：后来一直是这样。

访　一：这个人姓鲁？

张学良：对。我跟他说你也不倒，我也不倒，我信任你。

访　一：那时奉票一会儿高，一会儿低，是因为战争的问题吗？

张学良：不是。当时奉票有两种，一种奉大洋，一种奉小洋。所谓奉大洋就是你可以换现洋，但是我们不给你现洋，你可以到上海、天津，我们给你官银。我们就那样把奉票定了。

访　一：刚才看那个信的时候，孔祥熙在东北也有财产啊？

---

① 此人指鲁穆庭。鲁穆庭，字际清，辽宁大洼县人。毕业于东北陆军军需学校。曾任张学良三、四方面军司令部军需处长、保安总司令部军需处长兼政务委员会财务稽核处长。1930年任东三省官银号总办、辽宁省造币厂厂长。1932年春，调任河北省财政厅长兼河北省银行总办。抗战胜利后，受张学良委托清理张家在东北财产。

张学良：孔祥熙这个人没做政治的时候，他在东北有很大的财产。

访　一：他那么有眼光呀？

张学良：不是，那是他祖辈传下来的，他家就是做生意的。后来美孚石油都是他包的，人家一直就是做生意的，多少年了。

访　二：他父亲跟老帅？

张学良：跟我们家没关系。他总是找我麻烦，他的生意让我们军队毁过几次。他跟我的关系是这么来的，中俄会议没有中央的时候，我们有奉俄会议，卡拉汉①是俄国代表。奉天是于冲汉，但代表里有四个委员，我是军事委员之一，所以我跟卡拉汉是这么认识的。孔祥熙是中俄签订协定到奉天去的，好像是办事处长。因为中俄签订协议，奉天很要紧啊，刚才我不说奉天矿物局吗？他就在王正廷的弟弟家里，孔祥熙跟他们有关系。

---

① 卡拉汉，一般译为加拉罕，曾任苏俄政府副外交人民委员，主管对华外交。1924 年 5 月，加拉罕与北京政府签署了《中俄解决悬案大纲协定》，其中涉及中东铁路问题。由于张作霖宣布东北独立，故不予承认。张先后派出于冲汉、杨卓与北京政府和加拉罕交涉。同年 9 月双方签订了《奉俄协定》，规定中东路无偿全部交给中国的期限从旧俄时代规定的 80 年缩短为 60 年，并在此期间内允许中国赎回。

第四十六次访谈
哥伦比亚大学珍藏文物

访谈者：张之丙（简称"访一"）
　　　　张之宇（简称"访二"）
被访者：张学良
同座者：赵一荻
访问日期：1993 年 1 月 13 日

1. 熊式辉、顾维钧、陈光甫的珍藏

（访谈者与赵一荻闲谈，讨论40分钟，张学良午睡）

访　一：我在想我们越不说我们做的是什么，他们就越紧张，就越不知道你们这里有什么秘密。他们最害怕的可能就是咱们在这里说蒋先生的，可是张先生向来有两个原则，一个是"无事不可对人言"，而且他从来也不伤害人。我在想咱们要不要这样做，因为我也从来没经历过这样的环境。您用过压力锅吗？压力锅如果有一点儿气不放，它"呼"就崩了。所以我们让他们有一个出气口，咱们出来的东西，是能够引开他们注意力的。

赵一荻：所以我说给他们几个卷。

访　一：不能给，那是咱们里面的事。我是说外面要是问，我们就说张先生向来说话不伤害人，没有事情是张先生不能说的。其实我们没有什么可背人的。

赵一荻：我们没什么可背人的。

访　一：就是说我们不愿意让你知道我们的私事。你干吗刨根究底儿。

赵一荻：你们美国也是为了隐私。

访　一：那个隐私都是为了卖钱，新闻记者也是为了卖钱。是张先生下来了吗？

访　一：熊式辉①这个，他说，"我同意愿意把我的日记、回忆录、来往的通信，和一些纪念品都交给哥伦比亚大学。"噢，这是他的后人给的，因为已经是已故的将军了。"但是有三个条件：第一是这个东西一定要搁在哥伦比亚大学，以什么名义搁在哥伦比亚大学，就是所谓的我要把它叫成什么——顾维钧什么收藏；第二是如果这些东西需要编目录，当然这么多东西，人家目录要解释重要性什么的，就是让哥伦比亚大学怎么样做这个目录。不要的，就是哥伦比亚大学认为没有价值，或重复的，请你退还给谁；第三是这些东西收藏在这儿，完全是为了学术研究，而且要符合哥伦比亚大学的规格。"

赵一荻：什么是符合哥伦比亚大学的规格？

访　一：这个规格就是哥伦比亚大学珍藏室要求：要用的人进来要做什么，你要研究什么要怎么用，要在哪儿用，不能用做什么等方面有很多规则。

赵一荻：对保管人的规则呢？

访　一：这个规则我们没有，我可以给您要一份。

赵一荻：他有多大地方能保管那么多东西？

访　一：顾维钧的东西要一间屋子放，那会儿找不着屋子，等珍藏室扩充、重建后才［才能放下］。

访　一：陈光甫②的东西有很多从香港运过去的。陈光甫有四个条件：第一个条件，所有东西要叫成陈光甫文件，因为他的东西都是文件，没有什么实物；第二个，我的东西要搁在一块儿，不能和其他东西掺在一起，我出版的书可以放在书架上跟别的书在一起，但我的私人的通讯、相片，就不能这样放；第三个，文件将分成两组，我给你的东西你要分成两组，一组是我死以后可以公开，还有一组是到我

---

① 熊式辉，字开翼，江西安义人。早年加入同盟会，武昌起义后参加革命军。1921年留学日本陆军大学，1924年毕业回国，任滇军干部学校教育长。1926年参加北伐，任独立第一师和第十四军党代表。1927年后，历任第十三军副军长、陆军第五师师长、淞沪警备司令、苏浙皖三省"剿匪"总指挥、江西省政府主席兼民政厅长、南昌行营办公厅主任等职。1942年后，任中国驻美军事代表团团长、中央设计局局长。1945年后任东北行营主任。1949年去香港。1954年移居台湾，1974年病逝台中。

② 陈光甫，字光甫，江苏镇江人。1909年毕业于美国宾夕法尼亚大学。辛亥革命后，任江苏银行监督。1915年创办上海商业储蓄银行（上海商业银行）。1927年创办中国旅行社。1928年任中央银行理事、中国银行常务董事和交通银行董事等职。抗日战争时期，历任国民参政会参政员，国立复兴贸易公司董事长，中美英平准基金委员会主席。1947年任国民政府委员，主管中央银行外汇平衡基金委员会。1954年定居台湾。1965年上海商业储蓄银行在台北复业，任董事长。后卒于台北。

死以后十年才能公开；第四个条件，我的东西都不能出版，除非我的后人同意。您可以有个指定人，您夫妇可以互相指定，然后再指定给谁。

……

访 一： 这个顾维钧的是1974年4月15号给Wilbur（即韦慕廷）写的信。他说，"台湾对我很不满意，为什么把这些东西都给美国，我并没说台湾学者不能去看。"他和Wilbur互相来了很多信。如果这些东西放在台湾，就被整个封锁起来了，完全由台湾决定什么不能看。

访 一： 这是何廉，就是和韦慕廷这两个人合办这个的人。他曾和顾维钧先生谈到一个是口述历史的事和一个是珍藏室的事。他说他要求哥伦比亚大学要把他所有东西搁在一间屋子里。他的东西有十几箱呢。就您到意大利带的那种箱子，有16箱。而且这间屋子里要有一张桌子，那种格子间桌子也可以，好让到这儿来做研究的人，就在那间屋子里研究。这是顾维钧给何廉写的一个草稿，一共七个要求：第一个，是这个东西叫作顾维钧政治和国际形势的文件，陈光甫的就叫陈光甫的珍藏；第二个，他说我希望在特别收藏下面管，不要和别的东西掺在一块，但出版了的书籍为了人用的方便可以放在书架子上；第三个，在我有生之年我可以随时去查、去用；第四个，我希望珍藏室让我带一个助理进去整理，因为那么多东西没法子一个人整理，他要先整理好再送给哥伦比亚大学，整理了一个公开一个；第五个……噢！张先生起来了，您的表真准。

张学良： 我肚子饿了。

访 一： 第六个，因为我有各种不同的东西，[他做过法官，又做过外交官]我要慢慢地确定哪一份东西是可以公开的，哪一份东西是不可以公开的，如果没整理完我死了，我要指定一个人代替我，这个人可以是哥伦比亚大学图书馆的负责人。如果我决定可以公开的东西，我交出来以后任何人就可以用，但不能抄录，不能引。如果你想引语，要得到我的许可。如果我不在了，我会请哥伦比亚大学图书馆某一个人来负责。为了使我的东西成为最完整的和权威的，我愿把我的过去的以及我现在最后一任工作，即在海牙做国际法庭法官的东西都交给哥伦比亚大学。我身边有的我都给你。我在大陆上还有很多东西。这封信是1962年写的，那时大陆还没开放。他说以后我有办法把大陆的东西也收回的话,我再考虑把大陆的东西也交给哥伦比亚大学。同时他说口述历史做完以后也同样交给珍藏室。这是顾维钧的。后来他的东西的确是都在珍藏室,但并不是都在一个屋子。

访 二:现在珍藏室改了,比较新式一点,比较摩登一点。屋顶上开窗户有那个日光,所以那屋子变得非常漂亮,他们把哥伦比亚大学极珍贵的东西都搁在那儿,变成特别的一个角落,顾维钧的铜像就摆在那儿。

访 一:关于珍藏,陈光甫先生的珍藏只有四个条件,我给您念一念,他的条件要求得很简单。他是广东人吧?他说话我一点儿都不懂。

张学良:不是广东人。

访 一:那他是哪儿的人哪?

张学良:是,我知道,我不晓得,他这个东西我认为是董显光给他整理的。

访 一:噢,董显光整理的。他有四个条件:一个是他的所有东西要叫陈光甫珍藏,他英文名字叫K.P;第二个,这个跟顾维钧说得一样,我的珍藏的东西不要和别的东西掺和,但出的书可以和其他的掺和。同时他的东西分成两组,一组在我有生之年不能公开,第二组在我死以后的十年再公开。熊式辉这个不是他正式的信,他那上没有说得很清楚。他只有两个条件:一个是这个珍藏的东西命名熊式辉珍藏。第二个就是时候公开由他本人决定。但是具体的我这资料上还没有。

……

访 一:这是几个人可以参考的东西,您如果想的话,我们可以研究一封信跟哥伦比亚说是什么样的一种条件。

访 一:这是哥伦比亚大学那个韦慕庭先生写的信,韦慕庭写的一个他自己作的记录。顾维钧先生把东西交给哥伦比亚大学后,他说他很受台湾人的批评。韦慕庭说为什么批评呢?意思就是你为什么不把东西给台湾的一个机构,就是说顾维钧应当把东西留在台湾。但是顾维钧要搁在哥伦比亚大学是因为顾维钧自己可以决定公开好,不公开也好,以及什么时候公开。他说我把东西搁在台湾的话,那我就没有权决定。

张学良:他不仅没权决定,台湾就会给他都改了。

访 一:您说的一点也不错,跟这英文一样。那些重要东西不是让人偷走,就是关起来不再给人看，或者不知所以了。意思就是毁了或者收起来了。他决定还是要把东西给哥伦比亚大学。这是 1974 年的时候。为了给他做口述历史，哥伦比亚大学要了 25 万美金来整理顾维钧的东西。

张学良：我想顾维钧的东西在历史上一定有价值，因为他参加过很要紧的几件大的事情。早年袁世凯在的时候他就在，那是很早的时候了。袁世凯做皇帝，做不做呀，他都参加了。

访　一：关于袁世凯，就是洪宪了。端纳不是最愿意给你讲洪宪的故事吗？哪天您要是还记得，给我们说一说。顾维钧就这里有四十四种……从 1908 年，1900 年……

张学良：1900 年我还没降生，我 1901 年生。

访　一：1900—1904 年他在上海圣约翰大学。然后他记得 1894 年中日战争的事，一项一项他有四十四项。

张学良：他的东西有价值，因为他参加〔过〕中国政府〔的事〕，和外国有关系的事他也知道。

访　一：他比您大很多吗？

张学良：大十五六岁。

访　一：我给您说顾维钧最后的一箱东西——第四十四项。他谈的是我（顾维钧）结婚的问题和离婚的故事。比如什么时候订婚啊。

2. 孔祥熙的口述历史

访　一：孔祥熙先生在哥伦比亚大学的口述历史是从他的小孩的时间开始说的。他也提到了他第一个太太，然后怎样娶宋霭龄。

张学良：他的第一个太太是谁？

访　一：他的第一个太太很有意思，是他家乡的一个女孩子，兄妹两个。女孩子的哥哥在北京念书，妹妹就在当地。女孩子长得也很好、很文静，也很聪明，但是他们的父母都死了，跟着叔叔生活。哥哥想让妹妹去北京结婚，叔叔觉得女孩子要先结婚才能抛头露面。正好当时孔祥熙在当地中学教书，和这个女孩的哥哥还认识。于是女孩的叔叔就表示，孔祥熙就答应结婚。结婚后没有多久，女孩去北京念书，两个人思想都不同了，最后离婚了。在这之后孔祥熙才有机会认识宋霭龄。我以为您知道呢。

张学良：我不知道。

访　一：他比您年纪大吧？

张学良：比我大。

访　一：这里还谈到了义和团的故事，他家里经商的情况，外国传教士对他的影响，还有他受到的中国教育外国教育是什么样的，还有他怎样和国民党接触认识的，怎样在欧洲见到罗斯福、希特勒、墨索里尼等人的。他也提到了西安事变，日本对中国压力越大的情况，等等。这是他的口述历史。还有张发奎、李汉魂①、蒋廷黻、吴国桢②和左舜生。

张学良：哦，还有左舜生③。

访　一：他有一段关于您的。他对您的口碑很好，很景仰您。左舜生是青年党。

张学良：我知道他有一段批评我。他头一次见我面后，在报纸上讲我看他好像周瑜，他要去唱戏是最好了。左舜生是青年党，我当年在青年党，我跟他们有关系。

访　一：那［是］什么样的关系？

张学良：我帮助他们，我很倾向他们。青年党请我当……后来我不做。

访　一：那是什么时候？老帅还在吗？

张学良：不在了。我对他们青年党不大［感兴趣］。因为青年党没有出路，他们在什么方面都去投奔。甚至跟日本人勾结，什么都干而不择手段。我的一个部下，也是我很喜欢的一个学生在青年党里头，是青

---

① 李汉魂，字伯豪，号南华，广东吴川人。保定陆军军官学校步科第二期毕业。1926年参加北伐，历任张发奎部第三十六团团长，第二十五师师长。抗日战争时期历任第六十四军军长、第三十九集团军总司令，广东省政府主席。抗战胜利后，任第三战区副司令长官，后因耳疾赴美就医。1949年春回台湾，任"总统府"上将参谋长、内政部部长。后在美侨居，1982年应廖承志之邀回北京、广东等地探亲、访问。1987年在纽约病逝。

② 吴国桢，字叔贤，湖北建始人。清华大学毕业后赴美留学，获普林斯顿大学哲学博士学位。回国后历任国立中央政治学校教授，湖北省财政厅长，汉口市长，重庆市长，外交部政务次长，国民党中央宣传部副部长、部长等职。抗战胜利后任上海市长。1949年4月去台湾，任台湾省主席兼"行政院"政务委员。因与蒋家父子政见不一，1953年5月"请假赴美"。1954年蒋介石下令撤销其政务委员职务、开除其国民党籍。20世纪60年代被阿姆斯特大学聘为教授，1984年病逝于乔治亚州。

③ 左舜生，原名左学训，号仲平，笔名舜生，湖南长沙人。1914年入上海震旦大学，后加入少年中国学会和中国青年党，历任《中华教育界》主编、《少年中国》主编、《少年世界》主编、《醒狮》周报总经理等职。1920年任中华书局编译所新书部主任。1926年赴法留学。1933年起任复旦大学及大夏大学教授。1947年出任农林部部长。1949年去台，旋赴香港筹办《自由阵线》周刊，后任香港新亚书院及清华书院教授。1969年病逝台湾。

年党一个地方的负责人，后来被他们打死了。

访　一：那青年党有武器呀？

张学良：那时候武器谁都有。

访　一：他们有军队吗？

张学良：没有军队，青年党这一点很不好——他们参加军队，我的军队也有青年党参加，后来我就把他们驱逐出去了。他们青年党里有一个人，这个人也相当有名，是十九路军的一个师长，到我手底下后就把青年党带来了，我就不用他了。这个人很有名，和蔡廷锴一块儿的。蔡廷锴他们要搞独立，建立什么国，就是他搞的。这个人可以说野心勃勃，他有国旗。①

访　一：青年党的国旗？

张学良：他们自己要独立，不是国民党。在我手底下当师长，当了一段时间我不要了。我这个人慕名，他来了我给他个师长军衔。结果他把青年党带到我军队来，那咋行。

访　一：李璜②是青年党的呀？

张学良：我说这个是个军人。

访　一：那会儿您的军队我相信每个党都要渗透。

张学良：渗透不了。

访　一：左舜生跟您相识，您记得大概齐是在什么时候？

张学良：不记得。我本来帮他，后来不喜欢他们了。他饥不择食，什么都干，到四川活动。

访　一：您是说您后来不喜欢青年党的工作，可对左舜生自己呢？

张学良：左舜生不久就死了。我就不跟他们太接近了，后来青年党就不是左舜生负责了，是谁呢？最近才死的，两个字名字③。我跟他很熟，他是总统府资政。

访　一：在他活着的时候，您对这人看法怎样？

---

① 指1933年11月20日福建事变。

② 李璜，字幼椿，号学纯，四川成都人。1919年赴法国巴黎大学留学。1923年参与发起组织中国青年党。1924年回国，与李大钊等组织少年中国学会。同年参与创办《醒狮》周报，并历任武昌大学、北京大学、成都大学历史系教授。抗战爆发后，任国防最高委员会参议会参议，国民参政会参政员，第三届参政会主席团主席。1941年参与发起组织中国民主政团同盟。1945年4月参加中国代表团，出席旧金山联合国"制宪"大会。1946年被任命为国民政府行政院政务委员兼经济部长，未就任。1950年避居香港。后去台湾，任"总统府资政"。1991年11月病逝台北。

③ 应为李璜。李曾任台湾当局"总统府"国策顾问。

张学良：我看他们，我那时对他们各党都〔有看法〕。

3. 张学良的珍藏

访 一：这是几个参考的，假如您要是把东西交给他们，您给我点意见，我好回去拟这封信。你需要什么样的条件。

赵一荻：你有哪类东西要他们收藏，文件、相片，你要给他们什么。

访 一：您认为要保存的东西。

赵一荻：读书心得的记录呢？

张学良：我都不知道放到哪里了。

访 二：您的《圣经》笔记给你列个专栏，好不好？还有毕业证书什么的。

张学良：我要紧的就是有一本，粘的一封信。

访 一：您要知道你认为不是很珍贵的东西，可是哥伦比亚珍藏室认为是很珍贵的。

访 一：我觉得第一就是和其他人一样，您的东西放在一块，不要和别人掺和。

张学良：我的东西不在乎公不公开。

访 一：还有您的东西可不可以让别人复制。

张学良：那不许，不能引用，可以做参考。

访 一：您要把您的东西起个名字。

张学良：用张学良吗？

赵一荻：用张学良吧。

访 一：汇存，行吗？

访 二：您刚才说《圣经》的汇编。

张学良：汇集？

赵一荻：这也不太好。

访 二：咱们现在还不用确定，再想想。

赵一荻："集"字儿挺好。

张学良：我想用札记。

赵一荻：那不行，你那东西乱七八糟的。

访 一：要不就用《张学良文件汇集》。

赵一荻：那慢慢想。

张学良：文物不行？

访　一：不行。

　　　　……

张学良：文件、相片等汇存。

赵一荻：不要说相片了。

张学良：当然要相片。

赵一荻：这么长。

访　一：没关系，顾维钧的那个更长。

赵一荻：应该说集存。

张学良：那不能用"集"字儿，别人的东西我集，自己的叫藏。

访　一：把汇集改成汇藏，行吗？

赵一荻：你找个字典看看。

访　二：再想想。

张学良：我的相片很多，比如我父亲的很多。

赵一荻：你那个卡片呢？

张学良：嗯，那是我读书时记的小卡片。很可惜，我找不到那书了。那个书上有个地方，我就考证这个地方。

赵一荻：从前啊他那些书我都有目录，后来病了很久，也不整理了。

访　一：好啊，哪天我们帮你们整理一下。

张学良：我看书有个习惯，我看这个书在书上写东西。有什么意见我都写下来了。你要看书上有字没有，做记录的大概就是历史书，史地书。旁的书就没有了。我再找出卡片给你们。

赵一荻：实在做不动了。这老先生的事情可多了。年轻的时候，他要照相，我要给他看说明书。一会儿要钓鱼了。这一天的总是有事儿。你现在老了，他不能看电视、看书，我又要陪他打牌，还要送助听器。我是万能的？

访　一：您真是万能的。

赵一荻：那怎么办，以前就我们俩啊，这现在好多了。

访　一：那天我和我姐姐说，张先生如此身心康健，是因为他把事情都交给您了。

赵一荻：也不是，从前他的东西不许你动，他的书桌我要给他整理，他不让。

访　一：一个人有一个人的脾气，不过琐碎的事很累人。

赵一荻：钥匙在外头书桌中间抽屉的一个盘子里。

访 一：您好像要给我们起名字呢。

张学良：我最喜欢给人起名字。

访 一/访 二：那您就给我们起名字呀。

张学良：起名字我有六个理由。头一个是不俗、不重［复］，比如张学良，很多人叫张学良，因为张良嘛；第二个是容易排行，两个字容易排行，比如你们叫张之甲、张之乙、张之丙……第三个是有意义，人家一看就知道是你，就知道是你的一家子，比如我给我的孩子起名都是闾，"闾"字儿从哪儿来的，就是医巫闾山。我有三个儿子都死了，原来的太太生的。这个医巫闾山有三岳：珣、瑜、琪，所以是张闾珣，张闾瑜，张闾琪。我第三个弟弟的儿子都用工字旁……

访 一：您费点心给我们起个号吧。

访 一：这个照片很珍贵啊，您这些东西如果家人不要，可是要放到哥伦比亚大学。

张学良：我那个照片可是很多了。

赵一荻：那他的放到那里去，我的就不用了。

访 一：那当然要了。您看刚才那两个人的相片。一个是孔祥熙，一个是顾维钧。黄郛的……韦慕庭先生跟我说，你一定要和黄郛太太研究出来他们当时结婚的……因为他是希望这个历史不只是政治军事的历史，而且要是人的历史。所以你们的照片太宝贵了。

张学良：那您看我爸爸那张照片……

访 一：张先生自己找的那张照片。

张学良：我有八个弟兄一块堆儿照的相片。大陆出版的书上的照片，我们都不知道。

赵一荻：那我过去的相片多了，都扔掉了那时候好的东西都扔了。我们三次都没有了。头一次正好是"九一八"，家里的东西通通都没有了。二一次是从北京去意大利。从意大利回来我们就没有到北京去，那东西就都没有了。完了我们从西安出来，一部［分］东西到香港，后来日本人又占领香港，又都完了。好的都扔了都没有了。

第四十七次访谈
父亲张作霖　孩时往事

访谈者：张之丙（简称"访一"）
　　　　张之宇（简称"访二"）
被访者：张学良
同座者：赵一荻
访问日期：1993 年 1 月 15 日

（访者与张学良、赵一荻谈哥伦比亚大学图书馆珍藏室等约 20 分钟）

1. 父亲、母亲和爷爷

张学良： 我母亲生我们姐弟三个人，我姐姐，我，还有我弟弟。我爸爸有一天跟我讲，他说你知道你妈妈死时留下几个钱。我说我知道。他说那个钱不是你姐姐的，在你姐姐手里，那是你们三个人的。我笑了，我爸爸说我告诉你那钱是你们三个人的。我说那点儿钱算不了什么。我爸爸说你小子好大口气。我说就你那几个钱我也没看在眼里头。

访　一： 大帅生气了吧？

张学良： 他没生气。他说你小子怎么这么大口气。我说我能挣，比你挣得多。

访　一： 所以他大概喜欢您也就喜欢这点，您那会儿多大？

张学良： 二十岁。我爸爸和我姐姐发脾气了，我姐姐特捣乱。我爸把我找去，说，"好了，我把家产分给你一部分，你们走吧。"我说，爸爸你干什么生气呀？我是你儿子，我跟你说，她呀，几天就走了，她不是咱们家的人，你理她干什么？我爸爸就高兴了。那时他发火没人敢跟他说，只有我还可以跟他说。最好玩的是，每天吃完晚饭后，他喜欢喝两杯白干酒。那个时候最好办事了。你陪他喝两杯酒，吃点肘子肉。他就高兴了。要钱也好办，谈事也好谈。我和我爸讲条件，我说，爸爸，有两件事你老人家不能管我，一个是我赌钱，我好赌；一个是我找女人。我说我决不扣部下一个钱。我没钱管你要。我爸爸说你小子去玩女人可以，可别让女人把你玩了。我五母亲说，得了，你这儿子够瞧了，你还教呢。

访 一： 那您赌钱是赢还是输啊。

张学良： 我赌钱不一定是赢。我当旅长的时候，有一次我把我旅一个月的薪水都输光了。

访 一： 那你一个月怎么办。

赵一荻： 他爸爸有钱，要不去官银号借钱。

张学良： 我那笑话可多了。

张学良： 我有一个部下，是团长。我被他气死了，要枪毙他，我爸爸还保护他。这小子是个坏蛋，他原来是我父亲手下的一个号兵，后来当团长。和直隶打仗打得很厉害。他一个人跑了。他看见我父亲，说我没有了。我父亲像疯了一样。那时候他手底下有个参谋会占卦，他跪地上给那个参谋磕头，把那个参谋吓死了。他让他占卦，看我还有没有。我回来听说后，难过得很。别人告诉我，你赶快去看看你爸爸，他［跟］发神经一样。后来我说，"爸爸，你怎么这样，你这样让我在外面怎么打仗，你别管我，死就死了，有什么关系？"所以我就说这父子之情［非同一般］。我爸爸快死的时候的头一句话，告诉他们，不要让我（即张学良）知道。当时我在前线呢。父子呀……他头一句，告诉我那五母亲，五母亲去接的他，他说他要走了，不要告诉我知道。

访 一： 您说他对您这么好是不是重男轻女？

张学良： 不是，不但是公事儿，还是私事都让我去办。我们家我爸爸真是特别喜欢我，财产都在我手里。公共的叫三畬堂，那就是公共的财产，差不多百分之八九十都是张学良。所以我家财产都在我手里，我弟弟他们都没有。

访 一： 他们嫉妒不嫉妒？

张学良： 嫉妒也没用，都是我的名字。比方说开的铺子钱啦都是我的名字。三畬堂有一部分是公共财产，大家的。

访 一：您知不知道，周恩来后来把你们家的财产都交给于学忠来处理，把它卖了然后分给你的弟弟，只有张学思没有要。别人都要了。

张学良：几十年都没有自由。那我不知道。

赵一荻：那卖没卖也不好说。

访 一：那农庄都是做什么啊。

张学良：在内蒙呢，我那个农庄有一个哥哥，不是我的亲哥哥，我的一个堂哥，管着。你就说我的农庄有多大，差不多有几百顷多，他就领着几百条枪出来打游击，后来他被日本人枪毙了。

访 一：除了农庄，还有牧畜。

张学良：嗯，我对财产的事情不管。

访 一：那您是董事会，开会您也要看看啊，不然人家都骗您啊。

张学良：我们家有一个半公半私的玩意儿，叫事务处，就是管我家的事儿。我从前的规矩是这样的，老一辈，小一辈都是每个月给发月钱，由事务处办。

访 一：您记不记得您小时候辈分比老帅还大的是谁？

张学良：那没有了。我的爷爷是被人打死的。我祖母在，我有两个祖母，原来那个祖母早死了，另一个祖母是填房。原来的祖母只是生了一个姑娘，是我大姑了。我这个祖母生了三个儿子，我父亲是老三。我的爷爷很凶。有时候我爸爸一说这个，他就掉眼泪，我父亲是弟兄三个，他是老三，他和他大哥关系最好。我的大大爷长得很漂亮。他骂那个男的"王八当不了，他乱告状"。

访 一：什么意思？

张学良：就是那个人的太太和我大爷有关系，那个人就上我爷爷那儿告状去了，说你儿子和我太太好。我爸说他当王八当不了他去告状。我家人都很凶，我爷听见就气了。我们家吃饭在炕上，我大爷在炕上倒背脸吃饭，我爷爷回来也没吱声，拿大棒子就照腰上给他一棒子，打死了。把他吃的饭都吐，就死了。我父亲和我大爷好，骂那人说他王八当不了他告状。我二大爷和我父亲不大好。不过，我这个二大爷也是很凶，他在地方是民团负责人，剿匪时被打死的。很多人都说我父亲是当土匪起来的，我父亲起来的原因是这样的。东北人，尤其我们家乡人，好管闲事，好打抱不平。过年时在赌场上有一个秧子。就是家里有钱的孩子，我们那儿叫秧子。他在那儿赌钱，别人赌赢了，就逼他要钱。这秧子说我没有啦，赢钱的人把那孩子都逼哭了。我祖父就打抱不平说，"算了吧，他已经输那么些，你还逼他。"那个家伙说，"关你什么事？"这句话把我爷说火了，那个家伙弄鬼〔被〕我爷爷看见了。他说，"你别让我说话好不好？"我爷爷一句话那个人就不敢吱声了，就不逼那个人要钱了。赌场散了我爷爷走到半路上，那个家伙跟他说，"你怎么管闲事？"我爷爷那时五十多岁，那个人年轻的打我爷爷。我爷爷受伤，因为这个伤死了。这个人姓王，是地方上有点钱的一个小土豪，小地主。那么，我父亲和我这二大爷，那时我大大爷已经死掉了，就要去报仇。他们就预备把这个姓王的打死。我这个二大爷要是现在当运动员就不得了了，他跑得非常快。他们哥儿俩到姓王的家里，预备把这个姓王的打死。这个姓王的住上房，厢房只有一个老太婆〔住〕。

赵一荻：你讲过这一段了。

2. 我父亲其实不是土匪

张学良：我父亲打死姓王的就逃走。没办法就当兵去了。要不是这个事他还不会起来。

访　一：那你说老帅会打枪，他什么时候学会的。

赵一荻：在东北，不会打枪就完了。谁能打得快谁能打得准谁就打得狠，否则就叫人家给打死了。大元帅和海沙子不就是决斗对打吗？有一个土匪隔着一个人都能打得上。

张学良：那个人知道弹道的弧度，使的是左轮枪。他就隔着爬犁上的一个人把那个人给打死。那就像美国西部片一样。我父亲给我们表演步枪，他一只手端着枪，枪口处挂着一把椅子一动也不动，很稳。所以他打得很准。

访　一：可是老帅好像不是很高。

张学良：很矮，可是他肩膀宽，他的袍子我能穿。但是他这边的肩膀有些低，背枪背的。他的枪都装着子弹，就这么背着。到时候拿过来啪的给你一枪一下子。他们这个枪打得特别快。

访　一：真是出生入死。从相片看很瘦。

张学良：嗯，我有我父亲年轻的时候在杂志上的相片。

访　一：那老帅枪法准，有没有教给你啊。

张学良：那不是教，他们都枪法准。要不的他们都不能活呀。就说这个海沙子。人说我父亲当土匪，其实不是土匪，那时候叫"保险"。什么叫"保险"呢，就是这个村庄我负责，带十几个人。后来张作相、张景惠都起来了，都是他的人①。我父亲有统驭的能力。那帮人里他岁数最小。

赵一荻：叫老疙瘩。

张学良：可是大家受他指挥。我父亲是这么起来的，就是这个海沙子走在这个村庄，这个村庄就是我生的地方。他向这个村庄要钱，你要是不给钱我就打，他带着一部分人。我父亲说你不要打，一打就把村庄打了，咱俩对打好不好，就是决斗。你开枪打我，我开枪打你。你把我打死，当然这个村庄归你，我把你打死就完了。我父亲身上有伤，他给我们看。那个人把我父亲打伤，我父亲把那个人打死。我父亲从这儿势力就大起来了，海沙子带着的十几个人就跟着我父亲了。那十几个人里头就有汤玉麟，后来就变成我父亲的部下了。他原来有十几条枪，这下子就有二十多条枪了。

3. 骑马

访　一：那个时候东北人的骑术好吗？

赵一荻：那他从小就骑啊，不用马鞍都骑。

张学良：我骑得不那么好。我跟你们讲，那个时候东北的小孩子骑马。马身上没有鞍子。左边拉一个右边拉一个。粘到马身上一个样。

访　一：老帅有专用的马吗？

张学良：他们有另外一种骑法，叫走马。这个技术最好的是吴俊陞，他的腿上有力量，能让那个马走。腿上要有驾驭能力，这个先生他会骑马。

赵一荻：我骑外国马，我骑得并不好。走马都中国马。我骑的是高丽马，也不是洋马。

访　一：那时候女孩子都要骑马。

---

① 1902年奉天新民府（今辽宁省新民县）知府增韫收编了张作霖在八角台（今属台安县）的治安队。1903年7月，张作霖成为新民府巡防马步游击队（计485人）管带（营长），张景惠为帮办（副营长），中哨哨官由张作霖兼任，前哨哨官为张作相，左哨哨官为汤玉麟，右哨哨官为王立有，后哨哨官为赵五。哨官相当于连长。队伍亦移驻新民府，负责地方治安。这就是奉军班底，张作霖由此起家。

赵一荻：那是摩登啊，小姐都要会。骑马呀，游泳啊，跳舞呀。

张学良：那个时候在马上打枪都不容易。在马上放步枪。我就不行。缰绳挎在胳臂上。控制马的能力主要是在两条腿上。那个马可是欺负人呐。马聪明得很。她（赵一荻）到东北，我想露一手，我赶马车差点把小命给送了。

访　一：您把马车赶哪里去了。

赵一荻：他是炮兵嘛，他会赶马车。

张学良：我是炮兵，我会赶炮车不会赶马车。我带着她出去玩，差点把车赶翻了。

访　一：炮车不也是马拉嘛。

张学良：这可不是开玩笑的，炮车是六个马。赶不好掉下来就被轧死了。

访　一：您说哪个马最重要啊。

张学良：最后面的，辕马。我有个同学我叫他嬉皮笑脸，他总爱说玩笑，有一次他差点把我的小命送了。

访　一：怎么回事？

张学良：我们那次把炮送到作战的地方之后，要把前车六匹马赶走了。他一边开玩笑一边赶车。他把马弄惊了，那旁边有个粪池，马朝着那粪池子边走过去了。下雨天马最容易受惊。这六个马三个人管着呢。

访　一：那会儿大炮都是用马拉着？

张学良：嗯，都是，没有别的。重炮要用八匹马拉。那我们自己的马，下来都摸摸它。马都认识人啊，不认识的它咬他。你不能在马的左边去。你不懂得的话它咬你。

访　一：左右有什么不一样？

张学良：它不认识的不让你去左边。

访　一：大元帅最喜欢的坐骑是什么马？

张学良：有好多的马，都是中国马，他很喜欢。

访　一：您看过老帅骑马？

赵一荻：那个时候就要骑马，都是骑马去。

张学良：我骑得不好，但是一个晚上在树林中能骑一百多里。晚间在山路上走一百多里。

访　一：您这叫单骑。您说马夜里能看见。

张学良：马晚上能看见路。马会走夜路的。兽类大概晚上都能看得见。

访　一：您后来在东北建立空军，骑兵就没有用了，是什么时候被淘汰的？

张学良：骑兵到最后也不能算被淘汰，有的地方还是要有骑兵。

访　一：您在讲武学堂，骑术是基本的课程吗？

张学良：什么兵都要学。单一有一课叫马术。

访　一：您在讲武堂除了骑马，还学什么？

张学良：讲堂上是战术，筑城……四大教程我一下子说不出来，都忘掉了……马术是在课堂外讲。你看看我把功课都忘了。

4. 孩时往事

访　一：您记得老帅对您的夸奖最多的印象最深的是什么事情？

张学良：他没有夸奖过我，我给他办事他高兴就好了。

访　一：您的兄弟姐妹很多，老帅［最喜欢谁］？

赵一荻：他（指张作霖）喜欢他（指张学良）三弟。

张学良：喜欢三弟、三妹①。

访　一：比如说你喜欢你的小孙子，半夜你去给他讲故事。那老帅有没有［给他们讲过故事］？

张学良：他没有那个工夫，他没有那个时间。

访　一：那个时候老帅很忙。那时候您一天能见到老帅吗？

张学良：他很忙。后来我做事了，我早上要到他那儿去一下，问有没有什么事呀。要办什么事儿呀。

访　一：那老帅什么时候和孩子在一起。

张学良：那时候没有这个。后来我常常和他说话，尤其打仗打胜了。我父亲那时候的兵权、军事的事儿都是在张作相手里。第一次奉直战争之后，他们大家，我父亲的部下上书，说可以把军队的事情交给我。我这也是后来在他抽屉里看到［这一上书］的。

访　一：您战争胜利了，这是一件很要紧的事情，老帅有没有夸奖你？

张学良：他也没有，那时候我的大将是郭松龄。

访　一：如果他喜欢你，他有什么表示？

赵一荻：当年的老太爷威风得很，不像现在。

---

① 张学良三弟张学曾，三妹张怀瞳，均为张作霖四太太许夫人所生。

访 一：您记得第一次挨老帅责备是什么时候吗？

张学良：那他发脾气随便责骂人。

访 一：那除了骂人，没有体罚吗？

张学良：有一回他要用鞭子打我。

赵一荻：就是那次请辞嘛。

张学良：这个老师呀！教我中文的这个老师呀，是我爸爸的启蒙老师，我做文章骂他。我爸爸要用鞭子打我给老师看。后来我大了，就是郭松龄倒戈，他气死了。我这个人很凶呀！忤逆一个样。我小时候跟他一块堆儿吃饭，他说我不喜欢你。我上去就把他的衣服给扯了。

访 一：您小时候念书的时候，老师打不打［您］？

张学良：打，我背书背不出来了，我要看书，可是老师不让我看。我说我的书你为什么不让我看，你还是我们花钱雇的。后来他向我妈妈那里告状。

访 一：您是怕老师还是怕您母亲。

张学良：我谁也不怕，你忘了我说过我给我妈妈一刀。

访 一：为什么？

张学良：因为她骂我什么的，我就拿厨房一个菜刀。她把我可揍苦了。我脾气不好，我那个表哥我用大棒子揍他。

第四十八次访谈
北洋时代　吉林剿匪　直奉战争
爸爸孝顺

访谈者：张之丙（简称"访一"）
　　　　张之宇（简称"访二"）
被访者：张学良
同座者：赵一荻
访问日期：1993年1月17日

1. 卖画

张学良：张大千很有眼力，我卖画就是由他起来的，我根本不知道画值那么些钱。我有一张画是吴义的画，我给他看。他说，"你这画卖吗？"我说，"卖，值多少钱？"他说五万块钱，吓我一跳。那张画能值那么些钱，我还真不知道。我说我送他，他不要。后来那张画到美国，王季迁卖了八万……

访　一：您说的是美金吗？

张学良：是。

访　一：那这张画就卖了，您那个画上题字了吗？

张学良：当然卖了，好像没有题字，在角上有个小图章。

访　一：您和王季迁很熟吗？

张学良：相当熟悉了。

访　一：他在那儿也成权威了，大家买卖画都找他。他好像一个代理人这样，因为有些人不懂这个行市。

张学良：他从那儿拿回来的东西，我一看真是好东西，我从来没有看见过啊。

访　一：他好像给很多博物馆买东西，博物馆是肯出钱。

访 一：您在他那里看到很多没有看见过的画，您记得是什么画吗？

张学良：那我不记得了，人家自己又懂又会画。他又买卖。

张学良：现在有两个手卷。有一个手卷出名了，大家都知道。现在张大千的儿子拿去展览了。到现在都没有还我呢。一个菜单。一个是张群题的字，一个［是］台静农①题的字。他们俩儿题的字。都题满了。后来都没地方了。台静农题的很长。现在外边大家都知道了。那是一个开玩笑的菜单。他吃饭在墙上写了一个菜单。我说这个玩意儿我拿走。他说，好了我给你画上。就画了几个水萝卜。后来大家一题字。这下子了不得了。

访 一：您跟台静农熟悉吗？

张学良：我没有见过，只是听说、知道这个人。

赵一荻：这个送给韦慕庭，你要签字吧。

访 一：您写在这里，好吧。

张学良：我想用毛笔写。

访 一：您有兴趣吗？

张学良：嗯，我写。

赵一荻：这是我的笔名啊，写在这里啊。

访 一：好，谢谢您。我们这有多大的福气看到你们给我们写字。

访 一：咱们要退给律师的东西还有吗？

赵一荻：那没有用了。

访 一：我们给您的信就不用留了吧。

赵一荻：我整天头昏脑涨的，又过年，也没有工夫。

访 一：是啊，要过年了。

访 二：您要看我们的时间安排吗？

赵一荻：我的事情实在是太多。

2. 当徐世昌的卫士武官

访 一：老帅经常派您到各地做他的私人［代表］，比如给他传信啊。那时

---

① 台静农，安徽霍丘人，中国现代著名作家。曾就读于北京大学中文系，1925年参加鲁迅所创之未名社，作品为鲁迅所赏识。抗战爆发前于辅仁大学、山东大学、厦门大学等校任教，抗战时前往四川，任职白沙国立编译馆。1946年后任台湾大学中文系教授兼系主任，1972年退休。1990年逝世。

　　　　　您很年轻，很帅，一表人才出去，您记得第一次他派您到谁那儿？
张学良：第一次去谁那儿我说不出来。
访　一：第一次您记不得了，您记得都去过什么地方？
张学良：那时北京国务总理是靳云鹏，靳云鹏很看得起我。我那时十七八岁。他说："我看你这小子很有出息，挥金如土，杀人如麻。"后来我十九二十岁就在北京当了徐世昌的卫士武官。
访　一：那您是在徐世昌手下了？
张学良：也不能说在他手下，那时候阔少爷都兼他的卫士武官。
访　一：哦，在他做总统的时候。有您还有谁呀？
张学良：阔少爷好多人。
访　一：卢小嘉也在吗？
张学良：没有他，卢永祥那时还没起来呢，我那时候是很年轻的活动分子。
访　一：是呀！我就是想知道您那时的活动都是哪些事，比如给他（即徐世昌）做这个［卫士］，这也是老帅的意思吗？老帅同意了？
张学良：我父亲不反对就是了。
访　一：在北京你给他做了多久？
张学良：那我记不得了，我来回跑……
访　一：您做武官的职务是什么？
张学良：没有什么，卫士武官就是挂个名义。我只有一回两回在他见客时，我和大伙儿站岗。
访　一：那您穿着一定很讲究？
张学良：很讲究的，穿礼服。黑裤子红道，上身好像是军衣，帽子上面有个牌儿，很好看，很漂亮。
访　一：有相片吗？
张学良：没有。那时都拿这军衣来"晃"那些小姐。
访　一：那时候您喜欢军人吗？
张学良：她还是小孩呢。我那时候到上海去，他们说上海车站都放光了。
访　一：您那时一表人才，所以您出门大概很让大家注目。
张学良：我们穿军衣自己觉得漂亮。你不知道，我这个人很端架子的。太太们追我，我不理啊。
赵一荻：你尝尝这块，也许这个好吃。
张学良：嗯，这个好吃。

访　一：您也真会挑。

赵一荻：我年轻的时候不吃饭，天天就吃这个。

张学良：她一天一磅巧克力。她一天吃一个蹄膀。

访　一：您也不胖。

赵一荻：不胖。

张学良：她年轻时候的衣服给人家，人家都不要，太瘦了，穿不了。

3. 北京最大的场面是三巡阅使会聚

访　一：我们的一个顾问老先生有个问题，有一次您去参加曹锟的生日，您是代表老帅，卢小嘉代表卢将军。像这种场合您的感触怎样？

张学良：卢小嘉没代表他父亲去，我是代表我父亲去。那时曹锟跟卢永祥来往很少。我们和曹锟，也不是我代表我父亲，我们是亲戚。我的妹妹给曹锟的儿子做媳妇，后来也没嫁，是以这个资格去的。

访　一：以现在的名词，那时您已经是老帅的外交代表了。

张学良：不能说是外交代表，家庭代表。

访　一：那种场合是很冠冕堂皇的了，曹锟这个人物不小了，所以他的生日场面很大了吧？

张学良：场面不太大。我还记得，我和我姐夫①去的，我大姐夫是鲍贵卿家的。我到现在还记得呢，那时他们送我们东西，表、衣料。一个人四块怀表金表，四匹衣料。

访　一：为什么每个人四份呢？

赵一荻：礼重啊。

张学良：那个时候过年送礼，人家用火车拉青菜送给我爸爸，那时候的人很奇怪。

访　一：您还略约记得带了什么礼物吗？

张学良：反正送礼就用火车拉过去，也没有什么值钱的，就是水果、青菜什么的。

访　一：那这些个来来往往，您曾经代表老帅或者因为亲戚的关系，送礼都是谁管吗？

---

① 指鲍育才。张学良的大姐张冠英嫁给吉林督军鲍贵卿次子鲍育才为妻。

张学良：我只是出去办事情。

访　一：您记得您那时候穿的是什么吗？

张学良：随便穿，也不是大场面。

访　一：老帅在时，您参加的最大的场面还记得吗？

张学良：最大的场面厉害了，那时候曹锟是直鲁豫巡阅使，我父亲是东三省巡阅使，王占元是两湖巡阅使。北京最大的场面是三巡阅使会聚，在北京那家花园唱戏，场面很大。

访　一：会议与唱戏有什么关系？

张学良：商务会请他们吃饭。我们都是小角，躲在后面看戏。那戏是在北京看不见的戏。北京最有名的戏子，梅兰芳、杨小楼。那个时候我很喜欢听戏。

访　一：会议的时候唱戏，是一天会一天戏吗？

张学良：他们会议是会议，唱戏是唱戏。

访　一：您不大记得唱什么了吧。

张学良：那杨小楼那时候唱《金钱豹》，你们可能都没有赶上。那个武术可是太好了。

访　一：那个时候三巡阅使会聚是很庞大的事情了，谈得也很严肃。那晚上就有娱乐了，除了唱戏、吃饭，还有别的吗？

张学良：请吃饭不只请他们三个人，还有许多我们这样，带着的人。像鸿门宴一样，这些带着的人都刀出鞘，弓上弦。

访　一：哦！为什么呢？

张学良：警戒。

访　一：带什么样的武器？

张学良：驳壳枪都拿出来，这么拿着。

访　一：警备谁呢？三个人互相之间吗？

张学良：那不知道，万一谁扔个炸弹呢？那时南北不和，正跟国民党打仗呢。

访　一：我记得张太太说女士们都穿洋服，那看戏穿什么？

赵一荻：穿旗袍。

访　一：那时候三巡阅使会议还跳舞吗？

赵一荻：那跳什么舞。那时候外交官都穿礼服，都绣的金呀。不像现在穿西装。

访　一：外国使节拜访大元帅，他们都穿什么服装呢？

张学良：那要看怎么来的，正式来的，都正式地接待。

访　一：也有仪仗队吗？

赵一荻：那从前都到外交部，正式见元首了。

张学良：我们卫士官都抱着刀站岗。

访　一：您跟我们说说怎么威风法儿。

张学良：那怀仁堂外面有个很大的玻璃大敞篷。

访　一：那时候您心里怎么想？

张学良：好玩，那时候不是我父亲，我说的是徐世昌。我父亲没有当过总统，他当大元帅。

4. 吉林剿匪和第一次直奉战争

访　一：在直奉战争之前，大元帅第一次派您带兵出去，您记得吗？

张学良：到吉林剿匪。吉林请求奉天军队帮忙。

访　一：那是第一次，您带了多少人去？

张学良：一个旅，带两团人，在吉林剿匪我剿得很苦。两帮土匪搁一块堆儿有一千多人。在间岛，延吉，土匪把日本领事给杀了。因为这是外交问题，吉林要剿这个土匪。奉天派我去了。

访　一：那是您第一次独自领兵出征，心里怎么想？

张学良：很高兴，出去打仗了嘛。一听说打架去就像小孩子穿新鞋过新年一样。

访　一：那时候心里也想着要马到成功。

张学良：也不能那么说，那次剿匪也没有成功。

访　一：老帅有没有跟您先说说应该怎样作战完全听您了。

张学良：换句话说，剿匪对于我们都是小事。奉直战争才是真正的战争。所以简单地说，这个你也不懂，军队最不怕剿匪，匪没有对抗的能力，他不敢跟你对抗，只有逃。所以，把军队弄坏了。以为打仗就是乱跑。

访　一：那时您的装备怎么样？

张学良：那时我的军队装备很好的。

访　一：您这次出征多久？

张学良：我在吉林住了半年多，大概一年。我那个姨太太那时就是在吉林娶的……我那剿匪司令［部］就在班子（指妓院）里头，一住就住好几个礼拜。

访 一：一边剿匪一边交女朋友。

访 一：那个时候有什么情报吗？

张学良：那没有什么。

访 一：您认为最得意的一次战争是哪次？

张学良：第一次奉直战争，最得意，我就起来了。因为都打败了，就我一个人打胜了。

访 一：您有没有分析打胜的原因是什么？

张学良：那时大家都认为吴佩孚的军队了不得。我就和吴佩孚对峙，叫我把他打得稀里哗啦。吴佩孚的军队并不好。吴佩孚是个读书人，他住在湖南的时候，报纸就给他宣传。其实吴佩孚这个人并不行。我并不佩服他，后来吴佩孚［的军队］整个儿让我给歼灭了。他并不是一个真正的军人，指挥军队的人。那时正式训练的军队很少，东北军，我带的军队是正式训练的。我们的炮兵很厉害。我对我的军队就像自己的子弟一样。那时候我跟他们（指士兵）一起训练。我的头是个秃子。黑晚上都跟他们在一块堆儿。我不想让他们知道是我。有一个发现我了，告诉大家那个光着头的就是他。

张学良：我们的炮兵在山后面摆着，指挥的人在那儿，用电话指挥，这是新式的办法。所以那时东北军炮兵出名。他们不知道炮弹是搁哪儿打出来的。炮兵在阵地藏着，对方看不见。

访 一：回来以后，您有没有和郭松龄坐下来分析为什么打赢了？

张学良：用不着分析，我们的军队训练得好。

访 一：您打败时心情怎样？

张学良：那没有办法，叫人家战胜了。我也打过败仗，没有办法。打胜仗好打，打败仗不好打，因为败的军队跑了，你得把这个军队［收拢回来］。

访 一：败仗反而不好打？往回跑就行了。

张学良：败了，军队散了，兵都跑了，你怎么办。

访 一：您带的这些军人他们大家把您当成圣人一样，［是因为］您待他们好［啊］。

张学良：我推心置腹，我不是财迷等。我是大少爷啦，我和他们一块儿，他们说："你都肯卖命，我们算得了什么？"那时也不像现在，现在不同了。那个时候人很讲感情，"你舍得起［命］，我们舍不起？"就是这样子。兵都拍胸脯，"你交给我吧，你放心，要是我死了没办法。"

访　一：问您一个傻子问的问题，您作战时害怕不害怕？

张学良：那害什么怕？不害怕，你要害怕怎么打仗？

访　一：有一次直奉战争，您的部队七万，吴佩孚的部队二十一万，七万对二十一万，您听到这［个情况有啥感想］？

张学良：我们临走时在父亲面前，面面相觑呀。我跟我太太说："我要走了，你不要说什么话，不要撩拨我的决心。"说完就出发。我们四个人就分开带部队走了，不知道谁就不回来，四个人坐在那儿面面相觑呀。俗话说，哀兵必胜呀！我父亲这个人有决心，他说："我不管，我认可这么被打败，也不让他们先打我。"那就不问胜败，决心要打。

访　一：接到打仗的命令后，你们四个人有没有坐下来商量一下作战计划。

张学良：哪儿有啊。我父亲是那样，我下决心了，怎么打是你们的事儿。

访　一：您还记得您这一支部队打胜了，您所攻占的是山海关，山海关的形势能跟我们说说吗？

张学良：我们是攻啦，人家是守啦。我们攻的地方叫二道关，我们差不多一个团伤亡剩几十个人。你知道打得多激烈了。后来我们从九门口迂回过去，进到秦皇岛去了。

访　一：损失那么多人您伤心不伤心？

赵一荻：所以他不喜欢打内战，中国人打中国人。

张学良：不但死很多人，打内战我就伤心，因为打死的都是好家伙，你说可惜不可惜。请功受赏的都是［这些人］。

访　一：这些人的家属［如何安置］？

张学良：给点钱就算了。

访　一：有没有您最亲近的［人也牺牲了］。

张学良：从前打死的人政府都抚恤，立时就给钱呐。到本县去领。到当地政府去领抚恤金，可是东北失掉了，我们东北军怎么办，去哪里领啊。所以说政府也是失策。①

---

① 指"九一八"事变后东北军在湖北、陕西围剿红军的作战无处给牺牲者领抚恤金。张学良在西北向蒋介石申请十万元抚恤金，蒋介石分文不给。

访 一：东北军对于老帅少帅赤心报国是不是因为你们对阵亡家属［照顾的好］。

张学良：不是那样讲，那时军队不像现在，那个军队等于是你的私人军队。"我冲着你。"你明白？他冲着你。你就得负责任，你就得冲着他。他对你如此，你得回答他呀。人家死了，我得给人抚恤金，不能说丢弃了不管啊。

访 一：我这有个顾问说："像张将军这样的一个阶级很高的军事将领，他是风云人物的大将军，可是怎么让后代读者看到他就觉得他是一个有血有肉有情感的人？"您能说一两件事吗？

张学良：不能那么说。自己的部下死了感到很难过。我就说一个简单的事。我有一个参谋，他弟兄三个。他两个哥哥都在战场被打死了。他当参谋，我就不让他带兵，他就非要带兵，他说"我当军人不带兵难过死了"。我的意思是两个哥哥都死了，你就给我当参谋吧。后来出了个营长缺，正打仗呢！这个营也倒霉。这个营的前两个营长都被打死了。他要求，我就给他下条子让当那营长。他把营长肩牌带上，我和他开个玩笑说，"美什么？"他去了三个钟头，他们就回电话，这个人姓江，他们说江营长阵亡了。我心里多难过！我不让他去，他非要去。从海外回来以后我不想带兵，内战死了这么多人多没意思，过几天又好了，多没意思！［直奉战争时］我到前线，曹锟的弟弟曹锐，是老四。在前线，我还要去看他，给四大爷请安，可这边还打着仗呢。四川也这样，外头打着仗，两方面的太太在家里还打着麻将呢。丈夫们还在外面对打呢，中国这内战有什么意思？

访 一：吴佩孚给您写的那个"黄口……"

张学良：那东西我留着，在奉天，找不到了。我看见这个［觉得］很［可］笑。吴佩孚后来在北京，我就养着他了。政府的命令让我照顾他。这个人我觉得他有点儿神经。外头的人都很佩服他。张治公被我们包围了，向他求援。他给张治公回了封信，用很讲究［的信笺］写"张学良黄口孺子什么东西，本大帅明天来谈。"我觉得很好笑，人家求援你正经告诉人家，是派援军还是怎样。可他开玩笑，而且写的词儿像唱大鼓的，大鼓词儿。所以我把他留下当宝贝，这不是正经军人。

访 一：他写的那个东西怎么会到了您手里？

张学良：张治公被我们打败了，整个司令部都逮住了。我没跑，他倒跑了。坐轮船走了。

访　一：什么时候开始人家称呼您黄口将军啊。

张学良：我当团长的时候才19岁，他们管我叫黄嘴丫子团长。他又叫我黄口孺子。

访　一：从那儿开始起就有了这个称号。听起来是贬义的，但也是对您的恭维了，您那么年轻就掌管大军了。

张学良：那也不能这么说，我觉得我就是个怪人。

访　一：在作战的时候，这个时候女朋友上哪去找，家属怎么照顾她们。

张学良：照顾不了，奉天的军队死了就给抚恤金了。我们营长［被打死了］，那是一个少校，我们给了他［太太］一万块钱，他太太没见到那么多钱，她说，"死就死吧。"我当时气坏了，我都想把这个女人枪毙了。

访　一：这个顾问还说，听说那个时候军队吃的、穿得都很简陋。

张学良：奉天没有。别的军队也不是那杂牌的军队有的连军饷都没有。

访　一：连军饷没有的话，军人怎么活。

张学良：现在恐怕就不能成功，那时招来的兵都山东来的，都是苦人，在军队有饭吃啊。

访　一：那时候军队吃什么呢？

张学良：我们东北军有馒头吃，普通的杂牌军就走哪儿吃哪儿。那时候军队骚扰老百姓，他说你不让他骚扰老百姓，他活着干什么。

访　一：那他们还卖命打仗吗？

张学良：我跟你们说个，她（指赵一荻）听着又要骂我了。有一个排长带着一班人十几个人追土匪。那个地方知道有土匪来，那些年轻的女孩子就躲到一个地方。她们也倒霉，土匪就正好从那个地方来了。好。把她们都强奸了，还把她们的裤子都给烧了。后来兵来了土匪就跑了，女孩子们可怜得很啊。

赵一荻：所以这内战不能再打，都不是人了。

张学良：有一次我们到吉林去剿匪。土匪在山顶上，我们在山底下。土匪后来就跑了。我看见了就难过呀。那个女孩子在炕里头叫人拿枪打了。没穿裤子。那老百姓真是可怜。为什么打死她？大概她抵抗他们，骂他们了。

访　一：前一段时间不是公布了日本在南京的照片，看了很难受。

赵一荻：吃饱饭别讲这些，恶心。我喜欢讲好的事情，他喜欢讲丑恶的事情。什么事儿越丑恶就越要讲。

访 一：除了带兵和外交之外，老帅有没有派您作政治、经济上的交涉、联络？

张学良：那时东北新的玩意儿，军火、兵工厂的事情是杨宇霆。买飞机、坦克都是我。那时各国有个条约，不卖给中国军火。但是我们奉天能买来军火，从意大利方面买的。那时一种飞机很有名，那个人到奉天表演，我们就把飞机买下来了。他把飞机就扔在奉天。就是用这种方子，我们多花几个钱呗，所以买了好多军火。比方如，外国人也要钱，我们买了他们的机关枪，子弹不够，公使馆就作个演习给我父亲看，就报销了子弹，实际上是把子弹卖给我们。

访 一：噢，他们没有用（子弹），做生意的花招。

张学良：尤其法国人，意大利人。英国人不作这个事。

访 一：您还记得一两件事情，关于意大利法国他们卖军火。

张学良：意大利有次卖军火卖给直隶，没有卖给我们。外国人要钱啊。我们和吴佩孚打仗的时候，吴佩孚后方的法国翻译就是我的秘书。吴佩孚军队怎么回事他都看到了。那个法国人，他也知道，可他占了便宜……我告诉你外国人要钱要的很，英国人可不行。

访 一：那时候你跟美国人有交往吗？

张学良：有，但不是这种关系，那时候美国人势力不大，英国人势力大。

访 一：您记得那个……单膀子①，他的书上记录说第一次碰到你就是在奉天外务署。

张学良：他胡说。

赵一荻：在交涉署吧。

张学良：不是，他是一个人介绍来的，是来卖他迫击炮的，那个家伙尽说假话，净是吹牛。

赵一荻：那时他们外国人来干什么了，就是淘金嘛。

张学良：那个时候英国方面趋向帮助直系。

访 一：是不是在那儿有他的投资啊。

张学良：也不是，他有他的政策。那时候等于是势力范围，日本方面帮助东北了。

访 一：英国在东北的势力好像没有日本和苏联势力大。

张学良：苏联也没有日本大，那就等于势力范围都分开。

---

① 即沙顿，英国人，号称"独臂将军"，张作霖曾聘其为奉天迫击炮厂总监。

5. 我爸爸对我奶奶很孝顺

访 一： 您对在奉天的祖母还有没有印象？

张学良： 没什么，老太太什么也不知道了。我祖母什么事也不管。不过是这样的，我祖母很稀罕我的姑。我不喜欢我这个姑。她六十几岁死了，大家都说老太太有福气。

访 一： 那个时候六十多岁已经算是很有福气了。

访 二： 您的姑姑是老帅的姐姐是吧。

张学良： 因为祖母的关系，老帅喜欢我姑姑。

访 一： 她结婚了吗？

张学良： 她有儿子。我和她儿子打架，我爸爸说，"可不能打他，你奶奶火了。"那时候都害怕我奶奶。我奶奶喜欢他。

访 一： 那个时候老帅每天早上还要到老太太屋里请安吗？

张学良： 那没有，不过我爸爸对我奶奶很孝顺。我奶奶一发火，我就要倒霉。我不喜欢那个表弟，我揍他欺负他。有一次我差点把他淹死了。我们有个大铁缸里养鱼什么的，我年龄大，从这个缸边跳到那个缸边，我让他跳，他一跳，啪叽就跳到缸里。我爸爸说你要把他淹死了，你奶奶会把你打死。

访 一： 他后来［呢］？

张学良： 后来他很不错，他给我们家做事。在我家的一个矿做事。

访 一： 这种老家庭，您这个做长兄的，您的表兄表弟都在你的管辖内。

张学良： 我枪毙了自己的亲堂弟①。我对他毫不客气，都怕我。我那个二大爷的第三个太太跟我闹，我好几天不敢回家。

访 一： 您心里怎么觉得？

张学良： 她吵她的，我干我自己的公事。

访 一： 你还有什么问题？

访 二： 我这要是来不及，我就留给你。

---

① 指张学成。张学成是张作霖的二兄长张作孚（张学良称作二大爷）之子，张学良的大堂弟。1931年"九一八"事变后，张学成投靠日本，被委为东北民众自卫军总司令。张学良十分恼火，派兵缉获张学成后就地正法。

第四十九次访谈
"九一八"事变　与汪精卫冲突　西安事变

访谈者：张之丙（简称"访一"）
　　　　张之宇（简称"访二"）
被访者：张学良
同座者：赵一荻
访问日期：1993 年 6 月 16 日

1. 从来不损人利己

访　一：我们整个访问过程中，其中只有一件事情我一直没提。这些顾问拿来好多题目，从我一开始拜望您时，他们就拿来了，就是关于西安事变。今天我跟您说，您愿意提呢，我们就说，以什么方式您自己作决定。

张学良：这个我当时就回答了。其实外头知道很多了，用不着我再说。换句话，我说的话也都说完了。这话这样说不大对，不是话说完了，有的话我是不能说的。我不说，我这个人你是知道的，我不要伤害旁人。我可以说的话我也都说了，外边都有，我不用再说了。大家都追问几件事情，追问为什么西安事变，那我不说。

访　一：这样，您说外边的确是知道很多了，很多人也写了很多。可是这口述历史里还一丝一毫都没有。咱们作这么一个方式，我就把问题跟您说了，您能答的就答，不说的就说我不说。这样咱们有个记录，因为以前都是别人写的。

张学良：那也好，那你就是问我，不答的就不答，答的就答。

访　一：您能答的就答，您不能答的您就说您不能答。当然他这问题也不一定就和外边人想的一样。第三件事就是，我们这个口述历史虽然说的是历史，而实际上是说张学良少帅这个人。这就是说我们明着是口述历史，因为您存在那里面的东西就是永久性的了。大家都知道有西安事变没有，"九一八"事变是怎么一回事儿，是不是蒋先生，这些事情都已经存在里头，这是历史上过去的事实。但是外国人研究历史，要研究您这个人，因为您每作一个决定都与您的背景有关系。所以在这方面我们可能有一两个问题，就是说您有什么爱好呀，作一两个补充的。这与政治没关系。政治上的决定多半都是因为这个人在文化上的背景，所以我们想也许您愿意提提您养兰花的事，这是我临时想起来的，对音乐的造诣。以前我们常常要您提提明史的事、学《圣经》的事，我觉得都能充分代表您的深度，这是现代名词了。这样才能让人知道为什么您做这样的决定。五十年以后，这些个重要的人物都走了，可您还健在，并且有一个好的生活环境。这些要让人能体会到，对您西安做决定也罢，"九一八"等任何一个政治决定，能有重要的正面的估计。就是这三个不同的方面，您认为怎么样？

张学良：可以，你问我，能说的我就说。

访　一：然后就是时间问题了，希望我们今年能尽快作完。我们回去好尽快地抄。把这个抄录的事情整理出来。

访　一：整个的张学良口述历史，无形中等于您自个儿愿意往里面放什么就是什么。所以您也想想除了我们叙述的历史过程，您对文学、书法等的爱好，您觉得您还想让后人知道什么，或者对他们有培养教育性质的，您都可以提出来放到里面。您要知道这不只是历史上各个事件的叙述，等于您整个的一个形象，即后人对您的整个认识。

赵一荻：你最要紧的这一点你没有表示过，他的一切的一切都出于爱国爱民。

张学良：我简单地说，我这个人，不论是信宗教还是不信宗教。不论男女的事，朋友的事，我不愿意伤害别人，我宁可自己受点伤害。她是我老婆，她知道。为旁人我都不计较。也许我伤害了别人，但我在我良心上我决不伤害别人。

赵一荻：他从来不损人利己。

张学良：为别人事情甚至伤害我自己，我倒满不在乎。我这个人做人的思想就是如此。换句简单的话说，拿普通的实话说，我不占人家便宜。我明知道人家占了我便宜，我损失了一点，我也不计较。

2. "九一八"事变我判断错误

访 一：由这句话，我们有两个方向，一个是您认为您的这种作风和这种想法，您从小就培养了，您能不能给我们追溯一下除了家人外，周遭的人和环境对您的影响有哪些？第二个方向就是刚才夫人提到了没有充分表现的唯一一点就是爱国爱民了，您能不能为了将来的年轻一代，您给我举一两个例子。

张学良：话这样说，我这个人的个性就是如此，我对人家，当然我对国家更喜欢。

赵一荻：抗日嘛，大家都骂他不抗日，他哪有不抗日了。他就背这个黑锅，为了他的国家。他不愿意把我们政府说得怎么坏怎么坏。政府、老百姓都说他不抵抗，他就背这个黑锅。为什么呢？就是为这个国家为这个人民。他不愿意让人把政府说的那么坏。

访 一：您能不能给看到您这个口述历史的人，给后代看历史材料的人说两句话？

张学良：说什么？

访 一：您说出您为什么要背这个黑锅，您说出您的道理。

张学良：我这个人为什么不说？明白的人用不着跟他辩，你跟他争辩干什么。人啊，为自己申辩是最无耻的一件事情，评论是别人发出来的，不是你自己的。我毫不计较这事情。我喜欢研究历史，这历史的翻案不知道翻过多少回，将来的都不知道了。为什么呢？胡适之也说过，历史看法是因人不同的，这个事情很难说。看他的立脚点在哪儿，他的思想在哪儿，出发点是什么，背景是什么，大家都是不一样的。历史没有一个定评，要紧的就是一件事情——正义就是了。

访 一：这个"九一八"事件，大家对您的误会，您有时有没有生气。

张学良：我跟这个阎锡山有一次在一块儿，我对他说："阎先生，人家都骂我不抵抗，你是不是也骂我不抵抗？"他说："是。"我说："你有没有研究我为什么不抵抗？不抵抗的来由是什么？"换句话说，不抵抗的错误是从哪儿来的？《大公报》的王芸生说："换哪个人也是这么做。"这句话说到我心里去了。我跟阎先生说："要紧的事情在这里。"不抵抗的错误我不承认，但是我也犯了错误，我轻视日本，我认为他是挑衅啊。他要是真来了对他自己不利，对中国也不利啊。结果怎么样，后来日本两颗原子弹。如果我真知道他这样，我不是后话了，我能把日本都打没了。我判断日本不能这样做啊。我和日本 NHK 谈话，我说中国有句话，"夫子之道，忠恕而已"，忠是我执行这事我尽力，恕道是我能原谅人。日本人是忠到极点，没有恕道。这个日本 NHK 承认现在日本还是这样的。

我那时跟阎先生说，人家说我是封疆大吏，没把这事看明白看清楚，那我承认。我的举动我一点不承认我错。我没把这事研究透，没想到日本是这么"奸面目"就来了。我认为日本是挑衅，那么，挑衅当然我要躲避，将来好大事化小，小事化了。从事是如此。我要真知道他这么来，我把日本人（车）站上所有的人都给杀了。我先开炮打。后人责问我这个，说我举动错误，我不承认，判断错误，那我承认。我没有研究日本人敢正面这样来。这样来有害于中国也有害于他自己。那结果也是这样。两个原子弹就是这么惹事的，死多少人呀？我是个基督徒。宗教上有这样句话，"申冤在我，我必报复。"不用为过去的事情抱不平，上帝会报。可是我要承认我有一个最大的错误。我是一个封疆大吏。我没有把日本的事情看明白。

那么我的不抵抗是为什么？中心理由在哪儿呢？我认为日本人是来挑衅的。借这个挑衅来扩大，将来他占便宜。我错误的一点是我估计错误，我没有想到他真的来了，他整个儿的来了。那么，我还不承认我的错误，因为他整个的来了不但于我们中国不利，于他们日本也不利。他怎么能这么干呢？那么他将来的后果呀，不堪设想。到今天日本的后果怎么样？两个原子弹还不是这个惹来的吗？这个后果有多大呢？那么我不承认我的错误。所以我承认，我这么一个封疆大吏没有断定日本他敢这么样的举动。这是我的错误，换句话说，简单一句话，好像我是事后吹牛了。我要知道他真这样的话，我说过我这个，你要让我策略什么，研究什么事情，那我不够资格。你要是让我硬干什么我够资格。你要让我把天捅个窟窿，我能给捅两个窟窿。我是这样一个人。我要知道日本真这么来，那么我真敢把（车）站上所有的日本人都给他杀了，给他弄死，都给打死。可是我不知道，不是我不知道，是我判断日本人绝不敢这么做。判断一件事情要在利害上判断。他这么做不但对我们中国不利，对他们日本也不利。那是我没有想到的。

访 一：这个可以是个证明你秉公秉正的例子。总而言之，您不愿把这个事情扩大，也是您爱国爱民［一种表现］。

张学良：也不能说是爱国爱民，我做事情要合理地判断。

访 一：你做这个判断时，这个周围应该有给您提供情报的人，哪些人他们的情报没有说清楚，您做最后决定时是不是［也受此影响］。

张学良：对于情报我从来不信。

赵一荻：总而言之，他不是为他自己。他要是为了他自己，他能够在东北称王了。那日本给他的条件比给溥仪的好得多啊。他就是为国为民。如果他为自己，他比溥仪的价值高得多。

张学良：林权助给我父亲吊孝时，劝我好多话，最后一句话……所以林权助这个人很好。我说你老先生，替我打算……他的意思是不要我跟南京合作，跟日本合作。我后来感觉失言了，因为我喝了一点酒，为了送他。这老先生真是外交官，那很是［会说话］，外交官［都这样］。他是代表田中①来的嘛。他说我来了这么多日子，我这么大岁数，我是田中的代表，我跟你父亲……你从来不跟我说一句落实的话，就是模棱两可啊。我说："你老先生替我打算的比我自己想的都周密，就是一件事你没替我打算。"他说："什么事，我很愿意领教。"我说："你忘了我是中国人。"他回到日本以后，说这个人（指张学良）不要［再跟他谈了］，没希望了。

3. 汪精卫无耻，蒋先生耍滑头

访 一：我有个问题。当时对您批评最厉害的是汪精卫，怪罪您不抵抗。您说当时是不是有人鼓动百姓说张将军不抵抗，再有汪精卫在政治上制造这么一个局势，是不是也有阴谋在里头？

张学良：我没有证据，不能随便说。不过我是拥护南京，我是帮蒋先生的，可以说是拥护蒋先生的。那时候反对蒋先生——政治上反对派，咱不用说是谁啦，反对蒋先生当然要打击我。甚至马君武开玩笑的诗

---

① 当时的日本首相田中义一。

都是由此而来的。打击我,主题还是打击他了。当然我是他帮手,明白?这是我的猜度了。我也不敢说。

访 一: 汪精卫也可能别有用心?

张学良: 汪精卫这个人,本来当年我对汪精卫很好的。不管救他命不救他的命,那都是小事儿。后来我认为这个人无耻,不要脸。一个人无耻,他什么事都能做。像汪精卫这个人,我认为他不可能做的事他做了。像他的地位,他不能做。

访 一: 您认为他是不是要找到日本的支持来帮助他打击别的人?

张学良: 他是想叫我帮他,他这样子我当然不帮,不但不帮他而且打击他。

访 一: 在这个情况之下汪精卫对您的评语,然后回去后他要求您辞职、出国,他希望鼓动起民众对您反面的印象,能够打击另外一个人。

张学良: 这里面周折太多了。简单说是这样。汪精卫最火儿火的是这样。他到东北来,跟我讲:"现在山海关的问题了,你要抵抗一下。"我说:"政府是不是有准备?"他说:"你要不打,现在的政治,就是政府玩不下去了。"我说:"您是不是要我牺牲我的部下来维持你们的政治生命?"他点点头有这个意思。我说:"要是政府真有准备我就打,你既然这样你就下命令吧。"他当时带了一封蒋先生的信。蒋先生是政府军事首领,蒋先生下命令,叫我怎么打我就怎么打。那就不是我的事情了。给我命令呀,那我就得打呀。他来和我商量,就是咱俩可以谈。你说不打不能维持你的政治生命,那我绝不肯牺牲我部下的生命来维持你的政治生命,我做不到。我这下子把汪精卫得罪了。他说,"我来一趟和你说这事",我说绝不肯牺牲我部下的生命来维持我的政治生命,我这个人从不做这个,而且还是为人家的政治生命,我更不做呀。汪先生说我既然来了这一趟你给我这么个大钉子,他回去辞职就为这事了。

访 一: 当时有没有跟您吵?

张学良: 不是吵,我不理他了,把他气死了。宋子文来了,我们晚上出去玩去,我不理他。他走我连送都没送。

访 一: 那宋子文先生怎么说?

张学良: 宋子文是陪他来的。他(指汪精卫)气死了。他说:"我一个行政院长这么大地位来跟你谈。"我说:"不能因为你行政院长来了我就把我部下牺牲多少维持你的政治生命。咱们有良心的人不做这个。

你既然是政府的人，要打就下命令，何必跟我商量？你跟我商量当然就是有余地。你跟我商量，让我自动来主持这事，政府不负责任，我不走这路。"

访 一：他跟您说这话时，别的人有没有支持您的或者支持他的？

张学良：只有我们两个人谈话，没有别的人。

访 一：他带了蒋先生的信去的话，那是蒋先生和他商量过了？

张学良：你拿蒋先生信里。蒋先生信里说是你来和我商量，谈事。蒋先生是政府的军事首领，他下命令当然我就听。你来跟我谈，是咱俩谈，蒋先生让咱俩谈话，要是蒋先生信里说"你要这么办"，那又不同。要我谈就是要我听你的命令吗？既然要咱俩谈我就可以有意见。既然你不同意我的意见，我不同意你的意见，这是咱俩的意见。如果你来了，你的话我就应该听，那就不必跟我谈，何不政府下命令呢？

访 一：他（指汪精卫）什么理由去跟蒋先生要这封信，想必是他说我去跟他（指张学良）谈有把握。

张学良：蒋先生，我判断，也在那儿耍滑头。这封信里，蒋先生就有意思是你自己斟酌这个事吧。不是我命令让你做的。他（指汪精卫）跟我说你服从政府命令，我说蒋先生他不是给我下的命令，他信里说得清清楚楚是您来跟我谈。你是政府行政院长，我跟他叫开了。我说："你要一定这样，那你回去下命令。你为什么不下命令？"我把他问短了，我说："你让我打一下，你认为我能打赢打不赢？要打不赢干什么？"他说维持政治生命，你再不打政治就［完了］。我说牺牲我部下的生命来维持你政治生命啊？他意思是，你打一下，如果失败了，失败是你的事了，政府是打了，好有个交代。

访 二：那汪精卫也一定先得到了默契才去的吧？

张学良：蒋先生也耍滑头。我认为蒋先生是认为他跟我谈不拢的，否则蒋先生要不耍滑头他何必这么说呢？他可以硬一点说啊。蒋先生就是说我不负责任，至于你们俩谈出什么问题那是你们的事了。比如说打，那么政府拿东西来，拿钱来，那我们政府没下过这个命令。我问汪先生你们政府有准备没有，如果没有，那么打一定失败。为什么失败还要打，为了政治生命，你不打政府、老百姓那儿没交代。那我就牺牲我的军队一部分的生命来维持你的政治生命？那我不做。汪先生说我不给他面子，我说这不是面子问题，拿人家生命来维持面子，这个事情太大，我不干。他们说你部下拿你当圣人一样看，我对部下像我自己的手足一样。

访 一：所以又说回来了，您反正是不伤害别人，而且自己吃点亏也无所谓，主要大标题是为了国家为了人民。您开始劝老帅出关。

张学良：我问我父亲，打什么？争什么？今天打，明天又和了。后天好了后天又翻脸，又打，干什么？目的何在？

访 二：老帅怎么说？

张学良：他承认。我劝我父亲，说老百姓受苦是我们搞出来的。我们打，老百姓跟着在这儿受多大的苦，我看见老百姓受苦我难过死了。我们争的是什么？你也统一不了，所以最后出关了。

访 一：您比如这个汪精卫，您那时有没有觉得他这个人将来［会怎么样］。

张学良：我当时就看出这个人没人格。我从前非常佩服他，后来他做了没人格的事。这个人，胡汉民说他的一句话很有意思，那时他还没失败。我出国回来，到香港去见胡先生。胡汉民这个［人］非常好，很会说笑话，他说个小故事骂了两个人，一个是汪先生，一个是蒋先生。他说："汪精卫当年在总理孙中山孙先生面前专办外交，办外交的人是不说真话的。汪精卫就是习惯了，跟谁也不说真话了。"他说："我在总理面前是乱说话的，什么话都说，养成一个坏习惯，总理能饶恕我。现在我说出毛病来了。"这个话很有意思。

访 一：他有没有给您几句忠言，劝您别回来？

张学良：胡汉民这位老先生可以说是相当正直的。在政治上说话是不应该的，他等于是我长官一样。他只能说这种偏锋的话，你得看什么地位。

4. 要抗日还是得蒋先生领导

访 一：阎锡山这个人［怎么样］。

张学良：他比我长一辈，跟我父亲［是同辈的人］。不但这个，他比我强。老谋深算，我相当佩服他。

访 二：您日后还建议蒋先生向他求教，您认为他是很值得钦佩的？

张学良：我认为他很有头脑。

访 一：这个牵扯到后面。您到西安事变之前您和他商量，他有什么意见？

您到洛阳……

张学良：蒋先生在洛阳过生日，那时候阎锡山在活动，就是和日本勾结，和日本勾结都是土肥原。土肥原去见过他，我知道这件事，我跟蒋先生上条［陈，讲了这件事］。

访　一：从"九一八"事变、东北易帜到您和蒋先生、宋子文先生在火车上，您决定要辞职、下野、出国，然后您出国了。后来他又把您找回来，找回来让您做剿匪，剿匪完了就是您刚才说的这件事情和阎先生一块儿，要联名向蒋先生有所要求。这些政治上很关键的事情，几个重大的事情，您都是要维持蒋先生的政权吗？

张学良：这个话不是那么讲，我是要维持国家统一，否则就分裂了。我跟阎锡山也不是开玩笑说，"你既然请蒋先生下去，是你干还是我干，这个政府就不能统一了。"我这里插一段事情。我认为共产党是厉害的。周恩来，我跟周恩来早就有联络，周恩来说一句话很有意思。他说："我们现在要抗日，我们的大主题是抗日，蒋先生要剿匪抗日。但是我们要抗日，不管蒋先生怎么样，那你非拥护他不行。领导中国抗日，你也不行，我也不行，共产党也不行，那还是非得拥护他不行。"对这个大局他们看得很清楚，所以共产党这些地方［很有眼光］。

访　一：这一开始是您说的话，因为……

张学良：不是，不是，是周恩来。他说，固然蒋中正他有他的短处，但是我们为抗日非拥护他不行。所以共产党这些地方我佩服，他是为了大局呀。他（蒋）既然不剿共，我们联合抗日，那是还非拥护他不行。

访　一：这是他们党里说的。

张学良：共产党他们有决定的，当然呀，共产党这个决定，据说不光共产党自己决定，是第三国际也决定这样的。这种事情要说起来，在政治上共产党的人看得远，看得大，明白？这是他们厉害的地方，所以我对共产党很佩服。周恩来，我们两个人能谈得合。他说我这个人很敏感，不是机警啊，就是一言可以道破，容易谈话。我们两个人一言就明白了。他说得很对。

访　一：我想把我的记忆把我们的谈话往前推一推。您和他（指周恩来）在肤施天主堂第一次见面时，您看这个人是个人才，国家有为的人。他见到您也非常敬爱，两个人谈得很愉快……中间有一个小小的过节就是，周恩来说了蒋先生的态度，您就说您和蒋先生比较熟悉，并坚持一定要蒋先生来做领导。因为共产党在陕北也没有什么势力，您的军队也……能够统制全国大军的就是蒋先生。您说周先生说这事还要回去和大家商量一次。

张学良：不是，他认为要抗日还是得蒋先生领导。

访　一：这是在天主堂的谈话他就有这个谈法？所以您两方面谈话没有意见。

张学良：没有争执。周恩来评论我"爱国志士，千古功臣"。

访　一：他们有人说不应该用"功臣"，好像封建社会。

张学良：不管那个，反正他们有这样两句话。

访　一：他们是用"功臣"这个字。

访　一：抗日之后，国共两党又分歧了。那时您听到这个消息，心里是怎么想的？对您一定有很大的感触，因为您做了那么大的牺牲。

张学良：你说到什么时候国共两党又分歧了？

访　一：马歇尔啊，这些……西安事变之后，那不是有一段时间国共好像要合作似的，您的想法怎样，因为［这］自由都牺牲了。

张学良：这一段我没有自由，白想。我也使不上力量。那时我很消极，不管了。

赵一荻：外头的情形我们根本就不知道。

访　一：那时大家都知道，让您跟着政府漂泊到不管是哪儿，总之是十年的期限。大家的想法是南京决定期限是十年嘛，十年以后您总是知道会有自由的一天。

张学良：我不知道。你这个想法完全说得不对，他不给我自由。

访　一：您不会想到有这么长吧？

张学良：我知道蒋先生，蒋先生对我……要不是蒋夫人，蒋先生早把我枪毙了。蒋先生讨厌我透了，我是他最头痛的一个人。这个我不知道，好像是你跟我说的，好像是谁跟我说的。

访　一：好像是美国国务院自己的文件里头。那条消息可真是……

赵一荻：怎么回事儿？

访　一：蒋先生要把张先生的生命解决。那个外国使节的报道上说嘛。去年暑假我来给张先生翻译的吗。就是说，如果你要是这样，第一，我马上要离开国家，是吧？

张学良：不是，我马上离开台湾。不是，是离开中国，我要把你的事情都宣布出来。这个人不知道是谁。这个人说是宋，但绝不是宋子文。

访　一：后来蒋先生才没有决定不要这样去做。

张学良：这是那个美国公使说的话。

访　一：即或您知道自由和不自由的时期也没有一定。因为您是一直爱国爱民的，你总之要想一想为什么咱们中国到这个程度，如果要是您有权有势的话应该怎么样重整中国。

赵一荻：没有那么大的计划。

张学良：那个时候我想早晚蒋先生把我枪毙了，蒋先生讨厌透我了，讨厌透我了。换句话"两手捧着刺猬猬"，没有那么办就是了，那个时候，我早把生死问题置之度外。

访　一：那么您那时过日子时，心里想什么？

张学良：没有什么想法。我这个人总是乐天派，即使明天早上枪毙我，今天晚上我照样睡觉，我一点不在乎。

赵一荻：还不是钓鱼，写字啊。

访　一：您有没有钓鱼的心得？

赵一荻：他那儿有钓鱼的哲学。

张学良：我跟你说钓鱼的哲学。钓鱼的哲学就是做事的哲学，一个样。你坐在那里甩出鱼竿钓鱼，你都准备好了，可是鱼来了你却不知道。你一开始就要谨慎，准备很久就失败了。你要时时刻刻都要谨慎。做事情的人一时都不能疏忽，你要做，你要开始就要小心。这是我钓鱼的哲学。

5. 大陆人民不要国民党啦

访　一：那么能不能拿钓鱼的哲学解释"九一八"呢？

张学良：干一件事情从头至尾都得谨谨慎慎。"九一八"事变是判断，不是没有谨慎。那是判断错误。

访　一：西安事变也不是不谨慎而是判断错误？

张学良：那不同，那是我成心那么做。大家都要问这个事，我从不说的。西安事变是我个人决定的事情，为什么决定，那我就不说了。将来总会有知道的那一天。

访　一：您说什么时候都要谨慎，一个人从出生到死都要谨慎。我们可以说在一个人的生命中，有任何一件意外的事情都是你的不谨慎造成的。

张学良：北方的土话说"抖起来了"，抖起来是你好运气，倒霉是你自己找的。

访　一：国民党把大陆丢了，搬到台湾，是自己找的？

张学良：那还不是自己找的吗？国民党在大陆做了什么好事？是什么理由丢的？是不是大陆人民现在还想念国民党？我这句话很厉害。不是国民党把大陆丢了，是大陆人民不要国民党啦。

访　一：这句话是对的。

赵一荻：那你们都太小了，这种事儿都不知道。

访　一：我记得是日本人对我们不好，后来我们就跑了，您跟我们说说？

张学良：简单说吧，五子登科，简单地说，国民党回到大陆［沦陷区］时，把大陆［沦陷区］看成等于征服的地一样，没有想到这是自己国家，我们回来老百姓欢迎。什么都要，房子、女人、钱，这帮坏蛋。［真是令人］伤心的事儿。

赵一荻：不要再讲了。落泪呀！

访　一：1945年日本投降，国民党把整个中国都拿下来了，怎么垮了，没到几年就没有了？

张学良：一件事情的成功失败都有它的来龙去脉。

赵一荻：那时候，红军、绿军都好，就是老百姓不好，谁来了都杀我们。那时我们到乡下去，他们说，"红军来也杀，绿军来也杀，就是我们老百姓遭殃。"内战就是这样。

张学良：所以我反对内战，真是没有人性啊。我出去都没有地方睡觉，就在破房子里蹲一宿。把房子都给人家烧了。坚壁清野。为什么要坚壁清野？可以往自己的腰包里塞好多的东西。换句话，现在自己屋里说，我要是老百姓早就反抗了。那也不怨老百姓。

访　一：所以古时候说"官逼民反"。

张学良：也不能这么讲，是政治太腐败了，苛政猛于虎也。我认为中国老百姓真是好老百姓，要是旁的早就反了。都是自己的人民，你怎么能当成俘虏看待呢？你是中国军队，怎么能那样看待老百姓。你那是不是驱着老百姓上山，上山当共产党啊。为什么说共产党怎么能成功呢？老百姓上山。山上就有共产党。我走一趟伤心死了。那时政府真叫不讲理，怎么能把共产党剿灭？不能剿。我带的是东北军，有两个师，整个被共产党打完了。我要补充，没有。那算我倒霉，少了两师人。可是死这么多人得抚恤呀！是有抚恤，［可是得］回你自己家去领，给你开个条子。我们家在东北，怎么去东北去领？我有一个营长打仗受伤，说一句话把我伤心透了。他说："给我一个条子，让我回家去领抚恤金，我家在东北，我回不去，只好流亡要饭去。"这是事实吗。那时候东北在日本手里。政府这样完全是一种推诿……我那时候打仗损失了，我给你补充，甚至增加补充，那当然他要死干了。人待人嘛，谁也不是傻瓜。那么政府你用这种手段，一箭射三鸟，等于把杂牌军让他自消自灭，他怎么能干呢？马鸿宾问我一句话把我问短了。那时我们一起剿共产党。他问："副司令，我的弹药、我的人谁给我补充？我就这点军队，这是我的本钱，我打了，毁灭了，我也不能补充。我真打还是假打？我打了你给不给我补充？"我说我拿什么给你补充？我自己也没有补充。这个仗怎么打？这种事情不能成功啊。没有成功的理由。天下的事情没有傻瓜呀。我们看见这个伤心透了。中央军可以招兵，我们不可以。那就等于你自消自灭，那么聪明的不打呀！要是打都打没了，枪械损失也不给补充。你傻瓜才去打。偶尔一开始还打。后来谁还打呀！

赵一荻：别尽讲这个啦。

访　一：昨天找的苏联大使馆那些文件中，有很多支持国民党经济什么的，国际共产党有很多［方面］支持国民党的。

张学良：不是，最重要的有蒋先生。

访　一：您说这东西是不是政府把它消灭了？

张学良：不，不。那时候那个政府不是国民党的政府，这东西到哪儿去了，据说到美国去了。我很奇怪，那里有蒋先生。这文件很重要，翻译那个人很可惜，他是东北的。这个东西后来到哪儿去了，我不知道，这是很要紧的东西。我想可能在哥伦比亚大学。

访　一：大概有，韦慕庭把它翻译成英文了。我回去再去问问。有中东铁路的事情，还有关于山西的事情。也有关于中国共产党的材料。

张学良：好像有一部分被烧掉了。

6. 郭松龄宁折不弯

访　一： 郭松龄会作诗吗？

张学良： 不会。也许他会作打油诗，扯淡。

访　一： 好像有一次，他喝醉了酒写了一首诗。喝醉了发牢骚。还有蒋夫人写的书中说，她如果和蒋先生一同去西安，就不会发生西安事变，您说她什么意思？

张学良： 可能，蒋夫人的自信非常高。她到新疆，新疆的事就可以解决；到西安，西安的事就可以解决。她可能说这些话……蒋夫人称我是Gentleman（绅士），她有很多事情可以调停的，新疆的事情，盛世才的事情。

访　一： 您是说蒋先生很听夫人的话吗？

张学良： 也不是那样说，这是老端纳说蒋先生是个骡子。他脾气很倔，蒋夫人脾气很柔。蒋夫人在蒋先生面前可以能说他。

访　一： 但是蒋夫人不像宋蔼龄那么厉害。

张学良： 宋蔼龄是用政治手腕——操纵，并不是说她会说话，会劝人……她操纵。后来宋庆龄就不听她的那一套了。宋蔼龄野心很大，她弄了很多钱。

访　一： 所以蒋夫人说她多少会有些影响力。

访　一： 她是不是也很自信能把您说服？

张学良： 蒋夫人这个人看书看得很多，那么她常把书报给蒋先生看，这有很大关系。还有在外交上，她对国际上的形势熟悉得很。她有作用。美国的马歇尔七上庐山，蒋先生知道他调停，给共产党说话。他不接受，所以不见。后来他想要美援，要见马歇尔，马歇尔说也不理你。所以老端纳说蒋是骡子。蒋先生不是一个政治家，是一个军事家。蒋先生没有袁世凯厉害，有袁世凯的风度——独裁。他自己跟我说："我说的话没有不对的。"有一回蒋先生火了，说是我指挥你还是你指挥我？经国先生可是厉害，他不但有眼光，更有国际思想。他对老百姓很爱护，也很刻苦。他跟那些工人在一块堆儿睡觉，很危险，那些工人都是亡命之徒。经国先生这个人我非常敬畏他，很可惜呀。不过，我稍微批评他的就是他好色好得厉害，对他自己身体［不够爱护］。他本来有糖尿病。

访　一：您刚才说经国先生是可以和人民在一起，所以他很得人望。可是您也是一直和自己的军人在一起，有一张相片，你跟学生在一块儿吃饭。那是在王曲。您一样有这样的作风。

张学良：不是作风了，什么叫共甘苦？我对自己的军队像［对］自己的亲兄弟自己的子弟。我要是不笑了，把脸拉下来，就知道要倒霉。

访　一：您还记得有一个副官叫谭海，现在这人哪儿去了？

张学良：不知道哪儿去了，我家庭的事由他管。

访　一：您从欧洲回来他还跟着您吗？

张学良：他还跟着我。我不自由以后他就躲起来了。因为我的事情都是他管着。钱财都在他手里管着。大家都想找他要钱，他没法应付，他躲起来了。他原来是张作相的勤务兵，后来我接了张作相，他就给我当副官。

访　一：后来有人管他叫将军。

张学良：他当师长，不是，当副师长，也是陆军中将。那是奉天的军队。他是一〇五师的副师长，一〇五师师长是刘多荃。

访　一：您认为谭海和别的在您身边服务的人都怎么样？

张学良：很好。他是我的孟良和焦赞。①

张学良：我那时候戒烟。医生是美国人，Doctor Miller。谭海告诉医生说："我警告你，他要是没了，你可就没有了。"

访　一：您知道不知道郭松龄死后，听说他把一部分钱交给盛世才带到日本去。

张学良：郭松龄没有钱。

访　一：郭松龄有没有后人？

张学良：他有个弟弟。

访　一：他也的确是个人才。

张学良：郭松龄这个人有他的长处，也有他的短处。我经常劝他。他说，你怎么那么的哲学。他说："我性情使然，就是这么一个人，要不是你的部下的话我早死了。"他说自己宁折不弯，我说我是宁弯不折。

访　一：所以你们两位可以合作。

---

① 孟良、焦赞，传说中北宋杨家将中两员以勇猛著称的大将。

张学良：如果我们两个人合作，我想就像桂系的白崇禧和李宗仁一样的。后来不合作了，他就自己要干了。

访 一：他叛变老帅，就完了嘛。

张学良：那就没法儿了，他也是旁人鼓动他。一个他自己的太太——郭大嫂，一个齐世英。

访 一：齐世英出了自传，您看过吗？

张学良：没有，齐世英这人很有才干。

访 一：是您给他送到德国的。

张学良：送到德国，他跟郭松龄〔好〕。齐世英他们弟兄两个都是我们花钱送出去的，齐世英还有一个哥哥。可惜的很。齐世英也是个大将。